Marc Willmann
Pädagogik bei Verhaltensstörungen

Marc Willmann

Pädagogik bei Verhaltensstörungen

Kritische Studien zu den
Diskurs- und Förderpraktiken
in der schulischen Erziehungshilfe

»Edition S«

Bibliografische Information der Deutschen Nationalbibliothek

Die Deutsche Nationalbibliothek verzeichnet diese Publikation
in der Deutschen Nationalbibliografie;
detaillierte bibliografische Daten sind im Internet über
http://dnb.d-nb.de abrufbar.

ISBN 978-3-8253-8356-5

Dieses Werk einschließlich aller seiner Teile ist urheberrechtlich geschützt.
Jede Verwertung außerhalb der engen Grenzen des Urheberrechtsgesetzes
ist ohne Zustimmung des Verlages unzulässig und strafbar. Das gilt
insbesondere für Vervielfältigungen, Übersetzungen, Mikroverfilmungen
und die Einspeicherung und Verarbeitung in elektronischen Systemen.

© 2024 Universitätsverlag Winter GmbH, Heidelberg – »Edition S«
Imprimé en Allemagne · Printed in Germany
Umschlagdesign: Drißner-Design und DTP, Meßstetten
Druck: Memminger MedienCentrum AG, 87700 Memmingen

Gedruckt auf umweltfreundlichem, chlorfrei gebleichtem und
alterungsbeständigem Papier.

Den Verlag erreichen sie unter:
Universitätsverlag Winter GmbH Heidelberg
Postfach 10 61 40, D-69051 Heidelberg
www.winter-verlag.de
gpsr@winter-verlag.de

Inhalt

Vorwort 7

Teil A – Diskurse 11

i. Erziehungshilfe als Diskursfeld – Vorüberlegungen zu einer Theorie der schulischen Erziehungshilfe 13

ii. Erziehungsschwierigkeiten im Fokus der Disziplin: Der Fachdiskurs an den Universitätslehrstühlen in Deutschland von der Gründung bis in die Gegenwart 47

iii. „Verhaltensoriginalität" als pädagogischer Leitbegriff? Risiken und Nebenwirkungen sonderpädagogischer Dekategorisierung 69

iv. „Gefühl ist alles": Emotionen als Grenzen der Erziehung? 85

v. Fünfzig Jahre „Pädagogik bei Verhaltensstörungen": eine Geburtstagslaudatio mit kritischem Blick auf das Selbstverständnis der Disziplin 99

Teil B – Förderpraktiken 115

vi. Verhaltensstörungen als Erziehungsproblem: Zur pädagogischen Position im Umgang mit schwierigem Verhalten 117

vii. „Was hinter dem Verhalten steht" – Pädagogische Beziehungsgestaltung und ihre Reflexion im Unterricht mit „schwierigen" Kindern 131

viii. Gibt es eine spezielle E-Didaktik? 151

ix. Vermessung des Verhaltens, Normierung zur Inklusion?
RTI als evidenzbasierte Pädagogik – eine Kritik 173

x. Verhaltensmanagement oder Reflexionshilfe? Perspektiven
der Professionalisierung für den Förderschwerpunkt esE 193

Nachweise 229

Vorwort

Der Umgang mit Erziehungsschwierigkeiten stellt die Pädagogik seit jeher vor große Herausforderungen – und verweist sie auf ihre eigenen Grenzen. Hierin mag ein wesentlicher Grund dafür liegen, dass die Bearbeitung dieser Grenzen wie eine Marginalie der Pädagogik erscheint, die vorzugsweise an spezielle Erziehungsinstitutionen und an innerfachliche Spezialgebiete delegiert wird. Mit der Sonder- und Sozialpädagogik haben sich über die Zeit zwei Subdisziplinen etabliert, denen die Bearbeitung dieser Grenzen hauptamtlich übertragen wird. In dem Begriff der *Erziehungshilfe* findet sich eine semantische Klammer, mit der diese Arbeit an den Grenzen der Erziehung markiert werden kann.

Die in der vorliegenden Anthologie zusammengestellten Texte verfolgen in erster Linie das Teildiskursfeld der *schulischen Erziehungshilfe*, das sich im Kontext der Sonderpädagogik herausgebildet hat. Die korrespondierende Fachwissenschaft definiert sich seit ihrer Etablierung als Universitätsfach an einem klinischen Begriffskonstrukt: „Verhaltensstörungen" dient trotz aller Kritik bis in die Gegenwart als disziplinäre Leitkategorie.

Insofern mag es wenig überraschend erscheinen, wenn festgestellt werden kann, dass der Fachdiskurs der sogenannten „Pädagogik bei Verhaltensstörungen" dominant von einem therapeutischen Deutungsmuster durchdrungen ist, denn wenn der Gegenstandsbereich als ein psychopathologisches Phänomen interpretiert wird, erscheint – der klinischen Logik folgend – eine therapeutische Intervention indiziert. Die Ausrichtung der Förderpädagogik entlang „pädagogisch-therapeutischer Ansätze" ist in der Fachszene kaum umstritten. Demgegenüber stellen pädagogische Perspektiven im Fach eine „Minderheitentradition" dar.[1]

---

[1] Lindmeier, Bettina (2010). Zur Geschichte der Verhaltensgestörtenpädagogik als universitäre Disziplin. In: Bernd Ahrbeck & Marc Willmann (Hrsg.), *Pädagogik bei Verhaltensstörungen. Ein Handbuch* (S. 21–26). Stuttgart: Kohlhammer.

Der Psychologisierung und Pathologisierung schulischer Erziehungsschwierigkeiten stehen erhebliche erziehungs- und bildungstheoretische Desiderate gegenüber.[2]

In einem Impulsvortrag im Rahmen einer Arbeitsgruppe auf dem 24. DGfE-Kongress in Berlin hatte ich vor gut zehn Jahren auf diese Leerstelle in der sonderpädagogischen Theorie- und Forschungstradition hingewiesen und die Frage aufgeworfen, wie sich das Fachgebiet als ein pädagogisches verstehen wolle, wenn es nicht in den Begriffen der Pädagogik theoretisiert und forscht[3], was in der anschließenden Arbeitsgruppendiskussion eher auf Unverständnis und Irritationen stieß. Die Spezifität des Fachs, so wurde argumentiert, liege eben genau darin, störungsbezogene Interventionskonzepte auf ihre Anschlussfähigkeit für die Pädagogik zu prüfen. – Immerhin hatte meine (beabsichtigte) Provokation eine konstruktive Irritation hervorgerufen und war wohl auch ein Anlass für eine weiterführende Diskussion, die sich in der Folgezeit rund um den Erziehungs-[4] und auch den Bildungsbegriff[5] entsponnen hat.

Die vorliegenden Beiträge nähern sich der Frage nach dem Umgang mit Erziehungsschwierigkeiten in verschiedenen Perspektiven. Das Verbindende ist der Versuch, die Dominanz des klinischen Deutungsmusters zu hinterfragen und auf eine *Repädagogisierung* schulischer Erziehungsschwierigkeiten hinzuarbeiten.

---

[2] Willmann, Marc (2012). *De-Psychologisierung und Professionalisierung der Sonderpädagogik. Kritik und Perspektiven einer Pädagogik für „schwierige" Kinder*. München: Reinhardt.

[3] Impulsvortrag mit dem Titel „Erziehungskompetenzen von Lehrkräften zum pädagogischen Umgang mit komplexen Lern- und Verhaltensschwierigkeiten", gehalten im Rahmen der Arbeitsgruppe Sonderpädagogik am 10. März 2024 auf dem *Jubiläumskongress „Traditionen und Zukünfte" der Deutschen Gesellschaft für Erziehungswissenschaften vom 9. bis 12. März 2014 an der Humboldt-Universität zu Berlin*.

[4] Müller, Thomas & Stein, Roland (Hrsg.) (2018). *Erziehung als Herausforderung. Grundlagen für die Pädagogik bei Verhaltensstörungen*. Bad Heilbrunn: Klinkhardt.

[5] Stein, Roland; Müller, Thomas & Hascher, Philipp (Hrsg.) (2023). *Bildung als Herausforderung. Grundlagen für die Pädagogik bei Verhaltensstörungen*. Bad Heilbrunn: Klinkhardt.

Die Sortierung der Beiträge in zwei Hauptteile folgt einer groben Unterscheidung: die ersten fünf Beiträge beschäftigen sich vorrangig mit den innerfachlichen Diskursen, sie sind zu lesen als kritische Reflexionen zum disziplinären Selbstverständnis der „Pädagogik bei Verhaltensstörungen". Im zweiten Teil finden sich weitere fünf Beiträge, die den Blick auf die im Fach diskutierten Erziehungs- und Förderpraktiken legen. In der Zusammenschau geht es also um zwei Blickrichtungen, nämlich erstens: *wie* im Fach diskutiert wird (Teil A: Diskurse) und zweites: *was* der Gegenstand dieser Diskussionen ist (Teil B: Förderpraktiken).

Danken möchte ich an dieser Stelle Frau *Teresa Laas* und *Jennifer Hauser* für die Durchsicht der Übertragungen der Originaltexte in den vorliegenden Abdruck sowie für das Lektorieren jener drei neuen Texte, die ihren Weg in diesen Band gefunden haben.

Ebenfalls zu Dank verpflichtet bin ich den beteiligten Verlagen (das sind im Einzelnen: der *Verlag Julius Klinkhardt*, die *Verlagsgruppe Beltz*, der *Kohlhammer Verlag*, der *Psychosozial-Verlag*, der *Evangelische Erziehungsverband EREV* sowie die *Verlagsgruppe Springer Nature*), die – mit einer Ausnahme – sehr unkompliziert die Genehmigungen für den Abdruck erteilt haben.

Finanziert wurde die Drucklegung der vorliegenden Anthologie über Berufungsmittel der *Martin-Luther-Universität Halle-Wittenberg* und somit aus dem *Landeshaushalt Sachsen-Anhalt*.

Marc Willmann
Halle an der Saale, im Mai 2024

Teil A – Diskurse

i.

Erziehungshilfe als Diskursfeld
*Vorüberlegungen zu einer Theorie
der schulischen Erziehungshilfe*

Erziehungshilfe markiert einen spezifischen Gegenstandsbereich der Pädagogik, der in zwei ihrer Subdisziplinen gleichermaßen zu einem der zentralen Leitbegriffe avanciert ist. Seit der Verankerung der Hilfen zur Erziehung im SGB VIII in den 1990er Jahren stellt der Begriff für die Sozialpädagogik wie auch die Sonderpädagogik einen der zentralen disziplinären Bezugspunkte dar.

Die Wurzeln der Erziehungshilfe liegen in der Epoche der Etablierung des modernen Sozial- und Wohlfahrtsstaates um die Jahrhundertwende (Sachße & Tennstedt 1980; 1988), in der im Zuge des Umbaus und der Neuorganisation der öffentlichen Fürsorge erste Erziehungsberatungsstellen und Child Guidance Clinics gegründet wurden. In diesem Zusammenhang findet auch der Begriff der Erziehungshilfe erstmals Erwähnung.[1]

Entlang der institutionellen Felder (Jugendhilfe versus Schule) hat sich eine disziplinäre Demarkationslinie zwischen *außerschulischer und schulischer Erziehungshilfe* etabliert, die das Ergebnis innerpädagogischer Arbeitsteilung infolge disziplinärer Ausdifferenzierungsprozesse und gegenseitiger Abgrenzungsbestrebungen zwischen der Sozialpädagogik (und auch den Sozialarbeitswissenschaften) und der Sonderpädagogik ist.

Diese Aufspaltung des pädagogischen Diskursfeldes führt, so die These der folgenden Überlegungen, zu einem Zerrbild von Erziehungshilfe, denn diese wird zusehends weniger pädagogisch-inhaltlich (also

---

[1] Bruder-Bezzel (1999, S. 119) verweist auf den Berliner Verein „Erziehungshilfe für abartige und psychopathische Kinder", der etwa zeitgleich mit der Einrichtung der ersten Child Guidance Clinic in Deutschland gegründet wurde (Eröffnung der Poliklinik für Kinderforschung und Erziehungsberatung in Berlin im Jahr 1906).

entlang des Zusammenhangs von Erziehung und Bildung) als vielmehr maßnahmen- und organisationsbezogenen, also formalisiert und funktional diskutiert.

1. Die Geburt der Erziehungshilfe aus dem Geist der Fürsorgeerziehung

Die Wurzeln der Erziehungshilfe liegen im Kontext der aufkommenden Erziehungsberatung und ihre Genese verweist auf die Entstehung der modernen Jugendfürsorge als sozialstaatliche Antwort auf die gesellschaftlichen Umbrüche im Zuge der Spätindustrialisierung (Peukert 1986).

Die ersten Erziehungsberatungsstellen[2] wurden 1896 in Pennsylvania und London, in Deutschland dann ab 1906 in Berlin, Frankfurt und München eingerichtet. Mit dem Inkrafttreten des Reichsjugendwohlfahrtsgesetzes wurde die Erziehungsberatung als Institution der Jugendämter verstetigt (Engels 1985; Hundsalz 1995).

Auf die Entwicklungen im deutschsprachigen Raum hatte vor allem Alfred Adler großen Einfluss, der die erste Erziehungsberatungsstelle in Wien gegründet hat und dort in der Folgezeit gemeinsam mit August Aichhorn den Aufbau eines Netzwerkes individualpsychologisch ausgerichteter Erziehungsberatungsstellen vorangetrieben hat (vgl. Adler & Furtmüller 1922; Aichhorn 1925; Datler, Gstach & Wininger 2009).

Im Zuge dieser Institutionalisierung der Erziehungsberatung findet der Erziehungshilfebegriff seine Genese und zugleich Eingang in die Fachdiskussion. Eingeführt wird der Begriff zur Verdeutlichung der unterschiedlichen Facetten und Ausrichtungen der Erziehungsberatung. Erziehungshilfe wird als eine direkte pädagogische Intervention *in* den Erziehungsprozess verstanden und stellt gewissermaßen den Gegenpol zu einer reflexiven Unterstützung durch eine indirekte Beratung *über* den Erziehungsprozess dar.

---

[2] Die Erziehungsberatungsstellen der ersten Stunde waren interdisziplinär ausgerichtet. Das Angebot zielte auf eine Bereitstellung umfassender psychosozialer Hilfen, die in einem multiprofessionellen Verbund durch pädagogisches, psychologisches und medizinisches Fachpersonal bereitgestellt wurde. Das drückt sich deutlich in der Benennung der Einrichtungen als *Child Guidance Clinics* aus, wie sie im angloamerikanischen – und teilweise auch im deutschsprachigen – Raum in der Gründungsära der Institution üblich war.

August Aichhorn betont die Notwendigkeit der Erweiterung des Begriffs der Erziehungsberatung und jenen der Erziehungshilfe:

> Der Name Erziehungsberatung deckt den Aufgabenkreis dieser Einrichtung nicht vollständig; zumeist reicht Rat allein nicht aus; es muß auch Erziehungshilfe geleistet und wenn wirtschaftliche und soziale Notstände den Erziehungsnotstand mitbedingen, mannigfache andere Unterstützung geboten werden. (Aichhorn 1932, S. 445)

Die konzeptionelle Erweiterung findet bei Fritz Redl (1932) deutlichen Ausdruck, der für die Einführung des Begriffs „Erziehungshilfe" plädiert und damit eine direkte erzieherische Handlung beschreibt:

> Dem Wesen nach bewegt sich diese Tätigkeit des Erziehungsberaters [...] ganz im Rahmen dessen, was man auch sonst unter ‚Erziehung' im weitesten Sinne versteht. Je nach dem Ausmaß also, in dem wir mit der Unterstützung der Eltern rechnen können, könnten wir sie als ‚Miterziehung' bezeichnen oder geradezu als ‚Erziehungsersatz'. Um beides in einem Ausdruck zu treffen, nennen wir sie vielleicht am besten *Erziehungshilfe*, obgleich wir dabei keinen Augenblick vergessen, daß dieser Ausdruck weder sprachlich noch begriffstechnisch als einwandfrei bezeichnet werden kann. (Redl 1932, S. 524f.; Hervorhebung im Original)

Die Anfänge der fachwissenschaftlichen Diskussion um die Erziehungshilfe ist im deutschsprachigen Raum durch eine psychoanalytische Orientierung geprägt. Aus Sicht der psychoanalytischen Pädagogik zielt eine „unmittelbare Erziehungshilfe" darauf ab, „dem Kind in all den Fällen, wo es sich um ernstere Störungen handelt, durch ein Stück analytischer Erziehung hilfreich zur Seite zu stehen." (Redl 1932, S. 527)

Diese frühen Anfänge einer fachwissenschaftlichen Diskussion erfahren in der Folgezeit einige Zäsuren. Durch den institutionellen Ausbau der Erziehungsberatung als Teil der öffentlichen Fürsorge geraten zusehends formale und rechtliche Aspekte in den Mittelpunkt der Fachdiskussion und verdrängen so zusehends eine an pädagogischen Zielbestimmungen und inhaltlichen Fragen ausgerichtete Verständigung.

Und auch die voranschreitende innerfachliche Zergliederung der Pädagogik trägt zu einer Entkernung der Erziehungshilfediskussion bei, denn durch die Etablierung der Sonderpädagogik auf der einen und der Sozialpädagogik auf der anderen Seite wird das Diskursfeld schließlich entlang der Institutions- und Handlungsfelder (Schule versus Jugendhilfe) in zwei

Teilbereiche (schulische versus außerschulische Erziehungshilfe) aufgespaltet, die zuvor noch in einem Gesamtzusammenhang gedacht wurden. So entwickeln sich zwei (sub)disziplinäre pädagogische Fachdiskurse, die trotz des gemeinsamen Themenbezugs in sehr unterschiedliche Fachkulturen diffundieren und dabei nur noch sporadisch gegenseitige diskursive Bezugnahmen herzustellen vermögen.

Der Preis dieser disziplinären Spaltung der Diskurse ist hoch, denn in ihrer jeweils den institutionellen Eigenlogiken verpflichteten Diskursausrichtung tendieren die beiden Teildiskurse zu einer perspektivischen Vereinseitigung, durch die der pädagogische Kern aller Erziehungshilfe aus dem Blickfeld zu geraten droht.

2. „Hilfen zur Erziehung" und „Erziehungshilfen" der Kinder- und Jugendhilfe (SGB VIII)

Unter den *Hilfen zur Erziehung (HzE)* werden sozialstaatliche Leistungen für hilfebedürftige Familien mit Kindern zusammengefasst, die im achten Sozialgesetzbuch festgeschrieben sind (vgl. §§ 27-35 SGB VIII). Sie stellen einen „klassische[n] Kernbereich" (Ziegler 2012, S. 672) und eine „Kernaufgabe" (Jordan 2017, S. 474) der Jugendhilfe dar und markieren „eines der umfassendsten und zugleich umfangreichsten Arbeitsfelder innerhalb der Kinder- und Jugendhilfe" (Bock 2002, S. 305), die einen breit gefächerten Kanon an höchst unterschiedlichen präventiven, ambulanten und (teil)stationären familienunterstützenden, -ergänzenden bis hin zu -ersetzenden Hilfen umspannen.

Die Hilfen zur Erziehung stellen einen „Containerbegriff" dar (Maykus et al. 2023, S. 55), der die Heterogenität konkreter pädagogischer Maßnahmen eher verdeckt, denn tatsächlich handelt es sich um

> völlig unterschiedliche und sozialpädagogisch nur undeutlich zu homogenisierende Settings, in denen nicht nur verschiedene Methoden und unterschiedliche Professionen mit ungleicher Intensität zum Tragen kommen, sondern die auch auf verschiedene AdressatInnen ausgerichtet sind. (Bock 2002, S. 306)

Das gemeinsame und verbindende der Erziehungshilfen kann in der sozialstaatlichen Zielsetzung gesehen werden, die darauf gerichtet ist, „ein zur Familienerziehung komplementäres [und] kompensatorisches Sozialisationsfeld" aufzuspannen, wie Birtsch, Münstermann und Trede (2001, S. 11) in ihrer Einleitung zum „Handbuch Erziehungshilfen" betonen.

Die Anerkennung der Notwendigkeit staatlicher Unterstützungsleistungen für die häusliche Erziehung hat in der Bundessozialgesetzgebung eine lange Tradition – bereits im Jugendreichswohlfahrtsgesetz (RJWG 1922), das dem Jugendwohlfahrtsgesetz (JWG), dem Kinder- und Jugendhilfegesetz (KJHG) und dem aktuellen Kinder- und Jugendstärkungsgesetz (KJSG)[3] vorausgeht, war die öffentliche und private Jugendhilfe als Teil der staatlichen Fürsorgeerziehung und Wohlfahrtspflege verankert worden. Erziehungshilfe ist als rechtlicher Begriff des Sozialrechts erst mit der Gesetzesreform Anfang der 1960er Jahre eingeführt worden. Im Zuge der Novellierung durch das Gesetz für Jugendwohlfahrt (JWG 1961) wurden die Hilfen zur Erziehung formal als ein Aufgabengebiet der Jugendhilfe etabliert.

Allerdings war bereits in der Zeit des Nationalsozialismus der Begriff der „Freiwilligen Erziehungshilfe" als Teil der „Erziehungsfürsorge" in den Verwaltungsvorschriften der Volkswohlfahrt eingeführt worden (Kuhlmann 1989). Entlang des rassenideologischen Modells von „Verwahrlosung" und „Unerziehbarkeit" war die Freiwillige Erziehungshilfe entlang einer „deutlichen Differenzierung nach ‚erziehbaren' und ‚unerziehbaren' Kindern und Jugendlichen" orientiert und den sogenannten „Erbgesunden" als „wertvolle" Volksgenossen vorbehalten (kritisch dazu: Kuhlmann 1989; Mangold & Schrapper 2010, S. 10f.).[4]

---

[3] Mit der aktuellen Gesetzesnovellierung verbindet sich unter anderem die Zielsetzung einer inklusiven Umsteuerung der Kinder- und Jugendhilfe. Welche praktischen Konsequenzen sich gerade für die Hilfen zur Erziehung einstellen, ist noch vollkommen unklar (vgl. dazu das Themenheft „Da kann jede*r kommen?! KJSG: Inklusive Kinder- und Jugendhilfe" der Zeitschrift Gemeinsam leben, herausgegeben von Timo Schreiner, Imke Niediek und Bettina Bretländer 2023).

[4] Hier setzt auch die Kritik an, denn in der Nachkriegszeit sind zentrale Begrifflichkeiten – etwa Verwahrlosung (Pfordten & Wapler 2010, S. 46) sowie die „Freiwillige Erziehungshilfe" und die „Fürsorgeerziehung" (Scheiwe 2017, S. 17) – bemerkenswert unkritisch weitergeführt worden.

2.1 Erziehungshilfe in Sozialpädagogik und Sozialarbeitswissenschaft

Mit der Institutionalisierung der Erziehungshilfen und ihrer gesetzlichen Verankerung gerieten zusehends formale Aspekte des sozialrechtlichen Maßnahmenkatalogs in den Fokus der Fachdiskussion. Das hat in der Folge zu einer zunehmenden Marginalisierung einer inhaltlichen Begriffsbestimmung geführt. Die Fachdiskussion der Sozialarbeitswissenschaften und der Sozialpädagogik ist seit der Einführung der Hilfen zur Erziehung im KJHG stark geprägt durch funktionale Beschreibungen. Exemplarisch etwa bei Moch (2018), der drei Betrachtungsebenen unterscheidet: zum einen die rechtssystematische Ebene (Erziehungshilfen der Jugendhilfe als Teil eines sozialstaatlichen Leistungsgesetzes), zum anderen die organisatorische Ebene, bei der zwischen den verschiedenen Angebotsformen unterschieden werden kann. Erst auf der dritten Ebene folgt nachgeordnet der Versuch einer sozialpädagogischen Betrachtungsweise, durch die eine Subjektivierungsperspektive auf die Adressat:innen der Hilfen (Kinder, Jugendliche, Eltern) eingenommen wird.

In Abgrenzung zum rechtstechnischen Begriff der Hilfen zur Erziehung wollen Birtsch et al. (2001, S. 11) die Begriffe „Erziehungshilfen" und „erzieherische Hilfen" verstanden wissen als „ein offenes Konzept sozialpädagogischer Interventionen [...], das nicht in Gefahr steht, auf die KJHG-Standardhilfen gemäß §§ 28-35 SGB VIII reduziert zu werden."

Ähnlich argumentiert Frommann (2009, S. 89), die nach einer Begriffsbestimmung jenseits des Maßnahmenkatalogs fragt:

> Die Begriffe Erziehungshilfen oder Hilfen zur Erziehung deuten an, dass es sich bei ihnen um Tätigkeiten oder organisierte Vorhaben handelt, die mehr und anderes bewirken wollen als Institutionen wie Kindergärten oder Schulen, in denen Erwachsene und Kinder nicht nur, aber auch in erzieherischer Absicht zusammenkommen. Offen bleibt, ob die Begriffe nahe legen, dass Hilfe hier notwendig ist, um Erziehung überhaupt erst möglich zu machen oder ob Hilfe das Wichtigere ist, aber gewissermaßen im Gewande von Erziehung mit all ihren Ausprägungen daher kommt.

In diesen Überlegungen wird deutlich, dass eine nähere Betrachtung des Erziehungshilfebegriffs auf eine inhaltliche Bestimmung der Begriffe „Erziehung/erziehen" und „Hilfe/helfen" und ihrer Zusammenhänge rückverweist.

2.2 Erziehung in der Perspektive von „Hilfe" und „helfen"

Die Institutionalisierung und Vergesellschaftung der sozialen Praktiken des „Erziehens" und „Helfens" sind das Ergebnis gesellschaftlicher Ausdifferenzierungsprozesse in der Moderne.

Tatsächlich reichen die Wurzeln gesellschaftlich und staatlich organisierter Hilfen zurück bis in die Antike, wie Rathmayr (2014) in seiner Rekonstruktion der Vorgeschichte der Sozialen Arbeit bis zu ihrer gegenwärtigen Ausgestaltung nachzeichnet. Aber erst die Moderne bringt eine Entwicklung mit sich, in deren Dynamik die fortschreitende funktionale Ausdifferenzierung der Gesellschaft eine Institutionalisierung und Verberuflichung des Helfens vorantreibt. Der „professionelle Helfer" ist ein Produkt „des neuzeitlichen Sozialstaates und der Ausgestaltung eigener sozialer Hilfesysteme, für die sich eine breit gefächerte Semantik entwickelt: Fürsorge, Wohlfahrtspflege, Soziale Arbeit, Sozialpädagogik u.a.m." (Gängler 2018, S. 622).

Gleiches kann für die Geschichte der Pädagogik festgestellt werden; auch ihre Wurzeln reichen weit zurück bis in die Antike (Böhm 2004), aber die Institutionalisierung und Verberuflichung sowie die Verwissenschaftlichung von Erziehung und Bildung sind ein vergleichsweise junges Produkt gesellschaftlicher Ausdifferenzierung (Horn 2003; Benner & Brüggen 2011).

Für die Pädagogik allerdings sind „Hilfe" und „helfen"– im Gegensatz zu „Erziehung" und „Bildung" – keine disziplinären Leitbegriffe, obwohl ein enger Zusammenhang zwischen „Hilfe" und „Erziehung" erkennbar ist. Auch wenn spätestens mit Pestalozzi eine „Verankerung des Hilfe-Motivs in der pädagogischen Reflexion" erfolgt, sodass „Erziehungstheorien auch als Theorien des Helfens" betrachtet werden können (Gängler 2018, S. 623), erweist sich der Hilfebegriff in erziehungstheoretischer Hinsicht als zu unspezifisch, wie es mit Klaus Mollenhauer (1964, S. 98) auf den Punkt gebracht werden kann:

> Alles Erziehen ist in irgendeinem Sinn Hilfe. [...] Indessen, will man den Begriff der Hilfe [...] explizieren, so zeigt sich, daß er im Sprachgebrauch eine viel zu allgemeine Bedeutung hat, um noch einen bestimmten Aspekt der Erziehungstätigkeit bezeichnen zu können.

In dieser Lesart könnte der Begriff Erziehungshilfe erscheinen als „eine Verdoppelung – die überflüssig wäre" (Frommann 2009, S. 89).

Einen besonderen Stellenwert erhält der Hilfebegriff erst mit der Etablierung der Sozialpädagogik als erziehungswissenschaftlicher Teildisziplin, deren zentraler Bezugspunkt die helfenden Institutionen und Berufe sowie die Praktiken des Helfens sind (Gängler 2018, S. 622). Damit wird allerdings zugleich auch „der Komplex ‚Hilfe' aus dem Kontext der Allgemeinen Pädagogik ausgelagert" (S. 628).

Das disziplinäre Selbstverständnis der Sozialpädagogik entfaltet sich gerade am „Hilfebegriff in allen Varianten" (S. 624), sodass dieser geradezu „den normativen Kern der Sozialpädagogik [repräsentiert]" (S. 628). Gleichwohl aber steht eine systematische und theoretisierende Begriffsanalyse noch aus und eine „allgemeine Theorie des Helfens ist vorerst nicht in Sicht" (S. 622); es gilt also nach wie vor: „Inhalt, Modus und Ziel von Hilfe sind [...] klärungsbedürftig." (Gängler 2018, S. 627)[5]

So sind etwa offene Fragen wie die nach dem Dienstleistungscharakter sozialer Hilfen, dem widersprüchlichen Verhältnis zwischen Freiwilligkeit und Kontrolle, der A-/Symmetrie der helfenden Beziehung und auch Methodenfragen weitgehend ungeklärt, was Schröder (2018, S. 515) zu der These führt, der Hilfebegriff sei weniger ein theoretischer, sondern vielmehr ein „Handlungsbegriff".

Vor diesem Hintergrund stellt sich tatsächlich die Frage, inwieweit eine universelle Theorie des Helfens überhaupt möglich und sinnvoll erscheint.[6] – Andererseits: ohne theoretische Bestimmungsversuche bleibt das Helfen in professionellen und institutionellen Zusammenhängen eine „unterbestimmte Praxis" (Böhringer, Hitzler und Richter 2022a).

Eine Theorie des „organisierten Helfens" muss also in zwei Richtungen ausgerichtet sein: sie muss einerseits die situative Gebundenheit der sozialen Praktiken des Helfens rekonstruieren und andererseits auch den institutionalisierten und organisationalen Kontext dieser Praktiken abbilden (Böhringer, Hitzler und Richter 2022b, S. 21f.). Für die Theorie-

---

[5] Mit Blick auf die Ausdifferenzierung der Sozialpädagogik im Kontext der Sozialarbeitswissenschaften ist zu vermuten, dass „eine umstandslose Koppelung von Erziehungs- und Hilfesemantik möglicherweise zu theoretischen Schwierigkeiten führte, die aus der Verbindung der nicht im engeren Sinne erziehungswissenschaftlichen Tradition der Wohlfahrtspflege mit der pädagogischen Semantik herrührt." (Gängler 2018, S. 625)

[6] Theorie und Forschung stehen hier vor ganz ähnlichen Problemen, wie sie sich auch im eng benachbarten Feld der Beratungswissenschaft(-en) erkennen lassen (exemplarisch: Möller & Hausinger 2009).

bildung und Forschung leitet sich hieraus der Auftrag ab, Helfen in vier Dimensionen zu betrachten: „organisiertes helfendes Handeln [ist] notwendig erstens relational und zweitens interaktiv [...], drittens kontextualisiert erfolgt und viertens prozesshaft." (S. 22)

Damit aber ist die soziale Praxis des professionellen Helfens weitaus unspezifischer als etwa die Praktiken berufsförmiger und institutioneller Erziehung und Bildung, zumal das Helfen immer auch als Teil pädagogischer Praktiken beschreibbar ist.

Die Theoriedefizite liegen nach Gängler (2018) allerdings nicht nur im Gegenstandsbereich selbst begründet, sondern sie können zugleich auf den Umstand zurückgeführt werden, dass sich die „in den älteren Theorien zusammengedachten Einzelaspekte des Helfens [...] zunehmend in mehr oder weniger getrennte Diskurse aufspalteten." (S. 627)

Dieser Aspekt verweist auf eine disziplinpolitische und auf eine berufsständischen Dimension. Die außerschulische Erziehungshilfe liegt in einem Schnittfeld, für das mit der Sozialpädagogik und der Sozialen Arbeit zwei Fachwissenschaften um eine disziplinäre Deutungshoheit konkurrieren, wobei das Verhältnis der beiden Fächer zueinander alles andere als eindeutig geklärt ist (vgl. exemplarisch die verschiedenen Positionierungen von Erath 2006; Hamburger 2012; Schilling & Klus 2018).

2.3 Hilfen zur Erziehung: Theoriedesiderata

Das weitestgehende Fehlen einer Theorie des Helfens spiegelt sich zugleich in dem Desiderat einer Theorie der Erziehungshilfe. Dieser Theoriemangel ist nach Winkler (2001) unter anderem darauf zurückzuführen, dass „Komplexität, Differenziertheit und Dynamik der Jugendhilfe [...] einheitliche und umfassende Theorien unwahrscheinlich erscheinen [lassen]" (Winkler 2001, S. 255), denn die Jugendhilfe bewegt sich ständig „zwischen einem allgemeinen Sinnbegriff von Hilfe zur Erziehung und einer Pluralität, wenn nicht Fragmentierung von Hilfeformen." (Winkler 2001, S. 264)

Zumal auch die moderne Jugendhilfe, in Tradition der Fürsorgeerziehung stehend, weniger an der Entwicklung einer Erziehungs- und Bildungstheorie ausgerichtet war und ist. Insbesondere wird gerade den Hilfen zur Erziehung mitunter eine gewisse „Bildungsferne" attestiert (z.B. Heckner 2014, S. 487) und auch der Erziehungsbegriff ist als disziplinärer Kernbegriff nicht (mehr)[7] unumstritten: anstatt von Erziehung ist zunehmend „von Empowerment, Förderung, Hilfe und Kontrolle, Problembearbeitung oder Problemlösung, Aktivierung, Befähigung, Care, Integration etc. und teilweise selbst von Therapie die Rede." (Ziegler 2012, S. 665)

Gleichwohl kann in den letzten Jahren nicht zuletzt im Zusammenhang mit der Ausweitung der Schulsozialarbeit zusehends eine Wiederbelebung der Bildungsdiskussion in Jugend- und Erziehungshilfe bescheinigt werden[8] und die stereotype Abgrenzung der Sozialpädagogik gegenüber der vermeintlichen Pädagogikabstinenz der Sozialen Arbeit ist wenig überzeugend, denn auch vom Standpunkt der Sozialarbeitswissenschaft handelt es sich beim Begriff der Erziehung (vgl. Buchka 2010) wie auch bei jenem der Bildung um zentrale Kategorien. Das kann mit Stephan Sting (2018) pointiert werden:

> Bildung ist immer soziale Bildung. Sie ist von soziokulturellen Voraussetzungen und Rahmenbedingungen abhängig; sie wird von sozialen Strukturen der Verteilung von Macht, Reichtum und Ressourcen beeinflusst und sie ist an konkrete lebensweltliche Situationen und Lebenslagen gebunden. Zugleich verfolgt sie neben der Orientierung an Selbstbildung, Persönlichkeitsentwicklung und individuellem Kompetenzerwerb ganz wesentlich soziale Zielstellungen, die auf soziale Inklusion, Zugehörigkeit und Anerkennung ausgerichtet sind. (Sting 2018, S. 408)

Wenn also nun einerseits festgehalten werden kann, dass Erziehung und Bildung durchaus als zentrale Theoriebegriffe sowohl der Sozialpädagogik als auch der Sozialen Arbeit herausgearbeitet sind, so trifft es andererseits gleichzeitig zu, dass die fachwissenschaftliche Diskussion zunehmend durch funktionale Betrachtungen der Hilfen zur Erziehung geprägt ist, was wiederum eine gewisse Distanzierung und Reserviertheit gegenüber pädagogischen Begriffen und Theorien mitbedingt.

---

[7] Es ist – wie im Übrigen auch für andere Teilgebiete der Pädagogik – die Tendenz erkennbar, dass der Reflexion über die einheimischen Grundbegriffe, insbesondere Erziehung und Bildung, zusehends weniger Beachtung geschenkt wird (z.B. Frommann 2009; Thole 2022).

[8] Das aktuellste Beispiel gibt der Themenschwerpunkt „Jugendhilfe und Bildung" der Zeitschrift Sozial Extra, 47. Jahrgang 2023, Heft 5 (vgl. Scherr & Ziegler 2023).

Das Theoriedefizit der Erziehungshilfe ist also nicht nur das Ergebnis unterschiedlicher Fachkulturen, die die Sozialpädagogik auf der einen und die Sozialarbeitswissenschaft auf der anderen Seite mehr oder weniger deutlich hervorgebracht haben. Im Kern des Theoriedefizits steht nach Winkler (2001, S. 270) vielmehr eine „Referenzambiguität", die im Sozialgesetzbuch als rechtlicher Referenzrahmen angelegt ist und die sich in der Fachdiskussion spiegelt bzw. von dieser andauernd reproduziert wird, gerade weil sie sich vorrangig am gesetzlichen Maßnahmenkatalog abarbeitet, anstatt nach einem übergeordneten Prinzip (etwa dem sozialen Sinn) der Erziehungshilfen zu suchen.

Die „Referenzambiguität" entsteht aus der Heterogenität des gesetzlichen Maßnahmenkatalogs der Erziehungshilfen, bei dem nicht entschieden werden könne, „ob im systematischen Zentrum die Hilfeleistung oder die erzieherische Aktivität steht" (ebd.).

> Wird nämlich der Akzent auf das Moment der Hilfe gelegt, so lässt sich diese im strikten Sinne kaum als Erziehung beschreiben und analysieren. Das professionelle Handeln gilt dann der weiterhin autonomen pädagogischen Lebenspraxis von Eltern: diese können zwar Bedarf an Unterstützung signalisieren, ohne jedoch im strikten Sinne Erziehung erwarten zu dürfen (oder zu müssen). Systematisch wäre es dann in der Tat angebracht, von sozialer Arbeit zu sprechen, bei der Prozesse des Informierens, Beratens und Begleitens im Vordergrund stehen. Anderseits und wesentlich vollzieht sich jedoch die Hilfeleistung durch pädagogische Aktivitäten mit Kindern und Jugendlichen, welche zumindest bei den Hilfen zur Erziehung nicht nur als die eigentlichen Adressaten der Hilfeleistung begriffen, sondern durch diese m einen pädagogischen Prozess einbezogen werden, wie er durch den gesetzlichen Anspruch auf Erziehung auch verbürgt wird. (Winkler 2001, S. 270)

Greift man diesen Gedanken auf, ergeben sich für die Erziehungshilfe zwei unterschiedliche kompensatorische Leitmotive, und zwar a) in der Betonung des Hilfecharakters (Erziehungshilfe als Unterstützung von Pädagogik[9]) und b) in der Betonung des erzieherischen Charakters (Erziehungshilfe als „ergänzende" und bisweilen auch „ersetzende Pädagogik").

---

[9] Naheliegend wäre hier vielleicht die Bezeichnung als „Hilfspädagogik", aber die Nähe zur Hilfs*schul*pädagogik (Fuchs 1912; Beschel 1965) als historische Wurzel der späteren sonderpädagogischen Fachrichtung „Lernbehindertenpädagogik" lässt eine solche Begrifflichkeit ungünstig erscheinen.

Genau diese Ambiguität, der Doppelcharakter von Erziehungshilfe, die sich auf einem Kontinuum zwischen den Polen indirekter Unterstützung auf der einen und direkten erzieherischen Interventionen auf der anderen Seite bewegt, ist von Fritz Redl (1932) bereits früh beschrieben worden, der Erziehungshilfe in den Ausprägungen von Erziehungsberatung versus Erziehungsbehandlung verortet.

3. „Schulische Erziehungshilfe" in Heil- und Sonderpädagogik

Im schulischen und sonderpädagogischen Feld ist in offiziellen bildungspolitischen Dokumenten erstmals mit der Einführung der sonderpädagogischen Förderschwerpunktkonzeption von Erziehungshilfe die Rede (vgl. KMK 1994). In den allgemeinen Förderschwerpunktempfehlungen wird diese als Zielsetzung der sonderpädagogischen Fördermaßnahmen im Bereich der emotional-sozialen Entwicklung festgeschrieben, ohne aber den Begriff weiter auszuführen.[10] In den späteren förderschwerpunktspezifischen Empfehlungen (KMK 2000) ist der Begriff dann durchgängig bezogen auf schulorganisatorische Förderorte (konkret: Schulen und Klassen für Erziehungshilfe).

Auch im sonderpädagogischen Fachverband trug das betreffende Bundesreferat in der Zeit von 1990 bis Ende der 2000er Jahre die Bezeichnung Erziehungshilfe (vgl. Harasta 1993; Zeitler 2009).

3.1 Heilpädagogische Erziehungshilfe

Deutlich früher ist der Erziehungshilfebegriff aber bereits Gegenstand der fachwissenschaftlichen Diskussion der sich parallel zur Fürsorgeerziehung etablierenden Heil- und Sonderpädagogik. Die für die Gegenwart charakteristische disziplinäre Trennung zwischen schulischen versus außerschulischen Feldern war in der Genese der Fürsorgeerziehung und der Heilpädagogik nicht gegeben, ganz im Gegenteil wurde gerade das

---

[10] In den KMK-Empfehlungen heißt es dazu: „Eine Förderung von Schülerinnen und Schülern mit Beeinträchtigungen im Bereich der emotionalen und sozialen Entwicklung sowie des Erlebens und des Verhaltens zielt auf Erziehungshilfe und strebt bei einem hohen Maß an Verständnis, besonderer persönlicher Zuwendung und pädagogisch-psychologischer Unterstützung einen Aufbau von Grundverhaltensweisen an." (KMK 1994, S. 11)

Problem der Erziehungshilfe in einem Gesamtzusammenhang gedacht (vgl. Hanselmann 1937; Moor 1943; Berlin Hauptjugendamt & Institut für Psychotherapie 1951).

In enger Anlehnung an die fürsorgeerzieherische Diskussion um die Erziehungsberatung sind auch die ersten Beiträge zur schulischen Erziehungshilfe durch eine psychodynamische Orientierungen geprägt ist, wie etwa bei Hans Zulliger (1935), der den fürsorgeerzieherischen Erziehungshilfebegriff für die Sonderpädagogik adaptiert und die *psychoanalytische Erziehungshilfe*[11] in den Dienst heilpädagogischer Psychohygiene stellt. Vor allem im Zuge des Um- und Ausbaus des Fürsorge- und parallel auch des Sonderschulwesens avanciert Erziehungshilfe zu einem der heilpädagogischen Leitbegriffe der unmittelbaren Nachkriegszeit.

3.2 Sonderpädagogische Erziehungshilfe

Gustav Lesemann (1951) legt den Versuch einer begrifflichen Systematisierung des Erziehungshilfebegriffs vor, für den „in der Erziehungswirklichkeit […] die verwirrende Vielfältigkeit seiner Anwendung" zu beobachten sei (S. 61). Unterschieden wird die Begriffsverwendung unter drei Aspekten: a) dem Geltungsbereich und b) der Zielsetzung sowie c) dem Adressat:innenkreis, wobei die verschiedenen Konnotationen des Erziehungshilfebegriffs in jeweils spezifischer Auslegung des Erziehungsbegriffs abgeleitet werden.[12]

Ad a) Bei der Begriffsbestimmung von Erziehungshilfe nach ihrem Geltungsbereich wird zwischen einem weiten und einem engen Begriffsverständnis unterschieden. Nach dem weitgefassten Verständnis von Erziehung als eine „Lebenshilfe" fasst der Begriff der Erziehungshilfe „jede erzieherische Maßnahme", sodass „die Erziehung als das Gesamt aller Erziehungshilfen darstellt." (S. 61)

---

[11] In der vorliegenden Schrift ist abwechselnd von psychoanalytischer als auch von tiefenpsychologischer Erziehungsberatung und Erziehungshilfe, an einer Stelle auch von „pädanalytischer Erziehungshilfe" und „Pädanalyse" (S. 271), die Rede.

[12] Wohlgemerkt beziehen sich die Ausführungen Lesemanns auf den Sprachgebrauch in der Praxis, für den im zeitgenössischen Kontext eine fachwissenschaftliche Reflexion der Begrifflichkeiten noch an den Anfängen stand bzw. auch 75 Jahre später immer noch steht, um das Fazit der vorliegenden Begriffsanalyse bereits vorwegzunehmen.

In einer engeren Begriffsauslegung ergeben sich zwei Implikationen von Erziehungshilfe: Dem Grundverständnis von Erziehung als Entwicklung folgend meint Erziehungshilfe hier spezielle „erzieherische Maßnahmen", die im Sinne von „Entwicklungshilfen" nur einen Teil von Erziehung markieren (ebd.).

Dieser Gedanke erhält mitunter eine weitergehende Spezifizierung, wonach Erziehungshilfen ein Additivum zur Erziehung darstellen: sie implizieren hier dann „immer etwas Zusätzliches, das zur ‚üblichen' Erziehung hinzu kommt, nämlich da, wo besonders schwierige und konfliktgeladene Erziehungssituationen vorliegen, in denen man mit den ‚gängigen' Erziehungsbemühungen nicht auskommen kann." (Lesemann 1951, S. 62)

Ad b) Mit Blick auf die Zielsetzung von Erziehungshilfen kann die Begriffsverwendung in der Praxis differenziert werden nach einem eher funktional-organisationalen und einem auf den konkreten Erziehungsprozess bezogenen Begriffsgebrauch:

> Hinsichtlich ihrer Gerichtetheit kann man zwei Gruppen von Erziehungshilfen unterscheiden. Die eine richtet sich mehr auf den Erziehungsablauf, möchte ihn ermöglichen, sichern und unterstützen, sieht ihre Aufgabe vornehmlich in der mehr äußeren Organisierung des lückenlosen Erziehungsablaufes, wogegen die andere ihr Bemühen mehr richtet auf den inneren Erziehungsvorgang, den sich vollziehenden Erziehungsprozeß. Während die erste Gruppe mehr ein objektivierendes Ordnen und Regeln meint, möchte die zweite Gruppe mehr als subjektivierendes Wirken und Bewirken gelten. (Lesemann 1951, S. 62)

Ad c) In der Anwendung des Erziehungshilfebegriffs auf einen spezifischen Adressat:innenkreis wird unterschieden zwischen den Erziehungspersonen (Eltern, Lehrkräften) und den Kindern als zu erziehende Personen. Aus dieser adressat:innenspezifischen Sichtweise leiten sich zugleich implizit unterschiedliche methodische Aspekte ab: Erziehungshilfe ist demnach angesiedelt zwischen einer indirekten Intervention im Sinne einer Beratung und Unterstützung der Erziehungspersonen einerseits sowie direkten Interventionen in Form erzieherischen Einwirkens auf die zu erziehende Person andererseits:

> Unter diesem Aspekt gesehen beabsichtigen die Erziehungshilfen entweder der Hilflosigkeit der Erziehenden zu steuern, damit sie mit ihren Kindern fertig werden, etwa durch Eltern- und Erzieherberatungen, oder aber

den Kindern zu helfen, mit sich selbst fertig zu werden. (Lesemann 1951, S. 62)

Den Methodenaspekt greift Lesemann (1951, S. 63) an späterer Stelle seiner Ausführungen noch einmal explizit auf, wenn er sich gegen die zeitgenössisch in der Praxis kursierende Formel wendet, die da lautet: „Erziehungshilfe statt Hilfsschulmethodik!"

> Erziehungshilfe und Hilfsschulmethodik (besser: hilfsschuleigene Methoden!) sind kein Gegensatz. Gute Hilfsschulmethoden sind auch stets wertvolle Erziehungshilfen, und die Hilfeakte der Hilfsschularbeit setzen sich aus lauter einzelnen Erziehungshilfen zusammen. (ebd.)

Nach Lesemann sind diese verschiedenen, im Praxisgebrauch partikular vorfindlichen Begriffsvariationen, in einem Gesamtzusammenhang zu denken, denn „[a]lle diese Perspektiven sind einseitig, d.h. sie heben immer nur eine Seite der Erziehungshilfe ab, die eigentlich gar nicht abhebbar ist!" (S. 62).

Zugleich werden diese partikularen Sichtweisen von subjektiven wie gleichermaßen auch von funktionalen Aspekten getragen, die ihr Gemeinsames und Verbindendes im „individuellen Charakter" aller Erziehungshilfen finden:

> Jedes menschliche Individuum ist [...] erziehungsbedürftig. Aus der Erziehungsbedürftigkeit folgert der Erziehungsanspruch, der sich in seiner Gradabstufung nach der Unvollkommenheit, der Unerzogenheit und den Schwächen des Zöglings richtet. Daher liegt das Kernstück jeder Erziehungshilfe in der Spezialisierung, Dosierung und Temperierung der Hilfen. Wo die drei in quantitativer und qualitativer Hinsicht auf das Kind abgestimmt sind, ist die Erziehungshilfe kindadäquat. Und nur solche Erziehungshilfen haben Berechtigung und Aussicht auf Erfolg. (Lesemann 1951, S. 62)

Rudolf Mücke, der den Aufbau spezieller sonderpädagogischer Lerngruppen für „Gemeinschaftsschwierige" (Berliner „B-Klassen") ab 1949 initiiert hat, beschreibt die Aufgabe der schulbezogenen Erziehungshilfe als „erforderliche um- und nacherziehende Entwicklungshilfe" (Mücke 1954, S. 299), die besondere schulorganisatorische und didaktische Maßnahmen begründet.

Erziehungshilfe für seelisch Auffällige in Form der [...] Sonderbeschulung setzt ein, wenn das Verhalten des Kindes zu Gemeinschaftsschwierigkeiten im alten Klassenverbande führt, die mit den allgemeinen Erziehungsmethoden der Normalschule nicht abzustellen sind. (Mücke 1951, S. 154)

Die Aufgabe der Sonderbeschulung als „pädagogisch-soziale Sondermaßnahme für Gemeinschaftsschwierige" (Mücke 1951, S. 155) gründet sich auf dem Leitgedanken einer *sozialpädagogischen Schule* und die Erziehungs- und Unterrichtsgestaltung ist ausgerichtet an der Zielsetzung, „den Gemeinschaftsschwierigen für möglichst viele Stunden des Tages [...] eine familienähnliche Heimstatt [...] zu geben, in der sich durch Gemeinschaftsleben und zweckentsprechenden Unterricht echte Wertbeziehungen aufbauen lassen." (Mücke 1951, S. 157)

Während bei Mücke die erzieherische Seite der Erziehungshilfe betont wird, greift Heinz Bach (1960) den Beratungsaspekt auf und skizziert den Auftrag der *schulischen Erziehungsberatung* mit dem Ziel einer Unterstützung der Eltern in Bezug auf ihre Erziehungskompetenzen.

Das (unterstellte) Erziehungsversagen der Eltern[13] wird bei Bach zum Ausgangspunkt der Überlegungen, denn die Schule sehe sich „zur Sicherung ihrer Unterrichtsaufgabe und zur Wahrnehmung der notwendigen Ordnung [zunehmend gezwungen,] das Gespräch mit den Eltern zu intensivieren, um auf dem Beratungswege die häuslichen Erziehungskräfte zu belegen und zu korrigieren." (S. 9)

> Unter ‚schulischer Erziehungsberatung' sei dabei die Einflussnahme des Lehrers auf die Erziehung eines bestimmten Kindes über dessen häuslichen Erzieher verstanden, gleich, ob sie direkt oder indirekt [...] erfolgt, ob sie sich als Auskunft, Unterweisung oder entwickelndes Gespräch vollzieht, ob sie von den häuslichen Erziehern [...] gesucht oder vom Lehrer aus angeboten wird, ob sie sich auf Fragen der Bildung im engeren Sinne

---

[13] Diese bei Bach durchscheinende Argumentationsfigur, nach der die Genese schulischer Erziehungsschwierigkeiten vor allem im elterlichen Erziehungsversagen zu suchen ist, führt eine seit den Anfängen der Heilpädagogik etablierte Tradition fort, wie sie – unter anderem – in der Lehre von den Kinderfehlern (z.B. Heller 1914) ihren Ausdruck findet. Und diese Tradition findet ihre Fortschreibung etwa bei Karl-Josef Kluge (1984), der „Elternförderung und Familientherapie als angewandte Erziehungstherapie" versteht.

[…] oder auch auf Fragen der Charaktererziehung erstreckt. (Bach 1960, S. 9f.)

Der Themenkreis der schulischen Erziehungsberatung bezieht sich nach Bach (1960, S. 37ff.) auf vier Aspekte: „Ausbildungsfragen, schulisch bedingte Erziehungsfragen, Leistungsschwierigkeiten, Einordnungsschwierigkeiten."

3.3 Schulische Erziehungshilfe

In den zuvor skizzierten Beiträgen werden vergleichsweise früh erste Überlegungen zur schulischen Erziehungsberatung und Erziehungshilfe formuliert, aber es braucht weitere gut dreißig Jahre, bis sich der Erziehungshilfebegriff tatsächlich in der sonderpädagogischen Fachdiskussion etablieren kann. Erst ab den 1990er Jahren – und also nicht zufällig während der aufkommenden Reformdebatte um das neue Kinder- und Jugendhilfegesetz – taucht der Begriff vermehrt in zahlreichen sonderpädagogischen Fachpublikationen auf (zuerst: Faber 1982; Hippler 1985), wobei dieser – ähnlich wie im sozialpädagogischen Kontext – weniger unter inhaltlichen, sondern vorrangig unter organisatorischen und maßnahmenbezogenen Gesichtspunkten diskutiert wird.

Das gilt nicht nur für die Publikationen, in denen Konzepte und Programme von Erziehungshilfeschulen in freier Trägerschaft vorgestellt werden (z.B. Bleimann 1990; EREV 1995; BvkE 1999), sondern auch für die fachwissenschaftliche Diskussion im engeren Sinn: In den einschlägigen fachspezifischen Handbüchern (Goetze & Neukäter 1989; Gasteiger-Klicpera, Julius & Klicper 2008; Ahrbeck & Willmann 2010; Casale et al. 2024) und Lehrbüchern (exemplarisch: Myschker 1993; Hillenbrand 1999; Stein 2008) wird der Begriff der Erziehungshilfe wenn überhaupt eher sporadisch mitgeführt und steht dort dann fast durchgängig in Bezugnahme auf die schulorganisatorischen Aspekte und der Beschreibung der unterschiedlichen schulischen Förderorte.[14]

Gleiches kann für die Vielzahl an Monographien und Sammelwerken festgestellt werden, die den Begriff der schulischen Erziehungshilfe im Titel führen: auch hier werden vorrangig Organisationsformen diskutiert

---

[14] Einzig das Lehrbuch von Wolfgang Mutzeck (2000) trägt den Erziehungshilfebegriff im Werkstitel, ohne diesen aber in irgendeiner Weise zu reflektieren.

(z.B. Neukäter 1996; Goetze 1997; Hartke 1998; Loeken 2000; Opp 2003; Herz et al. 2005; Herz 2013).[15]

Nun kann sich diese dominierende Fokussierung auf die schulorganisatorischen Aspekte damit erklärt werden, dass der Notwendigkeit des multiprofessionellen und interinstitutionellen Zusammenwirkens schulischer und außerschulischer Erziehungshilfe – also der „Erziehungshilfe in Kooperation" (Loeken 2000) – in der Fachszene ein besonderer Stellenwert beigemessen wird. Aber über organisationstechnische Fragen alleine lässt sich inhaltlich nicht begründen, welches *pädagogische Grundverständnis* der oder den erzieherischen Hilfen zugrunde liegt. Ohne eine Reflexion etwa zu den Zielsetzungen von Erziehung und Bildung bleibt die Diskussion der hierauf bezogenen pädagogischen („erzieherischen") Hilfen zwangsläufig auf organisationale und formale Aspekte begrenzt.

Zu den wenigen Versuchen einer inhaltlichen Bestimmung der schulischen Erziehungshilfe gehören die Überlegungen von Otto Speck (1991; 1993) und Volkmar Baulig (1998; 1999a; b).

3.3.1 Erziehungshilfe als Moralerziehung (Otto Speck)

Ausgehend von der Diagnose einer zunehmenden „Chaotisierung in Erziehungsfeldern" infolge eines Verlustes „moralischer Orientierungen und ethischer Haltgebungen" (Speck 1993, S. 34) wird der moralische Aspekt des Erziehungshilfeauftrags abgeleitet, der sich über die pädagogische Zielsetzung der Autonomieentwicklung begründet:

> Erziehungshilfe muß darauf gerichtet sein, durch lebensweltliche Haltgebungen und durch die Unterstützung der moralischen Entwicklung die Autonomiebildung des Einzelnen zu fördern. (Speck 1993, S. 35)

Verhaltensauffälligkeiten können demnach verstanden werden als „moralische Verletzung [...], eine Verletzung des Eigenwertes [des Kindes], seines Achtungsanspruchs bzw. des Wertes der mitmenschlichen Verantwortung oder Solidarität" (S. 38); sie sind eine Form des „Ausagieren[s] des eigenen moralischen Anspruchs an die anderen" (ebd.).

---

[15] In dieser Hinsicht stellt die Monographie von Herbert Goetze (2010) eine Ausnahme da, denn hierin trägt der Autor verschiedene pädagogische Ansätze und Fördermethoden zusammen, die sich – seiner Ansicht nach – in der schulischen Erziehungshilfe bewährt haben.

Unter moralischem Aspekt verfolgen Erziehung und Erziehungshilfe das Ziel der „Autonomie als Selbsteinbindung in das Rechte und Gute, man könnte auch sagen: in Gemeinschaftlichkeit als gegenseitige Teilhabe" (S. 38). Dabei setzt moralische Erziehung gleichermaßen ein „interautonomisches" erzieherisches Verhältnis voraus wie auch die Bereitstellung „sittlichen Halt gebende[r] Lebenswelten."

In der Konsequenz genügt es allerdings gerade nicht, erzieherische Hilfen allein über schulorganisatorische Maßnahmen absichern zu wollen; die Idee der gerechten Gemeinschaft (Kohlberg 1984) setzt eine wertende Beteiligung seitens der Pädagog:innen voraus.

> Autonomie als Selbsteinbindung in das Rechte und Gute bedarf der Auseinandersetzung mit anderen auf der Grundlage von Beziehung, Bindung und Vertrauen. Die eigenen Urteile müssen sich der Diskussion stellen, die eigenen Handlungen müssen vor den anderen verantwortet werden. Besondere Bedeutung kommt der Persönlichkeit des Lehrer zu: Er kann sich nicht auf das bloße Arrangieren von Diskussionen beschränken, sondern muß auch wertende Stellung beziehen, Partei ergreifen für die Prinzipien des Rechten und Guten. Im übrigen hat auch der Erzieher Autonomie zu beanspruchen. Der Verzicht darauf machte Kinder zu Tyrannen. Das erzieherische Verhältnis ist ein interautonomisches. (Speck 1993, S. 38)

3.3.2 Erziehungshilfe als Dialog (Volkmar Baulig)

Volkmar Baulig, der für einen „Begriffswechsel von der Verhaltensgestörtenpädagogik zur Erziehungshilfepädagogik" (Baulig 1998, S. 460) plädiert und damit eine paradigmatische Neuausrichtung des Fachs verbindet, die darauf zielt, „weg von der defizitären Orientierung zu gelangen und die Ressourcenorientierung zu betonen" (Baulig 1999a, S. 130).

Die Ausrichtung einer so verstandenen Erziehungshilfepädagogik sieht Baulig in einem a) dialogischen und b) systemischen Verständnis begründet.

Ad a) Das dialogische Prinzip der Erziehungshilfearbeit: Der pädagogische Kern der Erziehungshilfearbeit[16] wird in Anlehnung an das dialogische Prinzip Martin Bubers formuliert: Erziehungshilfepädagogik wird verstanden als eine Pädagogik, „die psychosoziales Wachstum fördern möchte" (Baulig 1999b, S. 470), und sie verweist daher auf „das Dialogische" als ein unverzichtbares Prinzip und „Verbundklammer" (S. 469). In der „dialogischen Kompetenz" (S. 468f.) wird der Schlüssel gesehen, um sich entwicklungsfördernd mit belasteten Erziehungssituationen und pädagogischen Beziehungen auseinanderzusetzen, sie ist die „zentrale Begegnungsform der Erziehungshilfepädagogik", die darauf zielt, „trotz undialogischer Rahmenbedingungen [...] Beziehungsfähigkeit zu konstituieren" (Baulig 1999b, S. 470). Über dialogische Kompetenz wird die Erziehungshilfearbeit zur Beziehungsarbeit:

> Wenn wir den anderen als anders erkennen und ihn anders sein lassen, dann erst entwickelt sich eine fruchtbringende Beziehung. Dialogisches kann nicht eingefordert werden. Es setzt in unserem Kontext pädagogische Vorleistungen voraus, die von Behutsamkeit, Achtung, Aufrichtigkeit und bergender Grenzziehung bestimmt sind. Dimensionen des Dialogischen lassen sich folglich weder in den Zeit- noch in den Inhaltstakt der Schule bannen. Es ist die Zuwendung, die zum Austausch hinführt, nicht aber die asymmetrische Deutung aus einem Macht- und Informationsgefälle heraus. Denn Dialogisches wirkt tendenziell auf symmetrische Kommunikation hin. (Baulig 1999b, S. 469)

Der Bedarf an Erziehungshilfe im konkreten pädagogischen Fall, die „Erziehungshilfebedürftigkeit", verweist vor diesem Hintergrund auf die all-

---

[16] Gelegentlich wird der Begriff der „Erziehungshilfearbeit" (z.B. Baulig 1998, S. 460) synonym verwendet zu jenem der Erziehungshilfepädagogik. Mir scheint es sinnvoll, beide Begriffe zu trennen: *Erziehungshilfepädagogik* bezieht sich auf das Fachgebiet in seiner Gesamtheit, womit sich eine Begriffsalternative zu dessen gängiger Bezeichnung („Verhaltensgestörtenpädagogik") bietet. Von *Erziehungshilfearbeit* sollte gesprochen werden, wenn der Bezug auf konkrete pädagogische Tätigkeiten und Handlungen hergestellt wird. Diese Unterscheidung scheint hilfreich, um den Kern der Ausführungen Bauligs zu verdichten: Erziehungshilfepädagogik gründet sich auf dem dialogischen Prinzip und die konkrete Erziehungshilfearbeit ist eine „Beziehungsarbeit" (Baulig 1999a, S. 137).

gemeine Erziehungsbedürftigkeit, die Erziehungstatsache (Bernfeld) als unhintergehbare Axiomatik aller Pädagogik.

> Erziehungshilfebedürftigkeit weist begrifflich auf eine gewisse Autonomie. Die Hilfe zur Erziehung ist gefragt, eine elementar pädagogische Aufgabe wird formuliert, eine positive kindorientierte Dienstleistung wird impliziert. Dies ist mehr als der vordergründig leistungsorientierte Förderbegriff [...]. Die Erziehungshilfe verlangt begrifflich das Inbeziehungtreten, Konkretsein, Wachstum-Fördern, Miteinander [...], sich nicht aufs Lernen fixieren, sich nicht am Nichtkönnen festbeißen, sondern Entwicklung fördern – all dies schwingt begrifflich mit. Unter diesem Begriffswandel ließe sich die bisher wenig eigenständig profilierte Verhaltensgestörtenpädagogik konkreter bündeln und ausrichten. (Baulig 1999a, S. 130)

Ad b) Erziehungshilfepädagogik als systemische Perspektivierung: Die Versäumnisse der Fachwissenschaft sieht Baulig gerade auch darin begründet, dass der Begriffswechsel[17] nicht dazu geführt habe, die Potentiale des Erziehungshilfebegriffs auszuarbeiten; zentrale Fragen seien nach wie vor ungeklärt geblieben:

> Wo sind die zwischenmenschlichen Räume, um Erziehungshilfe zu leisten? Wer sind die Ansprechpartner für diese Hilfe? Wo sind die Rückversicherungssysteme für den Erziehungshilfepädagogen? Wo sind seine Rollenvorgaben, um weder in die Rolle des Nachhilfelehrers noch in die des Hilfstherapeuten abzugleiten? (Baulig 1999b, S. 460)

Diese Fragen verweisen auf funktionale und systembezogene Aspekte der schulischen Erziehungshilfe, die eine systemische Betrachtungsweise als weiteres Grundprinzip einer Erziehungshilfepädagogik nahelegen.

---

17 Meiner Einschätzung nach kann nicht von einem Begriffs-wechsel im engeren Sinn die Rede sein; der Erziehungshilfebegriff ist von der Fachwissenschaft eher in synonymer Verwendungsweise zum etablierten Begriffskonzept (Verhaltensstörungen) rezipiert worden. Dadurch, dass der Begriff aber keiner inhaltlichen Reflexion unterzogen wurde, war es möglich, diesen vor allem auf die institutionellen und organisationalen Aspekte umzulenken, womit der Begriff reibungslos in das traditionelle medizinische Paradigma der „Verhaltensgestörtenpädagogik" assimiliert werden konnte.

Der Erziehungshilfebegriff sollte [...] systemisch ausgerichtet werden, verbunden mit der Frage, wer denn der Hilfe bedarf, um die Beziehung zum Kind in positiverer Weise auszugestalten. Wir müssen von einem individualistischen und normativen Verständnis von Auffälligkeit [...] wegkommen. (Baulig 1999b, S. 460)

Die systemische Orientierung wird gerade auch im Bereich der „Erziehungshilfediagnostik" verortet. Notwendig werde die Verschiebung von einer defizitären und störungsgebundenen Sichtweise in Richtung einer „systemisch orientierte[n] Bestimmung dessen, welche Hilfe zu leisten ist und wie sie zu initiieren ist" (Baulig 1999a, S. 130); der Entwicklungsauftrag wird darin gesehen, eine „Erziehungshilfediagnostik vom Kinde aus" (S. 131) zu entfalten, die „zur kindangemessenen Beziehungshilfe" hinführe (ebd.).

Damit haben wir also einen Vorschlag, was jenseits der schulorganisatorischen Frage als der eigentliche *pädagogische Sinn* schulischer Erziehungshilfe verstanden werden kann. Aber: Auch dieser Vorschlag bleibt letztlich unbefriedigend, da der Auftrag der erzieherischen Hilfen sehr stark von der Störungsseite her gedacht wird und nicht von der Erziehung selbst. Erziehungshilfe wird somit nicht als konstitutiver Teil aller Erziehung gefasst, sie ist also nicht Teil des pädagogischen Grundgedankens (Benner 1987), sondern sie wird deklariert als ein *Spezialfall des Pädagogischen*.

4. Erziehungshilfe in der Sozial- und Sonderpädagogik: gemeinsames Thema – getrennte Diskursfelder

Schulische und außerschulische Erziehungshilfe verfolgen einen gemeinsamen Auftrag: sie fokussieren den Blick auf die Frage nach den Grenzen der Erziehung und suchen nach Perspektiven zur pädagogischen Unterstützung in erschwerten Erziehungs- und Bildungssituationen. Von daher erscheint es geradezu paradox, dass mit dieser Problemfokussierung die grundlegende Perspektive auf Erziehung und Bildung verloren zu gehen scheint.

Die sonderpädagogische Fachdiskussion um die schulische Erziehungshilfe trägt dem pädagogischen Grundgedanken insofern Rechnung, als der Erziehung ein Primat gegenüber dem Bildungsauftrag eingeräumt wird (Hartmann 1981, S. 190).[18] Das allerdings ist aus Sicht einer allgemeinen Bildungstheorie durchaus kritikwürdig, denn die Denkfigur des Primats der Erziehung setzt sehr stereotyp an bei dem Bild: erst Erziehung, dann Bildung.

Da aber in der Sonderpädagogik im Allgemeinen und der schulischen Erziehungshilfe im Speziellen weder erziehungs- noch bildungstheoretische Konzepte, ja nicht einmal didaktische Fragestellungen in der notwendigen Tiefe zu einem zentralen Gegenstand der Fachdiskussion erhoben worden sind, scheint es nur konsequent, wenn schulische Erziehungshilfe fast ausnahmslos unter dem Blickwinkel schulorganisatorischer Angebotsformen (das sind im Wesentlichen die drei organisationsvarianten: Sonderschule, ambulante/mobile Dienste und integrierte schulische Erziehungshilfe) diskutiert wird.

Ähnliches gilt für den sozialpädagogischen und den sozialarbeitswissenschaftlichen Diskurs zu den Hilfen zur Erziehung des Achten Sozialgesetzbuchs: Auch hier lässt sich eine vorrangig maßnahmenorientierte Diskussion erkennen, die kaum erziehungs- und so gut wie gar keine bildungstheoretischen Reflexionen hervorgebracht hat.

Es zeigen sich zugleich aber durchaus auch unterschiedliche Nuancierungen des gemeinsamen Themas (Hilfen an den Grenzen der Erziehung), denn während in Sozialpädagogik und Soziale Arbeit gerade die soziale Frage zentral in den Blick nehmen, ist die Sonderpädagogik traditionell auf die individuellen Funktions- und Anpassungsstörungen fixiert und taxiert Erziehungshilfebedarf auch in der Gegenwart noch in der Formel eines individuellen und speziellen Förderbedarfs.

Trotz dieser Nuancierung besteht ein geneinsames diagnostisches Grundproblem: Erziehungshilfe setzt die irgendwie geartete Feststellung eines „Erziehungsdefizits" voraus. Traditionell sind die elterlichen Erziehungsfehler immer schon ein Teil der Verdachtsdiagnose, das gilt sowohl für die Anfänge der Jugendhilfe als Fürsorgeerziehung wie auch für die Gründungsphase der Sonderpädagogik als Heilpädagogik. Und in beiden disziplinären Wurzeln – Erziehungshilfe als sozialstaatlicher Auftrag der Fürsorgeerziehung auf der einen und als schulischer Auftrag der Sonderpädagogik auf der anderen Seite – ist immer auch schon eine

---

[18] Unter Verweis auf die notwendige Intensivierung der Erziehungsarbeit wird das Primat der Erziehung auch in ein Primat der Beziehung übersetzt (z.B. Hillenbrand 1999, S. 213; Budnik, Unger & Fingerle 2003, S. 165).

klinisch-pathologisierende Perspektivierung[19] als gemeinsames Schnittfeld angelegt. Erziehungshilfe in ihrer schulisch und außerschulisch institutionalisierten Form ist nicht zuletzt Ausdruck einer „Pädagogisierung sozialer Probleme", die kritisch als Versuche zu betrachten sind, „strukturelle Defizite der kapitalistischen Gesellschaft in die einzelnen jungen Menschen und ihre Familien zu transferieren und dort mittels therapeutischer Kniffe, sozialpädagogischer Samariterdienste und, wo nötig, ‚fürsorglicher' Internierung, abzumindern." (Trapper 2002, S. 377)

Den skizzierten beiden – respektive drei – disziplinären Zugangsweisen (Sozialpädagogik und Sozialarbeitswissenschaft sowie Sonderpädagogik) ist eine sträfliche Vernachlässigung pädagogischer Theoriebildung zu attestieren. Weder die stark im sozialrechtlichen Maßnahmenkatalog der Hilfen zur Erziehung formalisierten Bezüge auf der einen, noch die über das therapeutische Deutungsmuster verstellte sonderpädagogische Optik auf der anderen Seite bieten hinreichende Anregung für eine pädagogische Theoriebildung zur Erziehungshilfe.

5. Theorieperspektiven

Eine theoretische Grundlegung müsste nach dem sozialen Sinn erzieherischer Hilfen fragen, wie Winkler (2001) herausstellt.[20] Ob sich ein solcher aber unabhängig von den institutionalisierten Praktiken und ihren ganz konkreten organisatorischen und programmatischen Ausformungen formulieren lässt, bleibt durchaus fraglich, denn bereits innerhalb der jeweiligen Felder von schulischer und außerschulischer Erziehungshilfe sind die Erziehungshilfepraktiken in ihrer Grundausrichtung nach in Funktion und Zielsetzung höchst disparat.

---

[19] Als „Psychopathie-Lehre" in der Heilpädagogik, „Verhaltensstörung" und „Verhaltensschädigung" in der Sonder- und Rehabiliationspädagogik, „Verwahrlosung" in der Fürsorgeerziehung, „seelische Behinderung" in der Kinder- und Jugendhilfe.

[20] Diesen Gedanken würde ich mit Blick auf die Überkomplexität von Erziehungshilfe als einem Ordnungsbegriff für die Praxis/Diskurs-Formation(en) im Feld von Sozial- und Sonderpädagogik ergänzen: eine solche Theorie müsste zugleich auch nach dem *pädagogischen* Sinn der Erziehungshilfe fragen.

So ist beispielsweise der Förderauftrag der Erziehungshilfeschulen, die sich selbst als „Durchgangsschulen" charakterisieren, auf das Ziel der Reintegration in die Regelschule ausgerichtet. Wobei aber zugleich die unterschiedlichen Schultypen im Bereich der Erziehungshilfe zueinander erhebliche organisatorische und konzeptionelle Unterschiede aufweisen, die bis in das konkrete förderpädagogische und unterrichtsdidaktische Handeln einwirken (Willmann 2007).

Im Kontext ambulanter/mobiler und integrierter schulischer Erziehungshilfe ist die Förderlogik genau andersherum gepolt: es geht um Nichtaussonderung. Beides mag natürlich in einer gleichen Zielrichtung gedacht werden; es geht dann um pädagogische Unterstützung zur Ermöglichung der Teilhabe an Erziehung und Bildung im gemeinsamen Unterricht in einer Schule für alle. Aber die konkreten Rahmenbedingungen für diese Unterstützung sind jeweils strukturell sehr verschieden, mit nicht unerheblichen Folgen für die Ausrichtung der konkreten förderpädagogischen Praktiken.

Noch augenscheinlicher wird das Problem mit Blick auf die Heterogenität der Hilfen zur Erziehung im Bereich der Kinder- und Jugendhilfe. Die einzelnen Maßnahmen sind derart unterschiedlich ausgerichtet, dass Unterstützung im Sinne pädagogischer Hilfen, verstanden als direktes erzieherisches Einwirken auf das Kind, mal vorrangig, mal nachrangig, und in höchst unterschiedlichen Ausprägungen, oder auch gar nicht konstitutiv für die Umsetzung der Hilfen sind.

Denkt man Erziehungshilfe aber nicht getrennt nach den institutionalisierten Bereichen (schulisch *oder* außerschulisch), sondern als einen gemeinsamen pädagogischen Auftrag und somit „(re-)transdisziplinär", also die Sonder- und Sozialpädagogik wieder zusammenführend, dann kann nach dem übergeordneten pädagogischen Sinn aller Erziehungshilfen gefragt werden:

> Der Begriff Erziehungshilfe jedenfalls meint genau das: die Bereitstellung pädagogischer, schulischer wie außerschulischer Hilfen in erschwerten Erziehungssituationen, wobei die Adressaten dieser Hilfen alle Beteiligten sind. Die Erziehungssituation und ihre Erschwernisse, nicht das gestörte Kind, stellen den Ausgangspunkt aller Erziehungshilfe dar. Gleichwohl geht es in der Erziehungshilfe auch, aber nicht nur, um die personalen Aspekte einer spezifischen Klientel […]. (Willmann 2014, S. 264)

Grundsätzlich trägt jede Erziehung einen Versuchscharakter und ist in diesem Sinne eine Hilfe zur Erziehung; Erziehungshilfe verweist demnach nicht nur auf Erziehung, sondern Erziehung ist immer zugleich auch Erziehungshilfe. Die Begriffe lassen sich also in einem wechselseitigen Verweisungszusammenhang betrachten. Das führt zu einigen Folgefragen, die im Kontext des pädagogischen Diskursfeldes der Erziehungshilfe bislang kaum thematisiert worden sind, etwa:

- Was ist mit Erziehung konkret gemeint? Was sind die Ziele der Erziehung?
- Wie verhält sich der Erziehungs- zum Bildungsbegriff?
- Wo liegen die Grenzen von Erziehung (und Bildung)?
- Warum bedarf es erzieherischer Hilfen? Für wen, und wann, durch wen? Was also ist der soziale, was der pädagogische Sinn der Erziehungshilfe?
- Verweisen die Eigengrenzen des Pädagogischen nicht auf einen andauernden und universellen Bedarf an Hilfen und Unterstützung bei der Aufgabe der Erziehung?
- Gibt es darüber hinaus einen speziellen Erziehungshilfebedarf?
- Und ist dieser dann personengebunden (erziehungshilfebedürftige Kinder, Erwachsene) und/oder institutions- und rollengebunden (erziehungshilfebedürftige Lehrer:innen, Eltern, Familien) und/oder tätigkeitsgebunden (Unterrichten, häusliches Erziehen, Erziehung in der Familie, im Sportverein, etc.) und/oder situationsgebunden (Erziehungshilfe in erschwerten Erziehungskonstellationen).

Die ausstehende Diskussion dieser (und weiterer) Fragen kann als Voraussetzung einer noch zu entwickelnden pädagogischen Theorie der Erziehungshilfe betrachtet werden (vgl. Willmann 2025).

6. Literatur

Adler, Alfred & Furtmüller, Carl (Hrsg.) (1922). *Heilen und Bilden. Grundlagen der Erziehungskunst für Ärzte und Pädagogen.* München: Bergmann.
Ahrbeck, Bernd & Willmann, Marc (Hrsg.) (2010). *Pädagogik bei Verhaltensstörungen. Ein Handbuch.* Stuttgart: Kohlhammer.
Aichhorn, August (1925). *Verwahrloste Jugend. Die Psychoanalyse in der Fürsorgeerziehung.* Wien: Internationaler Psychoanalytischer Verlag.

Aichhorn, August (1932). Erziehungsberatung. In: *Zeitschrift für psychoanalytische Pädagogik, IV* (11/12), 445–488.

Bach, Heinz (1960). *Schulische Erziehungsberatung. Möglichkeiten und Grenzen des Gesprächs zwischen Schule und Elternhaus.* Hannover: Zickfeld.

Baulig, Volkmar (1998). Von der Verhaltensgestörtenpädagogik zur Erziehungshilfearbeit. Die besondere Aufmerksamkeitsschwelle gestörten Verhaltens. In: *Zeitschrift für Heilpädagogik, 49* (10), 458–461.

Baulig, Volkmar (1999a). Diagnostik im Erziehungshilfebereich. In: *Behindertenpädagogik, 38* (2), 130–142.

Baulig, Volkmar (1999b). Dialogentfaltung im Kontakt mit auffälligen Kindern. In: *Zeitschrift für Heilpädagogik, 50* (10), 466–470.

Benner, Dietrich (1987). *Allgemeine Pädagogik. Eine systematisch-problemgeschichtliche Einführung in die Grundstruktur pädagogischen Denkens und Handelns.* Weinheim: Juventa.

Benner, Dietrich & Brüggen, Friedhelm (2011). *Geschichte der Pädagogik. Vom Beginn der Neuzeit bis zur Gegenwart.* Stuttgart: Reclam.

Berlin Hauptjugendamt & Institut für Psychotherapie (Hrsg.) (1951). *Psychotherapie und Erziehungshilfe. Kongreßbericht zur Arbeitstagung vom 11.-15. Juni 1951.* Berlin: Daehler, Alfa-Druck.

Beschel, Erich (1965). *Der Eigencharakter der Hilfsschule.* 3. Aufl. Weinheim: Beltz.

Birtsch, Vera; Münstermann, Klaus & Trede, Wolfgang (2001). Erziehungshilfen: Von der Vielfalt zu einem abgestimmten Arbeitskonzept. In: Vera Birtsch, Klaus Münstermann & Wolfgang Trede (Hrsg.), *Handbuch Erziehungshilfen. Leitfaden für Ausbildung, Praxis und Forschung* (S. 9–19). Münster: Votum.

Bleidick, Ulrich (1999). *Behinderung als pädagogische Aufgabe. Behinderungsbegriff und behindertenpädagogische Theorie.* Stuttgart: Kohlhammer.

Bleimann, Helmut (1990). *Fördersystem für erziehungshilfebedürftige Schüler im Kreis Aachen: Beratung, Stammschule, Sozialarbeit, Kooperation, Therapie.* Eschweiler: Förderverein der Astrid-Lindgren-Schule.

Bock, Karin (2002). Die Kinder- und Jugendhilfe. In: Werner Thole (Hrsg.), *Grundriss Soziale Arbeit. Ein einführendes Handbuch* (S. 299–315). Opladen: Leske u. Budrich.

Böhm, Winfried (2004). *Geschichte der Pädagogik. Von Platon bis zur Gegenwart.* München: Beck.

Böhringer, Daniela; Hitzler, Sarah & Richter, Martina (Hrsg.) (2022a). *Helfen. Situative und organisationale Ausprägungen einer unterbestimmten Praxis.* Bielefeld: transcript.

Böhringer, Daniela; Hitzler, Sarah & Richter, Martina (2022b). Konstellationen organisierten Helfens. Eine theoretische Skizze. In: Daniela Böhringer, Sarah Hitzler & Martina Richter (Hrsg.), *Helfen. Situative und organisationale Ausprägungen einer unterbestimmten Praxis* (S. 15–35). Bielefeld: transcript.

Bruder-Bezzel, Almuth (1999). *Geschichte der Individualpsychologie.* 2. Aufl. Göttingen: Vandenhoeck & Ruprecht.

Buchka, Maximilian (2010). *Erziehen in der Sozialen Arbeit.* Bad Heilbrunn: Klinkhardt.

Budnik, Ines; Unger, Nicole & Fingerle, Michael (2003). Arbeitsfelder in der schulischen Erziehungshilfe. In: Günther Opp (Hrsg.), *Arbeitsbuch schulische Erziehungshilfe* (S. 145–199). Bad Heilbrunn: Klinkhardt.

BvkE, Bundesverband katholischer Einrichtungen und Dienste der Erziehungshilfen (Hrsg.) (1999). *Eine Schule für Erziehungshilfe, die für Kinder und Jugendliche da ist. Vorstellung und Diskussion alternativer schulischer Konzepte.* Freiburg im Breisgau: Lambertus.

Casale, Gino; Hennemann, Thomas; Hövel, Dennis & Markowetz, Reinhard (Hrsg.) (2024, im Druck). *Handbuch Förderschwerpunkt emotional-soziale Entwicklung.* Weinheim: Beltz.

Datler, Wilfried; Gstach, Johannes & Wininger, Michael (Hrsg.) (2009). *Adler, Alfred. Schriften zur Erziehung und Erziehungsberatung (1913–1937).* Göttingen: Vandenhoeck & Ruprecht.

Engels, Astrid (1985). *Erziehungsberatung im Wandel. Bestandsaufnahme, Analysen, Kritik und Zukunftsperspektiven einer pädagogisch-psychologischen Institution.* Dissertation an der Pädagogischen Fakultät der Rheinischen Friedrich-Wilhelms Universität zu Bonn.

Erath, Peter (2006). *Sozialarbeitswissenschaft. Eine Einführung.* Stuttgart: Kohlhammer.

EREV, Evangelischer Erziehungsverband (Hrsg.) (1995). *Schulische Bildung und Erziehungshilfen im Wandel. Die Schule für Erziehungshilfe im Jugendhilfeverbund.* Hannover: Linden-Druck Verlagsgesellschaft.

Faber, Günter (1982). *Schulische Erziehungshilfe im Heim. Entwurf einer pädagogisch-therapeutischen Schulstation im Kontext spezialisierter Heimerziehung.* Diplomarbeit am Fachbereich Erziehungswissenschaften der Universität Hannover.

Frommann, Anne (2009). Pädagogik der Erziehungshilfen. In: Hans-Ullrich Krause & Friedhelm Peters (Hrsg.), *Grundwissen Erzieherische Hilfen. Ausgangsfragen, Schlüsselthemen, Herausforderungen.* 3. Aufl. (S. 89–101). Weinheim: Juventa.

Fuchs, Arno (1912). *Schwachsinnige Kinder, ihre sittlich-religiöse, intellektuelle und wirtschaftliche Rettung. Versuch einer Hilfsschulpädagogik.* 2. Aufl. Gütersloh: Bertelsmann.

Gängler, Hans (2018). Hilfe. In: Hans-Uwe Otto, Hans Thiersch, Rainer Treptow & Holger Ziegler (Hrsg.), *Handbuch Soziale Arbeit. Grundlagen der Sozialarbeit und Sozialpädagogik.* 6. Aufl. (S. 622–631). München: Reinhardt.

Gasteiger-Klicpera, Barbara, Julius, Henri & Klicpera, Christian (Hrsg.) (2008), *Sonderpädagogik der sozialen und emotionalen Entwicklung. Handbuch Sonderpädagogik, Band 3.* Göttingen: Hogrefe.

Goetze, Herbert & Neukäter, Heinz (Hrsg.) (1989). *Pädagogik bei Verhaltensstörungen. Handbuch der Sonderpädagogik, Band 6.* Berlin: Marhold.

Goetze, Herbert (2010). *Schülerverhalten ändern. Bewährte Methoden der schulischen Erziehungshilfe.* Stuttgart: Kohlhammer.

Goetze, Herbert (Hrsg.) (1997). *Schulische Erziehungshilfe. Grenzüberschreitend.* Potsdam: Universität Potsdam.

Hamburger, Franz (2012). *Einführung in die Sozialpädagogik.* 3. Aufl. Stuttgart: Kohlhammer.

Hanselmann, Heinrich (1937). *Erziehungsberatung.* Erlenbach: Rotapfel-Verlag.

Harasta, Werner (1993). Erziehungshilfe. In: *Zeitschrift für Heilpädagogik, 4* (8), 527–528.

Hartke, Bodo (1998). *Schulische Erziehungshilfe durch regionale sonderpädagogische Förderzentren in Schleswig-Holstein. Fachliche und geschichtliche Grundlagen – aktuelle Daten – Perspektiven.* Hamburg: Kovač.

Hartmann, Günther (1981). *Zur Bildungsproblematik schulisch auffälliger Kinder.* Habilitationsschrift an der Universität für Bildungswissenschaft Klagenfurt.

Heckner, Thomas (2014). Erziehungshilfe und Schule. Funktionalisierung – Kooperation – Verschmelzung. In: Michael Macsenaere, Klaus Esser, Eckhart Knab & Stephan Hiller (Hrsg.), *Handbuch der Hilfen zur Erziehung* (S. 487–494). Freiburg im Breisgau: Lambertus.

Heller, Theodor (1914). *Paedagogische Therapie für Praktische Aerzte.* Berlin: Springer.

Herz, Birgit (2013). *Schulische und außerschulische Erziehungshilfe. Ein Werkbuch zu Arbeitsfeldern und Lösungsansätzen.* Bad Heilbrunn: Klinkhardt.

Herz, Birgit; Zimmermann, David & Meyer, Matthias (2005). *„... und raus bist Du!" Pädagogische und institutionelle Herausforderungen in der schulischen und außerschulischen Erziehungshilfe.* Bad Heilbrunn: Klinkhardt.

Hillenbrand, Clemens (1999). *Einführung in die Verhaltensgestörtenpädagogik.* München: Reinhardt.

Hippler, Bernd (1985). *Mobile schulische Erziehungshilfe. Pädagogisch-therapeutische Massnahmen von Sonderschullehrern bei verhaltensgestörten Kindern an Grund- und Hauptschulen.* Birkach: Ladewig.

Horn, Klaus-Peter (2003). *Erziehungswissenschaft in Deutschland im 20. Jahrhundert. Zur Entwicklung der sozialen und fachlichen Struktur der Disziplin von der Erstinstitutionalisierung bis zur Expansion.* Bad Heilbrunn: Klinkhardt.

Hundsalz, Andreas (1995). *Die Erziehungsberatung. Grundlagen, Organisation, Konzepte und Methoden.* Weinheim: Juventa.

Jordan, Erwin (2017). Hilfe(n) zur Erziehung/HzE. In: Dieter Kreft & Ingrid Mielenz (Hrsg.), *Wörterbuch Soziale Arbeit. Aufgaben, Praxisfelder, Begriffe und Methoden der Sozialarbeit und Sozialpädagogik.* 8. Aufl. (S. 474–481). Weinheim: Beltz Juventa.

JWG (1961). Gesetz für Jugendwohlfahrt (JWG) vom 11. August 1961. In: *Bundesgesetzblatt Nr. 64*, 1206–1219.

Kluge, Karl-Josef (Hrsg.) (1984). *Elternförderung und Familientherapie als angewandte Erziehungstherapie.* München: Minerva.

KMK (1994). *Empfehlungen zur sonderpädagogischen Förderung in der Bundesrepublik Deutschland. Beschluss vom 05./06.05.1994.* Bonn: Kultusministerkonferenz.

KMK (2000). *Empfehlungen zum Förderschwerpunkt Emotionale und Soziale Entwicklung. Beschluss vom 10.03.2000.* Bonn: Kultusministerkonferenz.

Kohlberg, Lawrence (1984). Der „Just Community"-Ansatz der Moralerziehung in Theorie und Praxis. In: Fritz Oser, Reinhard Fatke & Otfried Höffe (Hrsg.), *Transformation und Entwicklung. Grundlagen der Moralerziehung* (S. 21–55). Frankfurt am Main: Suhrkamp.

Kuhlmann, Carola (1989). *Erbkrank oder erziehbar? Jugendhilfe zwischen Zuwendung und Vernichtung in der Fürsorgeerziehung in Westfalen 1933–1945.* Weinheim: Juventa.

Lesemann, Gustav (1951). Gefährdete Jugend – Hilfsschulkind – Erziehungshilfe. In: *Zeitschrift für Heilpädagogik, 51* (2), 57–62.

Loeken, Hiltrud (2000). *Erziehungshilfe in Kooperation. Professionelle und organisatorische Entwicklungen in einer kooperativen Einrichtung von Schule und Jugendhilfe.* Heidelberg: Winter.

Mangold, Melanie & Schrapper, Christian (2010). *Zeitgenössische Positionen des AFET – Allgemeiner Fürsorgeerziehungstag e.V. (bis 1971) und seiner Nachfolger: Arbeitsgemeinschaft für Erziehungshilfe (AFET) sowie AFET – Bundesverband für Erziehungshilfe e.V. zur Heimerziehung im Zeitraum 1945 bis 1970. Expertise im Auftrag des AFET, November 2010.* Hannover: AFET – Bundesverband für Erziehungshilfe e.V.

Maykus, Stephan; Müller, Heinz & Stuckstätte, Eva Christina (2023). *Hilfen zur Erziehung und Schule.* Weinheim: Beltz Juventa.

Moch, Matthias (2018). Hilfen zur Erziehung. In: Hans-Uwe Otto, Hans Thiersch, Rainer Treptow & Holger Ziegler, *Handbuch Soziale Arbeit. Grundlagen der Sozialarbeit und Sozialpädagogik.* 6. Aufl. (S. 632–645). München: Reinhardt.

Mollenhauer, Klaus (1964). *Einführung in die Sozialpädagogik. Probleme und Begriffe.* Weinheim: Beltz.

Möller, Heidi & Hausinger, Brigitte (Hrsg.) (2009). *Quo vadis Beratungswissenschaft?* Wiesbaden: VS Sozialwissenschaften.

Moor, Paul (1943). Beratung als Mittel der Fürsorge. In: *Jahresbericht des Heilpädagogischen Seminars Zürich.* SA. II M 1156, 3–10.

Mücke, Rudolf (1951). Erziehungshilfe am seelisch auffälligen Kind und Jugendlichen aus der Sicht des Pädagogen. In: Berlin Hauptjugendamt & Institut für Psychotherapie (Hrsg.), *Psychotherapie und Erziehungshilfe. Kongreßbericht zur Arbeitstagung vom 11.-15. Juni 1951* (S. 154–185). Berlin: Daehler, Alfa-Druck.

Mücke, Rudolf (1954). Der Auftrag der Schule zur Erziehungshilfe für gemeinschaftsschwierige Kinder. In: *Zeitschrift für Heilpädagogik, 5* (7/8), 294–309.

Mutzeck, Wolfgang (2000). *Verhaltensgestörtenpädagogik und Erziehungshilfe.* Bad Heilbrunn: Klinkhardt.

Myschker, Norbert (1993). *Verhaltensstörungen bei Kindern und Jugendlichen. Erscheinungsformen – Ursachen – hilfreiche Massnahmen.* Stuttgart: Kohlhammer.

Neukäter, Heinz (Hrsg.) (1996). *Erziehungshilfe bei Verhaltensstörungen. Vernetzung der sozialen, pädagogischen und medizinischen Dienste.* Oldenburg: Zentrum für pädagogische Berufspraxis der Universität Oldenburg.

Opp, Günther (Hrsg.) (2003). *Arbeitsbuch schulische Erziehungshilfe.* Bad Heilbrunn: Klinkhardt.

Peukert, Detlev J. K. (1986). *Grenzen der Sozialdisziplinierung. Aufstieg und Krise der deutschen Jugendfürsorge von 1878 bis 1932.* Köln: Bund-Verlag.

Pfordten, Dietmar von der & Wapler, Friederike (2010). *Expertise zu Rechtsfragen der Heimerziehung der 50er und 60er Jahre. Gutachten im Auftrag des „Runden Tisch Heimerziehung". vom 31.5.2010.* Göttingen: Georg-August-Universität, Lehrstuhl für Rechts- und Sozialphilosophie.

Rathmayr, Bernhard (2014). *Armut und Fürsorge. Einführung in die Geschichte der Sozialen Arbeit von der Antike bis zur Gegenwart.* Opladen: Budrich.

Redl, Fritz (1932). Erziehungsberatung, Erziehungshilfe, Erziehungsbehandlung. In: *Zeitschrift für psychoanalytische Pädagogik, IV* (11/12), 523–532.

RJWG (1922). Reichsgesetz für Jugendwohlfahrt. In: *Reichsgesetzblatt, Nr. 54*, veröffentlicht am 29.7.1922.

Sachße, Christoph & Tennstedt, Florian (1980). *Geschichte der Armenfürsorge. Band 1: Vom Spätmittelalter bis zum Ersten Weltkrieg*. Stuttgart: Kohlhammer.

Sachße, Christoph & Tennstedt, Florian (1988). *Geschichte der Armenfürsorge. Band 2: Fürsorge und Wohlfahrtspflege 1871–1929*. Stuttgart: Kohlhammer.

Scheiwe, Kirsten (2017). Zwang und Erziehung. Die Entwicklung der Fürsorgeerziehung 1870–1990. In: Eva Schumann & Friederike Wapler (Hrsg.), *Erziehen und Strafen, Bessern und Bewahren. Entwicklungen und Diskussionen im Jugendrecht im 20. Jahrhundert* (S. 3–23). Göttingen: Universitätsverlag.

Scherr, Albert & Ziegler, Holger (2023). Welche Bildung fördert die Kinder- und Jugendhilfe, und welche nicht? Einleitung zum Themenschwerpunkt „Jugendhilfe und Bildung". In: *Sozial Extra, 47* (5), 279–284.

Schilling, Johannes & Klus, Sebastian (2018). *Soziale Arbeit. Geschichte – Theorie – Profession*. 7. Aufl. München: Reinhardt.

Schreiner, Timo; Niediek, Imke & Bretländer, Bettina (2023). Da kann jede*r kommen?! KJSG: Inklusive Kinder- und Jugendhilfe. Themenheft der Zeitschrift *Gemeinsam Leben, 31* (2).

Schröder, Julia (2018). Helfen. In: Gunther Graßhoff, Anna Renker & Wolfgang Schröer (Hrsg.), *Soziale Arbeit. Eine elementare Einführung* (S. 515–530). Wiesbaden: Springer VS.

Speck, Otto (1991). *Chaos und Autonomie in der Erziehung. Erziehungsschwierigkeiten unter moralischem Aspekt*. München: Reinhardt.

Speck, Otto (1993). Die moralische Dimension in der Erziehungshilfe. In: Heinz Neukäter (Hrsg.), *Pädagogik bei Verhaltensstörungen: Erziehung – Unterricht – Beratung* (S. 34–42). Oldenburg: Zentrum für Pädagogische Berufspraxis.

Stein, Roland (2008). *Grundwissen Verhaltensstörungen*. Baltmannsweiler: Schneider Verlag Hohengehren.

Sting, Stephan (2018). Bildung. In: Gunther Graßhoff, Anna Renker & Wolfgang Schröer (Hrsg.), *Soziale Arbeit. Eine elementare Einführung* (S. 399–411). Wiesbaden: Springer VS.

Thole, Werner (2022). Erziehung. In: Deutscher Verein für Öffentliche und Private Fürsorge e.V (Hrsg.), *Fachlexikon der Sozialen Arbeit*. 9. Aufl. (S. 247–249). Baden-Baden: Nomos.

Trapper, Thomas (2002). *Erziehungshilfe: von der Disziplinierung zur Vermarktung? Entwicklungslinien der Hilfen zur Erziehung in den gesellschaftlichen Antinomien zum Ende des 20. Jahrhunderts.* Bad Heilbrunn: Klinkhardt.

Willmann, Marc (2007). Die Schule für Erziehungshilfe: Schule mit dem Förderschwerpunkt Emotionale und Soziale Entwicklung. Organisationsformen, Prinzipien, Konzeptionen. In: Helmut Reiser, Marc Willmann & Michael Urban, *Sonderpädagogische Unterstützungssysteme bei Verhaltensproblemen in der Schule. Innovationen im Förderschwerpunkt Emotionale und Soziale Entwicklung* (S. 13–69). Bad Heilbrunn: Klinkhardt.

Willmann, Marc (2014). „Verhaltensoriginalität" als pädagogischer Leitbegriff? Überlegungen zu den Risiken und Nebenwirkungen einer sonderpädagogischen Dekategorisierung in der Inklusion am Beispiel emotional-sozialer Schwierigkeiten und Verhaltensstörungen. In: *Sonderpädagogische Förderung heute, 59* (3), 260–271.

Willmann, Marc (2025, in Vorbereitung). *Pädagogik in der schulischen Erziehungshilfe (Arbeitstitel).* Stuttgart: Kohlhammer.

Winkler, Michael (2001). Auf dem Weg zu einer Theorie der Erziehungshilfen. In: Vera Birtsch; Klaus Münstermann & Wolfgang Trede (Hrsg.), *Handbuch Erziehungshilfen. Leitfaden für Ausbildung, Praxis und Forschung* (S. 247–281). Münster: Votum.

Zeitler, Gerhard (2009). Bericht aus dem Bundesreferat Erziehungshilfe. In: *Zeitschrift für Heilpädagogik, 60* (10), 407–408.

Ziegler, Holger (2012). Kinder- und Jugendhilfe als Erziehungs- und Bildungsinstanz. In: Ullrich Bauer, Uwe Bittlingmayer & Albert Scherr (Hrsg.), *Handbuch Bildungs- und Erziehungssoziologie* (S. 665–682). Wiesbaden: Springer VS.

Zulliger, Hans (1935). *Schwierige Schüler. Acht Kapitel zur Theorie und Praxis der tiefenpsychologischen Erziehungsberatung und Erziehungshilfe.* Bern: Huber.

ii.

Erziehungsschwierigkeiten im Fokus der Disziplin

Der Fachdiskurs an den Universitätslehrstühlen in Deutschland von der Gründung bis in die Gegenwart

Zwei Themen stehen in der bisherigen Geschichtsschreibung zur Erziehung und Bildung bei emotional-sozialen Schwierigkeiten und Verhaltensstörungen im Vordergrund: die Ideengeschichte (vgl. Göppel 1989) und die Geschichte der Institutionen (vgl. Myschker 1989).

Die Historiographie der „Pädagogik bei Verhaltensstörungen" als Wissenschaftsdisziplin[1] hingegen ist bis dato nicht systematisch untersucht worden. Hierin ist ein großes Versäumnis zu sehen, denn die Geschichte des Feldes ist – ebenso wie die Historie der Heil- und Sonderpädagogik im Allgemeinen – geprägt durch eine enge Verflechtung von Profession und Disziplin. Die Institutionalisierung spezieller pädagogischer Fördersysteme für Kinder und Jugendliche mit Behinderungen und Beeinträchtigungen sowie die Herausbildung spezialisierter Berufsgruppen vollzieht sich in Wechselwirkung zur Etablierung einer akademischen Sonderpädagogik an den Hochschulen und Universitäten (vgl. Willmann 2017).

Im folgenden Beitrag werden die zentralen Diskussionslinien der sich ab Mitte der 1960er Jahre als eigenständige sonderpädagogische Subdisziplin etablierenden Fachrichtung *Pädagogik bei Verhaltensstörungen* beleuchtet. Im Mittelpunkt der Betrachtungen stehen die einschlägigen Lehr- und Handbücher, die über die Jahre von den in das Fachgebiet berufenen

---

[1] Die Bezeichnung des Fachgebiets und die Denomination der Arbeitsbereiche und Professuren sind seit den Anfängen bis in die Gegenwart sehr heterogen. In der vorliegenden historiographischen Untersuchung werden die jeweils zeitgenössischen Fachbezeichnungen widergegeben, da diese als diskursive disziplinäre Selbstbeschreibungen zu betrachten sind.

Lehrstuhlinhaberinnen und -inhabern publiziert worden sind und die untersucht werden hinsichtlich des Stellenwerts, der jeweils dem Erziehungsbegriff beigemessen wird. Wenngleich die hiermit getroffene Quellenauswahl nur einen kleinen Ausschnitt der enormen Fülle an Fachpublikationen abzubilden vermag, so ermöglicht die vorgelegte Selektion an Werken doch eine aufschlussreiche Einsichtnahme in die jeweiligen zeitgenössischen Lehrmeinungen führender Fachvertreterinnen und Fachvertreter sowie die in unserem Zusammenhang besonders interessierende Frage, inwieweit ein genuin erzieherisches Verständnis zugrunde gelegt wird.

Im Ergebnis zeigt es sich allerdings, dieses ernüchternde Fazit sei bereits vorweggenommen, dass der Begriff der Erziehung zwar in vielen Werken – wenn auch nicht durchgängig – prominent behandelt wird, zugleich aber eine vertiefende Diskussion erzieherischer Fragestellungen, ja eine pädagogische Diskussion im engeren Sinne in vielen Standardwerken des Fachs ausgespart bleibt bzw. untergeht in der Überlagerung durch psychologische Perspektiven und Bezugnahmen auf therapeutische Ansätze und Konzepte.

1. Diskurslinien: Ausgewählte Lehr- und Handbücher

Die vorliegende Quellenauswertung facheinschlägiger Lehr- und Handbücher ermöglicht eine Rekonstruktion der historischen Entwicklung der Disziplin in drei historiographischen Etappen:

- die *Konstitutionsphase (1964–1989)*, die in Ost- und Westdeutschland zunächst in zwei getrennten Entwicklungslinien verläuft und die mit der deutschen Wiedervereinigung in eine zweite Phase übergeht;
- die *Konsolidierungsphase (1990–2008)*, in der sich das Fach an den sonderpädagogischen Studienstätten etablieren und ein disziplinäres Diskursfeld erzeugen konnte;
- die *Antinomie-Phase (ab 2009)*, in der die Fachwissenschaft in ihrer fachkategorialen Ausrichtung unter den Vorzeichen der Inklusion in eine Legitimationskrise gerät, die zugleich aber Chancen für eine disziplinäre Neuausrichtung bietet.

Die Geschichte des Fachs verdeutlicht zugleich, wie sehr die Entwicklung der Sonderpädagogik als Profession und Disziplin von gesamtgesellschaftlichen Ereignissen und nicht zuletzt von bildungspolitischen Richtungsentscheidungen wesentlich beeinflusst wird. Mit der Wiedervereinigung zum einen und dem Inkrafttreten der Behindertenrechtskonvention zum anderen werden im Folgenden zwei außerwissenschaftliche Ereignisse als Transformationspunkte herausgearbeitet, die historische Zäsuren in der Disziplingeschichte markieren.

2. Konstitutionsphase (1964–1989)

Die Entwicklung der Pädagogik bei Verhaltensstörungen als Fachwissenschaft und universitäre Disziplin verläuft in den beiden getrennten deutschen Staaten vor dem Hintergrund unterschiedlicher Rahmenbedingungen zunächst parallel: In der DDR ist das Fach als eigenständiger Arbeitsbereich nur an der Humboldt-Universität zu Berlin vertreten. Entsprechend werden die Themen durch die Berliner Fachvertreter quasi monistisch definiert. In Westdeutschland hingegen ist der Fachdiskurs bereits in der Gründungsära geprägt durch unterschiedliche und zunehmend miteinander konkurrierende Sichtweisen und Lehrmeinungen.

Zu dieser Zeit, als spezielle Arbeitsbereiche an den Hochschulen aufgebaut und erste Lehrstühle an den Universitäten eingerichtet werden, hat sich international bereits die Terminologie der „Verhaltensstörungen" als psychiatrischer Leitbegriff etabliert. Seinen Ausgangspunkt findet das Fach somit in einem klinischen Begriffskonzept.

2.1 „Rehabilitationspädagogik der Verhaltensgeschädigten" in Ostdeutschland (1964–1989)

Mit der Gründung des Instituts für Sonderschulwesen im Jahr 1949 war an der Berliner Humboldt-Universität das deutschlandweit erste sonderpädagogische universitäre Ausbildungsinstitut eingerichtet worden. Die kritische Auseinandersetzung mit den Unzulänglichkeiten des Begriffs Sonderpädagogik führte in den Folgejahren zu einer Neudenomination des Fachgebiets als „Rehabilitationspädagogik" (Hübner 2000, S. 93). Die spätere fachkategoriale Ausdifferenzierung zu einer „Rehabilitationspädagogik der Verhaltensgeschädigten" (Becker & Große 2007, S. 36) ist ganz wesentlich verbunden mit dem Wirken Günther Großmanns, der zugleich der erste Abteilungsleiter dieses Bereichs war. Die Einrichtung des Fachs als eigenständige Abteilung wird auf das Jahr 1964 datiert (vgl. Großmann 1985, S. 6). In den Anfängen ist die fachwissenschaftliche Ausrichtung der Rehabilitationspädagogik stark geprägt von der sowjetischen defektologischen Schule (vgl. Bleidick & Ellger-Rüttgardt 2008, S. 194ff.). Dieser Einfluss spiegelt sich auch im Titel des ersten Lehrbuchs zum Fach von Großmann und Schmitz (1966: „Sonderpädagogik verhaltensgestörter hirngeschädigter Kinder") wider. Die Betrachtung möglicher hirnorganischer Hintergründe von Verhaltensstörungen wird in den späteren Arbeiten (Großmann 1976; Großmann et al. 1984) durch eine Fokussierung auf pädagogische Fragestellungen abgelöst. Neben dem diagnostischen Aspekt werden hier nun explizit auch pädagogische und didaktische sowie schulorganisatorische Fragen diskutiert.

Wie sich in diesen Schriften zeigt, arbeiten Großmann und seine Mitarbeiter auf der Höhe der Zeit. Bemerkenswert ist das elaborierte Klassifikationsschema schulischer Verhaltensauffälligkeiten, das auf Grundlage einer Erhebung bei 1.356 Primarstufenschülern im Alter von sieben bis elf Jahren empirisch entwickelt wurde. Mit der zugrundeliegenden Axiomatik einer „Einheit des Sozialen, Biologischen und Psychischen" (Großmann 1976, S. 22ff.) wird zugleich frühzeitig ein Perspektivwechsel zum biopsychosozialen Modell vollzogen (vgl. Engel 1977).

Neben den Arbeiten von Großmann und seinen Mitarbeitern sind auch die Beiträge von Reiner Werner von zentraler Bedeutung für die Wissenschaftsgeschichte der Rehabilitationspädagogik der Verhaltensgeschädigten in der DDR. Werner war seit 1968 als Professor für Forensische Psychologie an der Humboldt-Universität zu Berlin tätig. 1987 gründete er das Institut für Sozialtherapie am Fachbereich Kommunikationswissenschaften und Rehabilitationspädagogik und entwickelte den Diplomstudiengang Sozialtherapie (vgl. Becker & Große 2007, S. 88ff.). Die Grundlagen seiner Habilitationsschrift zum „Entwurf einer Psychodiagnostik und pädagogisch-psychologischen Therapie neurotischer Verhaltensstörungen" (Werner 1967a) werden in den folgenden knapp 20 Jahren systematisch ausgearbeitet zu einem Konzept von „Aktivtherapie", später „Sozialtherapie". Die Buchveröffentlichung zu dieser Arbeit mit dem Titel „Das verhaltensgestörte Kind" erreicht bis 1983 eine für wissenschaftliche Fachliteratur sehr beachtliche Auflagenhöhe bis zur zehnten Neuauflage.

Werner (1967) betrachtet Verhaltensstörungen als „psychische Fehlhaltungen bei Kindern und Jugendlichen", die im „Grenzgebiet zwischen

Psychologie, Psychiatrie und Sonderpädagogik" (Werner 1967b, S. 11) verortet werden. Die ambitionierte Schrift zielt auf die Entwicklung eines integrativen Therapieansatzes mit dem Ziel der Zusammenführung unterschiedlicher Konzepte aus der Individual-, Gruppen- und Milieutherapie. Während zu diesem Zeitpunkt die internationale Diskussion um Eklektizismus und Integration in den Psychotherapiewissenschaften noch in ihren Anfängen steckte, legt Werner bereits frühzeitig einen elaborierten Beitrag zur integrativen Psychotherapie vor (vgl. Norcross 1986).

In der Zusammenschau der zitierten Werke der beiden führenden Fachvertreter der „Verhaltensgeschädigtenpädagogik" zeigt sich: in der Rehabilitationspädagogik der DDR waren psychologische Perspektiven und therapeutische Konzepte vorgängig gegenüber erzieherischen Fragestellungen.

Gleichzeitig ist in historischer Rückschau die Indifferenz der Protagonisten im Westen gegenüber den Arbeiten der beiden exponierten Fachvertreter in Ostdeutschland als ein Versäumnis einzuschätzen, das in erster Linie zurückzuführen ist auf ideologische Vorbehalte gegenüber der staatlich verordneten sozialistischen Erziehungsidee in der DDR (vgl. Werner 1999).

2.2 „Verhaltensgestörtenpädagogik" in Westdeutschland (1968–1989)

Die Anfänge der Disziplingründung an den bundesdeutschen Hochschulen und Universitäten wurzeln in der Einrichtung eines von Karl-Heinz Benkmann geleiteten Arbeitsbereichs für „Lernbehinderten- und Erziehungsschwierigenpädagogik" an der Pädagogischen Hochschule Ruhr im Jahr 1965. Drei Jahre später wird Günther Bittner an die Pädagogische Hochschule Reutlingen für das Fach „Verhaltensgestörtenpädagogik" berufen und im selben Jahr erhält Karl-Josef Kluge in Köln den Ruf auf die erste Universitätsprofessur des Fachs unter der Denomination „Erziehungsschwierigenpädagogik". In den Jahren darauf folgen bis zur Wiedervereinigung als weitere Vertreter der ersten Lehrstuhlgeneration: Volker Schmid und Christoph Ertle (Reutlingen), Josef R. Schultheis (Kiel), Helmut Reiser (Frankfurt), Hans-Joachim Martikke (Hannover), Norbert Myschker (zunächst Hamburg, dann Berlin), Herbert Goetze (Hamburg), Heinz Neukäter (Oldenburg) und Erich Hußlein (Würzburg).

Als ein Meilenstein in der Fachdiskussion kann das Gutachten der drei Reutlinger Professoren Günther Bittner, Christoph Erde und Volker Schmid (1974) gelten, das im Auftrag des Deutschen Bildungsrates angefertigt wurde. In dieser Schrift werden die zentralen Themen des Fachs behandelt (stichpunktartig: Grundprobleme der Definition und Klassifikation der Schülerpopulation, schulorganisatorische und didaktische Konzepte, die Bedeutung von sonderpädagogischer Beratung zur Prävention und Integration, der grundsätzlich subsidiäre Charakter sonderpädagogischer Maßnahmen, die Berücksichtigung des Lehrerverhaltens und der besondere Stellenwert pädagogisch-therapeutischer Fördermaßnahmen). Während die Ausführungen einerseits durchgängig mit erzieherischen Fragestellungen unterlegt sind, so wird andererseits die Notwendigkeit der therapeutischen Orientierung der förderpädagogischen Maßnahmen deutlich herausgestellt. Dabei – und darin liegt die im engeren Sinn pädagogische Bedeutung der Schrift – wird zugleich ganz unmissverständlich die Orientierung am Regelschulsystem und die Bezugnahme auf die Allgemeine Didaktik herausgestellt.

Aus heutiger Sicht ist das Werk in seinem Innovationscharakter kaum zu überschätzen, zumal die behandelten Themen noch bis in die Gegenwart von hoher Aktualität sind. In der Fachöffentlichkeit wurde dem Gutachten indes kaum Beachtung geschenkt; zu provokativ erschienen die Empfehlungen im zeitgenössischen Kontext, beziehen sie doch ganz klar Stellung gegen den Zeitgeist (kritisiert werden der Ausbau des Sonderschulwesens und das Aufkommen der Lernpsychologie) (vgl. Lindmeier 2010, S. 23). Die Zeit war offenbar noch nicht reif für eine grundlegende Kritik der etablierten Strukturen der Sonderpädagogik; das Sonderschulwesen befand sich gerade in einer gewaltigen Expansionsphase und die noch sehr junge Fachwissenschaft schickte sich just an, ihr Heil in den behavioristischen Verhaltenswissenschaften zu suchen.[2]

Ähnlich wie bei den Reutlinger Kollegen spielt auch am Kölner Lehrstuhl die Frage der Verbindung von Pädagogik und Therapie eine zentrale Rolle. Kluge prägt später den Begriff der „Erziehungstherapie" (Januszewski & Kluge 1984). Der Ansatz zielt weniger auf die Entwicklung einer speziellen Methodik; vielmehr werden in Anlehnung an die Humanistische Psychologie die Haltungsvariablen als zentrale Elemente

---

[2] Mit Blick auf die aktuellen Entwicklungen drängt sich eine historische Parallele geradezu auf: mit der sogenannten evidenzbasierten Sonderpädagogik werden in der Gegenwart massiv lernpsychologische Perspektiven propagiert, die final in technologischen Interventionskonzepten im Rahmen des verhaltenstherapeutischen Paradigmas resultieren (kritisch hierzu: Koch 2016; Rödler 2016; Willmann 2018).

im Prozess der Begleitung und Förderung von Lernprozessen herausgestellt. Mit dem – durchaus umstrittenen – Begriff der Erziehungstherapie wird die Zielsetzung des Ineinandergreifens pädagogischer und therapeutischer Maßnahmen pointiert. Der damit aufgegriffene Grundgedanke verweist auf das Junktim von Bilden und Heilen (Datler 1995), das sich in der Tradition der Psychoanalytischen Pädagogik bereits seit den Anfängen des 20. Jahrhunderts zunächst in der Fürsorgeerziehung und später auch im schulischen Bereich gründet (Fatke & Scarbath 1995) und nun unter anderem von Günther Bittner in Reutlingen und Helmut Reiser in Frankfurt fortgesetzt wird, wenngleich mit durchaus unterschiedlichen Schwerpunktsetzungen: Während Bittner als Psychoanalytiker sich vor allem mit grundsätzlichen Fragen zum Verhältnis von Psychoanalyse und Pädagogik beschäftigt (z.B. Bittner 1967), ist bei Reiser die analytische Orientierung durch die Frage nach den unterrichtspraktischen Implikationen im Kontext schulischer Erziehungs- und Bildungsprozesse geprägt (vgl. Reiser 1972).

Ebenfalls zu dieser Zeit hält der Behaviorismus Einzug in die deutsche Schulpsychologie (exemplarisch: Kern 1974) und Sonderpädagogik (z.B. Schumacher 1975; Grabski et al. 1978). Die ab Ende der 1970er aufkommenden Ansätze der systemischen Schulpsychologie (z.B. Selvini-Palazzoli 1978) werden in der Fachdiskussion der Pädagogik bei Verhaltensstörungen allerdings erst mit einiger Verspätung aufgegriffen (zuerst: Palmowski 1996).

In dieser konstitutiven Phase der Fachdisziplin legen viele der ersten Lehrstuhlinhaber Werke vor, mit denen die Grundlagen des Fachgebiets empirisch vermessen und theoretisch strukturiert werden: Havers (1978) und Martikke (1978) beschäftigen sich sehr grundlegend und vorrangig mit klassifikatorischen und theoretischen Fragestellungen; Kluge (1969) und Hußlein (1983) beziehen sich stärker auf schulorganisatorische und unterrichtsbezogene Aspekte. Die Schrift von Speck (1979) bietet hier den umfassendsten Versuch einer genuin pädagogischen Systematisierung, die das sehr weite Feld der Erziehung, Bildung und Rehabilitation bei Verhaltensstörungen multiperspektivisch abbildet.

Gewissermaßen als Abschluss der disziplinären Gründungsphase, so Hillenbrand (2008, S. 10), kann das erste Handbuch zur „Pädagogik bei Verhaltensstörungen" von Herbert Goetze und Heinz Neukäter (1989) gesehen werden. Das Werk, das im Jahr 1993 in einer zweiten und unveränderten Auflage nachgedruckt wurde, umfasst mehr als 1.000 Seiten, auf denen 42 Fachvertreter in 51 Beiträgen grundlegende Themen des Fachs diskutieren und diagnostisch-klassifikatorische Fragen, Unterrichtskonzepte und Ansätze der pädagogisch-therapeutischen Förderung erörtern. Das Handbuch spiegelt einmal mehr die Komplexität und Vielschichtigkeit der Verhaltensgestörtenpädagogik, die sich in Theorie und Praxis als Schnittbereich unterschiedlicher Institutionen, Professionen und Disziplinen bewegt.

Gleichwohl bleibt das Thema Erziehung auch in diesem Werk eher eine Randnotiz. Bei großzügiger Auslegung lassen sich 15 Beiträge als pädagogische Skizzen betrachten, von denen allerdings zehn explizit didaktische Fragestellungen behandeln. Es dominieren indes therapeutische Perspektiven. Bereits im Zuschnitt der Hauptkapitel fällt auf, dass das vierte („Therapieorientierte Verfahren") mit insgesamt 13 Beiträgen umfangreicher ist als das dritte Hauptkapitel („Unterricht") mit elf Beiträgen, von denen mindestens zwei sogar noch eher dem Therapiekapitel zuzuordnen sind. Der Erziehung hingegen ist kein eigenes Hauptkapitel gewidmet. Das Werk steht symptomatisch für die große Affinität der Fachrichtung zu therapeutischen Deutungsmustern, wobei die zahlreichen Ansätze zugleich eher unvermittelt nebeneinanderstehen und insofern nur sehr bedingt zu einer Klärung des Verhältnisses zwischen Erziehung und Therapie bei Verhaltensstörungen beizutragen vermögen. Gleichwohl bleibt dieses Handbuch für die nächsten zwei Dekaden das führende Nachschlagewerk des Fachs.

3. Konsolidierungsphase (1990–2008)

Die gesellschaftlichen Umwälzungen im Zuge der Wiedervereinigung bedeuten eine Zäsur der innerdeutschen Geschichte, von der auch die Wissenschaftslandschaft nicht ausgenommen bleibt. Der Westen übernimmt hier die Regie über den Osten und besetzt zentrale Schlüssel- und Führungspositionen in Politik, Bildung und Wissenschaft. In der Fachwissenschaft spiegelt sich diese Entwicklung im systematischen Ausbau der Disziplin in den neuen Bundesländern wider: Auf die ab Anfang der 1990er Jahre eingerichteten Lehrstühle für Verhaltensgestörtenpädagogik an den ostdeutschen Universitäten werden ausnahmslos Fachvertreter aus den alten Bundesländern berufen: Herbert Goetze an die Universität Potsdam und Wolfgang Mutzeck an die Universität Leipzig (beide 1993), Manfred Wittrock an die Universität Rostock, Bernd Ahrbeck an die

Humboldt-Universität zu Berlin und Günther Opp an die Martin-Luther-Universität Halle-Wittenberg (alle 1994) sowie Winfried Palmowski 1999 an die Universität Erfurt.

In den alten Bundesländern beginnt zu dieser Zeit bereits das ständige Wechselspiel zwischen Weg- und Neuberufungen: Herbert Goetze, 1980 an die Universität Hamburg berufen, wechselt 1992 nach Kiel und bereits 1993 nach Potsdam; im selben Jahr wird Konrad Bundschuh Nachfolger von Otto Speck auf dem Lehrstuhl für „Verhaltensgestörten- und Geistigbehindertenpädagogik" in München; 1995 tritt Birgit Warzecha die Nachfolge von Herbert Goetze in Hamburg an; in Kiel folgt Walter Spiess, ebenfalls in Nachfolge Goetzes und mit der Berufung von Ulrike Petermann an die TU Dortmund ist das Fach nunmehr an den meisten sonderpädagogischen Studienstätten vertreten.

Zu den wichtigsten Fachveröffentlichungen dieser Zeit gehört die Erstauflage von Myschkers „Verhaltensstörungen bei Kindern und Jugendlichen" im Jahr 1993, eine Arbeit, die in ihrer Systematisierung des Fachgebiets einen neuen Standard setzt und bis in die Gegenwart als eines der zentralen Referenzwerke der Disziplin im deutschen Sprachraum gelten kann. Bis zur gegenwärtigen achten Auflage sind immer wieder behutsame Aktualisierungen vorgenommen worden, ohne den Grundaufbau des Werkes zu verändern (vgl. Myschker & Stein 2018). Die zentralen Themen des Fachs werden in neun Hauptkapiteln behandelt: historischer Überblick; Begrifflichkeit; Erscheinungsformen, Klassifikation und Verbreitung; Verursachung und Entstehung; Diagnostik, Erziehung, Unterricht, Therapie und Beratung; Institutionen; helfende Berufe und spezielle Störungen.

Obwohl das Werk das Fach in seiner gesamten Breite abbildet, stehen doch schulische und didaktisch-methodische Fragestellungen im Vordergrund. Eine im engeren Sinn auf erzieherische Fragen ausgerichtete Diskussion findet indes nur partiell statt. In dieser Hinsicht steht Myschkers Lehrbuch keineswegs allein; das Manko ist vielmehr ein Spiegelbild der zeitgenössischen Fachdiskussion. Wenn also Goetze und Gatzemeyer (1992) in einer Inhaltsanalyse einschlägiger Fachzeitschriften noch Anfang der 1990er Jahre feststellen, dass die Didaktik eher ein Randthema der Pädagogik bei Verhaltensstörungen geblieben ist, so kann dieses Fazit gleichermaßen auch für die übergeordnete Erziehungsfrage resümiert werden.

Trotz einer Vielzahl an Einzelbeiträgen, in denen didaktische Überlegungen vor allem unter Rückgriff auf pädagogisch-therapeutische Ansätze entfaltet werden (Überblick: Willmann 2006), bleibt eine systematische Ausarbeitung methodisch-didaktischer Aspekte des Unterrichts bei emotional-sozialen Schwierigkeiten und Verhaltensstörungen über lange Zeit ein fachwissenschaftliches Desiderat. Erst rund 30 Jahre nach der Einrichtung des ersten ordentlichen Lehrstuhls des Fachs werden die ersten beiden – und bis dato einzigen – explizit didaktischen Lehrbücher des Fachs vorgelegt: Hillenbrand (1999a) bietet in seiner „Didaktik bei Unterrichts- und Verhaltensstörungen" einen sehr grundlegenden Überblick über verschiedene didaktische und förderpädagogische Ansätze; Stein und Faas (1999) entwerfen ein eigenes „integratives Modell", das verschiedene Konzepte auf der Grundlage der Themenzentrierten Interaktion miteinander verbindet.

In den Folgejahren erscheinen in kurzer Folge einige weitere Lehrbücher zum Fach: Hillenbrand (1999a), Mutzeck (2000), Goetze (2001) und Stein (2008) bieten grundlegende systematische Einführungen in die Themenbreite des Fachgebiets; Warzecha (1997; 1999) und Reiser (2006) entfalten einen problemorientierten Zugang aus explizit psychodynamischer Perspektive und Opp (2003) entwickelt schulorganisatorische und konzeptionelle Grundlagen der Sonderbeschulung. Fragen der Erziehung werden in den genannten Monographien durchaus mitbehandelt, wenngleich in unterschiedlichen Gewichtungen; allerdings tritt der Erziehungsaspekt gegenüber therapeutischen Orientierungen und deren didaktischen Applikationen deutlich in den Hintergrund.

Auch für diese Phase kann ein weiteres Handbuch zur Fachrichtung als eine Art Abschluss betrachtet werden: die „Sonderpädagogik der sozialen und emotionalen Entwicklung" von Barbara Gasteiger-Klicpera, Henri Julius und Christian Klicpera (2008) enthält insgesamt 62 Beiträge, von denen sich neun mit klassifikatorischen und ätiologischen Fragen befassen. Ein Artikel behandelt das Thema Diagnostik, 13 Beiträge beschreiben spezifische Störungsbilder (von Angst- und Aufmerksamkeitsstörungen über Depression bis hin zur Schulaversion und Suizidalität), elf Artikel beschäftigen sich mit Interventionsmaßnahmen (pädagogisch-therapeutische Verfahren und Trainingsprogramme) und 20 Beiträge diskutieren Fragen zu Schule und Unterricht. Wie bereits beim ersten Handbuch des Fachs, das rund zwanzig Jahre zuvor erschienen war, kann auch im zweiten Handbuch eine Vielzahl an Themen ausgemacht werden, die einmal mehr die enorme Brandbreite des Feldes widerspiegeln, in dem sich der Fachdiskurs empirisch wie auch theoretisch bewegt. Gleichwohl bleibt auch hier das Thema Erziehung unterrepräsentiert und letztlich bemerkenswert unbestimmt.

4. Antinomie-Phase (2009 bis gegenwärtig)

Ein weiterer Epochenumbruch wird durch die Behindertenrechtskonvention der Vereinten Nationen eingeläutet. Mit dem Inkrafttreten in der Bundesrepublik im Jahr 2009 wird das Menschenrecht auf inklusive Erziehung und Bildung (Artikel 24) in verbindliches nationales Recht überführt. Die aus der Konvention abgeleitete Forderung nach einer Abschaffung separater Unterrichts- und Beschulungsformate bedeutet für die Sonderpädagogik eine historische Zäsur, zumal mit der geforderten De-Institutionalisierung auch die Forderung nach einer De-Kategorisierung der Sonderpädagogik einhergeht. Die Sonderpädagogik als Profession und Disziplin steht damit zur Disposition und ihre Abwicklung scheint bereits begonnen zu haben, wie etwa die Abschaffung eigenständiger sonderpädagogischer Lehramtsstudiengänge und die Zusammenstreichung subdisziplinärer Lehrgebiete an den Lehrerbildungsstätten in Deutschland belegen. Auch in den Denominationen von Professuren sowie in den Bezeichnungen der Arbeitsbereiche zeigt sich in den letzten Jahren eine entsprechende Tendenz zugunsten inklusionsbezogener Begrifflichkeiten.

Zugleich ist allerdings festzustellen, dass die spezifischen Herausforderungen im Kontext emotional-sozialer Schwierigkeiten und Verhaltensstörungen in der gegenwärtigen Inklusionsdebatte kaum thematisiert werden (vgl. Speck 2011, S. 103). Dabei wird das Thema nicht nur im inklusionspädagogischen Diskurs weithin umgangen, sondern erstaunlicherweise auch von der sonderpädagogischen Fachwissenschaft selbst. Seit den Anfängen der Begleitforschung zu den ersten integrativen Schulversuchen bei Verhaltensstörungen Ende der 1970er Jahre (Willmann 2015, S. 56ff.) sind in Deutschland mit Ausnahme der Berliner Studie von Preuss-Lausitz (2005) keine größeren empirischen Untersuchungen zum Thema mehr vorgelegt worden. Der insgesamt spärliche Forschungsstand lässt daher kaum valide Aussagen zu (vgl. Ellinger & Stein 2012). Zudem liegen nur wenige theoretische Arbeiten vor, wohingegen die Flut an praktischer Ratgeberliteratur (exemplarisch: Dohmen & Esser 2016) deutlich ansteigt.

Es ist bezeichnend, wenn der Sammelband von Mutzeck und Pallasch (1984) insgesamt in sechs überarbeiteten Neuauflagen erschienen ist (zuletzt: Muczeck, Pallasch und Popp 2007) – und weitere systematische Überblickswerke neueren Datums eher rar gesät sind. Zu den wenigen Ausnahmen gehören die Sammelbände von Preuss-Lausitz (2004) sowie Stein und Müller (2015), die ebenfalls beide bereits in einer zweiten Auflage nachgedruckt wurden.

In dieser dritten Phase erscheinen zwei weitere neue Handbücher zum Fachgebiet (Ahrbeck & Willmann 2010 sowie Feuser, Herz & Jantzen 2012), in denen die Inklusionsfrage in mehreren Beiträgen ausführlich diskutiert wird. Hierbei wird zugleich deutlich, dass im spezifischen Kontext emotional-sozialer Schwierigkeiten insbesondere auch den Inklusionsrisiken besondere Aufmerksamkeit beizumessen ist (vgl. im erstgenannten Handbuch den Beitrag von Birgit Herz zu Desintegrationsprozessen sowie jenen zur Bildungsexklusion von Erich Otto Graf und Jan Weisser).

Im Vergleich zu den älteren setzen die beiden neuen Handbücher stärker an einer pädagogischen Positionierung an. Das Handbuch „Pädagogik bei Verhaltensstörungen" von Ahrbeck und Willmann (2010) bietet auf rund 350 Seiten eine komprimierte Systematisierung des Fachgebiets in acht Hauptrubriken (Geschichte; Handlungsfelder, Institutionen; Erklärungsansätze und theoretische Perspektiven; Störungen des Erlebens, Verhaltens und der Entwicklung; Diagnostik; pädagogische Perspektiven: Verhaltensstörungen als Erziehungs- und Beziehungsproblem; Interventionsansätze und Handlungskonzepte sowie Verhaltensstörungen als gesellschaftliches Problem). Gesamtkomposition und Einzelbeiträge folgen dabei der Zielsetzung, die unterschiedlichen Zugänge zum Gegenstandsbereich und die Vielfalt der wissenschaftlichen Perspektiven vor dem Hintergrund erzieherischer Fragestellungen abzubilden, wobei in Abkehr von einem technologischen Erziehungsverständnis Pädagogik als Beziehungsarbeit in den Mittelpunkt gestellt wird (Ahrbeck & Willmann 2010, 9f). In die gleiche Richtung zielt auch der Herausgeberband „Emotion und Persönlichkeit" von Feuser, Herz und Jantzen (2012), mit dem das zehnbändige Enzyklopädische Handbuch der Behindertenpädagogik abgeschlossen wird. Dem Band liegt die Intention zugrunde, vom Standpunkt einer synthetischen und postcartesianischen Humanwissenschaft ausgehend einem „unreflektierte(n) Empirismus und technologiebezogene(n) Praktizismus" (Feuser, Herz & Jantzen 2012, 10) entgegenzutreten (vgl. ebd.).

Sieht man einmal von den zahlreichen Neuauflagen einiger der etablierten Standardwerke ab, so sind in der gegenwärtigen Entwicklungsphase der Disziplin von den Lehrstuhlinhabern keine neuen Überblickswerke im Stile von Lehrbüchern zur systematischen Einführung in die Fachwissenschaft mehr erschienen – offenbar ist der disziplinäre Gegenstandsbereich mittlerweile klar genug abgesteckt, sodass in der gegenwärtigen Phase ein diskursiver Freiraum für die gezielte Bearbeitung spezifischer Fragestellungen entstehen kann.

Die Inklusionsfrage erweist sich zweifelsohne als eines der zentralen Themen der Gegenwart und sie führt zugleich eine nachhaltige Legitimationskrise der fachkategorialen Sonderpädagogik herbei, denn ein System spezieller Pädagogiken widerspricht nach Ansicht vieler Diskursteilnehmer den Zielen und der Idee der Inklusion. Dabei liegt in der aktuellen Krise zugleich eine große Entwicklungschance für die Fachwissenschaft: die großen Herausforderungen, die mit dem inklusiven Erziehungs- und Bildungsauftrag verbunden sind, geben Anlass zu einer nüchternen Bilanzierung und kritischen Hinterfragung hinsichtlich des disziplinären Selbstverständnisses; Inklusion fordert die Disziplin geradezu heraus, sich auf den eigenen pädagogischen Kern zurückzubesinnen, wie abschließend aufgezeigt werden soll.

5. Fünfzig Jahre Universitätsdisziplin: eine historiographische Bilanz in provokativer Absicht und als Entwicklungsimpuls

In der Rückschau ist für den Zeitraum seit der universitären Implementation der Disziplin eine eher durchwachsene historiographische Bilanz des fachwissenschaftlichen Diskurses zu ziehen. Die Pädagogik bei Verhaltensstörungen ist einerseits in der deutschen Erziehungswissenschaft längst als ein Teilgebiet der Sonderpädagogik etabliert und zeigt hier ein eigenständiges subdisziplinäres Profil, wie die Quellenlage der einschlägigen Lehrbücher führender Fachvertreterinnen und Fachvertreter belegt.[3]

---

[3] In diesen Zusammenhang sei auch auf die vor mehr als zehn Jahren gegründete und inzwischen jährlich durchgeführte „Ständige Konferenz der Dozentinnen und Dozenten an sonderpädagogischen Studienstätten; Förderschwerpunkt der emotionalen und sozialen Entwicklung/Fachdisziplin der Pädagogik bei Verhaltensstörungen" verwiesen.

Der kritische Blick auf die intradisziplinären Diskurslinien lässt indes kaum ein einheitliches Diskursfeld erkennen; zu breit scheint das interdisziplinäre Themenfeld, mit dem sich der Gegenstandsbereich in einer Bandbreite aufspannt, die kaum mehr gemeinsame Referenzierungen der Diskurse ermöglicht. Dabei konstituiert sich das Fach im Schnittfeld einer ganzen Reihe unterschiedlicher wissenschaftlicher Disziplinen, die zugleich um die Deutungshoheit der zu betrachtenden Phänomene konkurrieren. Obwohl diese Disziplinen vom erzieherischen Standpunkt aus als Hilfswissenschaften zu betrachten sind, scheinen sie der wissenschaftlichen Pädagogik zusehends den Rang abzulaufen. Im Ergebnis erweist sich das Diskursfeld als ein buntes Potpourri, das in seiner Gemengelage von wissenschaftsmethodischen Streitpunkten und disziplinären Kontroversen bis hin zu bildungspolitischen Debatten und berufsständischen Interessen dem Anspruch des nach außen präsentierten fachwissenschaftlichen Profils von innen heraus kaum zu entsprechen vermag.

Mehr noch: Die Auswertung von vier umfangreichen Handbüchern der Disziplin zeigt zugleich, dass trotz – oder gerade wegen – einer stetig steigenden Flut an Fachpublikationen der durch die empirische Forschung generierte wissenschaftliche Erkenntnisgewinn tendenziell stagniert, da eine Synthese und Integration einzelner Forschungsergebnisse schon allein aufgrund der schieren Datenmenge kaum mehr möglich erscheint.

Die historische Analyse des Fachdiskurses bringt zugleich einige zentrale Themen hervor, die sich als eine Konstante in der universitären Geschichte des Fachs erweisen und die auch in der deutlich weiter zurückreichenden Ideengeschichte der Disziplin durchgängig eine Rolle gespielt haben. Zu diesen „Dauerthemen" gehören ganz grundlegend die definitorischen Grundprobleme in der Konstitution des Gegenstandsbereichs (z.B. methodisch-operationale Schwierigkeiten bei der Populationsbestimmung) sowie die Frage nach den angemessenen Methoden und Orten der Förderung. Dabei bewegt sich die Disziplin seit ihren Anfängen bis in die Gegenwart in einem dialektischen Prozess von Nähe und Abgrenzung zu klinisch-medizinischen Erklärungs- sowie therapeutischen Interventionsansätzen. Die Entwicklung wird in aktuellen Zeitdiagnosen durchaus kritisch eingeschätzt: die fortwährend große Nähe zur Medizin birgt eine anhaltende Gefahr der *„Therapeutisierung"* und *„Ent-Pädagogisierung"* (Willmann 2012, S. 208ff.), die durch ein schleichendes „Verschwinden des Pädagogischen" (Schad 2008) gekennzeichnet ist. Insofern bleibt auch nach rund 50-jährigem Bestehen als Universitätswissenschaft die Kontur

des Fachs als pädagogische Disziplin recht blass, da die „pädagogische Tradition" in der Disziplingeschichte bis in die Gegenwart eher eine „Minderheitentradition" geblieben ist (vgl. Lindmeier 2010, S. 23).[4]
Die ungebrochene Dominanz des therapeutischen Deutungsmusters und die einseitige Orientierung am „pädagogisch-therapeutischen Ansatz" (Myschker & Stein 2018) zeigt dabei eine lehrreiche Parallele zum Schulrichtungsstreit in den Psychotherapiewissenschaften: hier wie dort wird der intradisziplinäre Austausch durch Grabenkämpfe überschattet und so kann festgehalten werden, dass auch in der Pädagogik bei Verhaltensstörungen methodisch-konzeptionelle Divergenzen und auch wissenschaftstheoretische Streitpunkte ein gemeinsames fachwissenschaftliches Grundverständnis zur Erziehung und Bildung von Kindern und Jugendlichen mit emotional-sozialen Schwierigkeiten und Verhaltensstörungen nachhaltig beeinträchtigen.

Die Herausforderungen, die sich unter den Vorzeichen des inklusiven Erziehungs- und Bildungsauftrags gegenwärtig stellen, können indes als wichtiger Impuls für die Fachwissenschaft verstanden werden, sich auf die eigentliche erzieherische Aufgabe zu besinnen, wobei die gebetsmühlenartig wiederholten Forderungen nach einer stärkeren pädagogischen Berücksichtigung von Heterogenität, Differenz und Individualisierung ihrem Ursprung nach gar nicht in der „inklusionspädagogischen" Position begründet sind, sondern vielmehr in der Pädagogik selbst, die ohne eine hinreichende Anerkennung und Würdigung der Einmaligkeit eines jeden einzelnen Kindes und damit zugleich der Singularität jeder Erziehungssituation ihrem immanenten individualpädagogischen Erziehungs- und Bildungsauftrag gar nicht gerecht werden könnte. Insofern sind diese For-

---

[4] Diese kritische Bilanz ist – wie in der vorliegenden Analyse – bezogen auf die einschlägigen Veröffentlichungen der Lehrstuhlvertreterinnen und -vertreter im Fach Pädagogik bei Verhaltensstörungen. An der Peripherie der Lehrstühle und jenseits des Mainstreams psychologisierender therapeutisierender „Lehrmeinungen" finden sich indes sehr wohl, wenngleich nur vereinzelt Beiträge, die den Erziehungsbegriff in den Mittelpunkt der Betrachtungen stellen. Exemplarisch sei hier auf zwei herausragende Monographien verwiesen: zum einen den vergleichsweise frühen Beitrag von Peter Schmid (1985), der sich in seiner Schrift zur anthropologischen Perspektive auf Verhaltensstörungen ausführlich mit den erzieherischen Implikationen auseinandersetzt und zum anderen auf die moralphilosophisch-pädagogischen Reflexionen über Erziehungsschwierigkeiten von Otto Speck (1991).

derungen als eine eindringliche Mahnung zu lesen, die unabdingbaren Grundlagen der Pädagogik zu wahren. Hierin liegt die eigentliche pädagogische Bedeutung des inklusiven Erziehungs- und Bildungsauftrags. Für die Pädagogik bei Verhaltensstörungen als sonderpädagogische Fachrichtung und erziehungswissenschaftliche Subdisziplin leitet sich hieraus die Aufgabe ab, Erziehung und Bildung unter dem spezifischen Blickwinkel emotionaler und sozialer Entwicklungsaspekte zu untersuchen, – auch, aber nicht nur – unter Berücksichtigung pädagogischer Inklusions- und Exklusionsprozesse. Die längst überfällige *Repädagogisierung* des fachwissenschaftlichen Diskurses könnte hilfreich sein, um weitaus stärker als bisher das Mandat für die besonderen Problemlagen und Erziehungsbedürfnisse der eigenen Klientel auszuüben. Die weitgehende Ausklammerung und Tabuisierung dieser Themen im Inklusionsdiskurs zu durchbrechen wäre zudem ein deutliches Zeichen, das Diskursfeld nicht anderen Fakultäten wie der Medizin und Psychologie überlassen zu wollen.

6. Literatur

Ahrbeck, Bernd & Willmann, Marc (Hrsg.) (2010). *Pädagogik bei Verhaltensstörungen. Ein Handbuch.* Stuttgart: Kohlhammer.

Becker, Klaus-Peter & Große, Klaus-Dietrich (2007). *Sechzig Jahre Pädagogik für Behinderte an der Humboldt-Universität zu Berlin. Ein geschichtlicher Abriss.* Münster: Waxmann.

Bittner, Günther (1967). *Psychoanalyse und soziale Erziehung.* München: Juventa.

Bittner, Günther, Ertle, Christoph & Schmid, Volker (1974). Schule und Unterricht bei verhaltensgestörten Kindern. In: Deutscher Bildungsrat (Hrsg.), *Gutachten und Studien der Bildungskommission. Sonderpädagogik 4* (S. 13–102). Stuttgart: Klett.

Bleidick, Ulrich & Ellger-Rüttgardt, Sieglind (2008). *Behindertenpädagogik – eine Bilanz. Bildungspolitik und Theorieentwicklung von 1950 bis zur Gegenwart.* Stuttgart: Kohlhammer.

Datler, Wilfried (1995). *Bilden und Heilen. Auf dem Weg zu einer pädagogischen Theorie psychoanalytischer Praxis.* Mainz: Grünewald.

Dohmen, Michael & Esser, Daniel (2016). *Inklusive Beschulung von Schülern mit sozial-emotionalem Förderbedarf – aber wie? Handwerkzeuge, Techniken und Methoden zur praktischen Anwendung in der Inklusion.* Norderstedt: BoD.

Ellinger, Stephan & Stein, Roland (2012). Effekte inklusiver Beschulung: Forschungsstand im Förderschwerpunkt emotionale und soziale Entwicklung. In: *Empirische Sonderpädagogik 4* (2), 85–109.
Engel, George L. (1977). The need for a new medical model: A Challenge for biomedicine. In: *Science, 196* (4286), 129–136.
Fatke, Reinhard & Scarbath, Horst (Hrsg.) (1995). *Pioniere psychoanalytischer Pädagogik.* Frankfurt am Main: Lang.
Feuser, Georg, Herz, Birgit & Jantzen, Wolfgang (Hrsg.) (2014). *Emotion und Persönlichkeit. Enzyklopädisches Handbuch der Behindertenpädagogik, Band 10.* Stuttgart: Kohlhammer.
Gasteiger-Klicpera, Barbara, Julius, Henri & Klicpera, Christian (Hrsg.) (2008). *Sonderpädagogik der sozialen und emotionalen Entwicklung. Handbuch Sonderpädagogik, Band 3.* Göttingen: Hogrefe.
Goetze, Herbert (2001). *Grundriß der Verhaltensgestörtenpädagogik.* Berlin: Marhold.
Goetze, Herbert (2010). Förderung und Therapie. In: Bernd Ahrbeck & Marc Willmann (Hrsg.), *Pädagogik bei Verhaltensstörungen. Ein Handbuch* (S. 278–287). Stuttgart: Kohlhammer.
Goetze, Herbert & Gatzemeyer, Uta (1992). Verhaltensgestörtenpädagogik im Spiegel der Fachzeitschriftenliteratur – Eine Inhaltsanalyse. In: *Heilpädagogische Forschung, XVIII* (1), 11–21.
Goetze, Herbert & Neukäter, Heinz (Hrsg.) (1989). *Pädagogik bei Verhaltensstörungen. Handbuch der Sonderpädagogik, Band 6.* Berlin: Marhold.
Göppel, Rolf (1989). *„Der Friederich, der Friederich..." – Das Bild des „schwierigen Kindes" in der Pädagogik des 19. und 20. Jahrhunderts.* Würzburg: Edition Bentheim.
Grabski, Sigrid; Kissing, Gisela, Neukäter, Heinz & Benkmann, Karl-Heinz (1978). *Strukturierter Unterricht mit verhaltensgestörten Schülern.* Rheinstetten: Schindele.
Großmann, Günther (1976). *Zur Theorie und Praxis der Verhaltensgestörtenpädagogik. Habilitationsschrift („Promotion B").* Berlin: Humboldt Universität.
Großmann, Günther (1985). Zur Entwicklung der Rehabilitationspädagogik Verhaltensgeschädigter in der DDR. In: Sektion Rehabilitationspädagogik und Kommunikationswissenschaft der Humboldt-Universität (Hrsg.), *20 Jahre Rehabilitationspädagogik Verhaltensgeschädigter* (S. 6–12). Berlin: Humboldt Universität.
Großmann, Günther & Autorenkollektiv (1984). *Rehabilitationspädagogik Verhaltensgeschädigter. Grundlagen der Bildung, Erziehung und Rehabilitation*

verhaltensgeschädigter Kinder und Jugendlicher. Berlin: Volk und Gesundheit.

Großmann, Günther & Schmitz, Willi (1966). *Sonderpädagogik verhaltensgestörter hirngeschädigter Kinder. Grundzüge einer ärztlich-pädagogischen Gemeinschaftsarbeit.* Berlin: Volk und Gesundheit.

Havers, Norbert (1978). *Erziehungsschwierigkeiten in der Schule. Klassifikation, Häufigkeit, Ursachen und pädagogisch-therapeutische Maßnahmen.* Weinheim: Beltz.

Hillenbrand, Clemens (1999a). *Didaktik bei Unterrichts- und Verhaltensstörungen.* München: Reinhardt.

Hillenbrand, Clemens (1999b). *Einführung in die Verhaltensgestörtenpädagogik.* München: Reinhardt.

Hillenbrand, Clemens (2008). Begriffe und Theorien im Förderschwerpunkt soziale und emotionale Entwicklung – Versuch einer Standortbestimmung. In: Barbara Gasteiger-Klicpera, Henri Julius & Christian Klicpera (Hrsg.), *Sonderpädagogik der sozialen und emotionalen Entwicklung. Handbuch Sonderpädagogik, Band 3* (S. 5–24). Göttingen: Hogrefe.

Hübner, Ricarda (2000). *Die Rehabilitationspädagogik in der DDR. Zur Entwicklung einer Profession.* Frankfurt am Main: Lang.

Hußlein, Erich (1983). *Schule und Unterricht für Kinder und Jugendliche mit Verhaltensstörungen.* Würzburg: Königshausen u. Neumann.

Januszewski, Bodo & Kluge, Karl-Joseph (Hrsg.) (1984). *Ursprünge und Anfänge der Erziehungstherapie in Deutschland. Menschenbild, Hypothesen und Erfahrungen in der Anwendung der humanistischen Psychologie.* München: Minverva.

Kern, Horst J. (1974). *Verhaltensmodifikation in der Schule. Anleitung für die Schulpraxis.* Stuttgart: Kohlhammer.

Kluge, Karl-Joseph (1969). *Pädagogik der Schwererziehbaren. Ein Beitrag zur Praxis und Theorie der Erziehungsschwierigenpädagogik.* Berlin: Marhold.

Koch, Katja (2016). Ankunft im Alltag – Evidenzbasierte Pädagogik in der Sonderpädagogik. In: Bernd Ahrbeck, Stephan Ellinger, Oliver Hechler, Katja Koch & Gerhard Schad, *Evidenzbasierte Pädagogik. Sonderpädagogische Einwände* (S. 9–41). Stuttgart: Kohlhammer.

Lindmeier, Bettina (2010). Zur Geschichte der Verhaltensgestörtenpädagogik als universitäre Disziplin. In: Bernd Ahrbeck & Marc Willmann (Hrsg.), *Pädagogik bei Verhaltensstörungen. Ein Handbuch* (S. 21–26). Stuttgart: Kohlhammer.

Martikke, Hans-Joachim (1978). *Die Rehabilitation der Verhaltensgestörten.* München: Reinhardt.

Mutzeck, Wolfgang (2000): *Verhaltensgestörtenpädagogik und Erziehungshilfe.* Bad Heilbrunn: Klinkhardt.

Mutzeck, Wolfgang & Pallasch, Waldemar (1984). *Integration verhaltensgestörter Schüler. Praktische Modelle und Versuche,* Weinheim: Deutscher Studienverlag.

Mutzeck, Wolfgang & Popp, Kerstin (2007). *Integration von Schülern mit Verhaltensstörungen. Grundlagen, Modelle, Praxiserfahrungen.* Weinheim: Beltz.

Myschker, Norbert (1989). Zur Geschichte der Pädagogik bei Verhaltensstörungen. In: Herbert Goetze & Heinz Neukäter (Hrsg.), *Pädagogik bei Verhaltensstörungen. Handbuch der Sonderpädagogik, Band 6* (S. 155–190). Berlin: Marhold.

Myschker, Norbert (1993). *Verhaltensstörungen bei Kindern und Jugendlichen. Erscheinungsformen – Ursachen – Hilfreiche Maßnahmen.* Stuttgart: Kohlhammer.

Myschker, Norbert & Stein, Roland (2018). *Verhaltensstörungen bei Kindern und Jugendlichen. Erscheinungsformen – Ursachen – Hilfreiche Maßnahmen.* 8. Aufl. Stuttgart: Kohlhammer.

Norcross, John C. (Ed.) (1986). *Handbook of Eclectic Psychotherapy.* New York: Brunner-Routledge.

Opp, Günther (Hrsg.) (2003). *Arbeitsbuch schulische Erziehungshilfe.* Bad Heilbrunn: Klinkhardt.

Palmowski, Winfried (1996). *Anders handeln. Lehrerverhalten in Konfliktsituationen. Ein Übersichts- und Praxisbuch.* Dortmund: Borgmann.

Preuss-Lausitz, Ulf (Hrsg.) (2004), *Schwierige Kinder – schwierige Schule. Konzepte und Praxisprojekte zur integrativen Förderung verhaltensauffälliger Schülerinnen und Schüler.* Weinheim: Beltz.

Preuss-Lausitz, Ulf (Hrsg.) (2005). *Verhaltensauffällige Kinder integrieren. Zur Förderung der emotionalen und sozialen Entwicklung.* Weinheim: Beltz.

Reiser, Helmut (1972). Zur Praxis der psychoanalytischen Erziehung in der Sonderschule. In: Aloys Leber & Helmut Reiser (Hrsg.), *Sozialpädagogik, Psychoanalyse und Sozialkritik. Perspektiven sozialer Berufe* (S. 53–86). Neuwied: Luchterhand.

Reiser, Helmut (2006). *Psychoanalytisch-systemische Pädagogik. Erziehung auf der Grundlage der Themenzentrierten Interaktion.* Stuttgart: Kohlhammer.

Rödler, Peter (2016). *RTI – ein Konzept der Entkulturierung von Lernen.* In: Bettina Amrhein (Hrsg.), *Diagnostik im Kontext inklusiver Bildung. Theorien, Ambivalenzen, Akteure, Konzepte* (S. 232–241). Bad Heilbrunn: Klinkhardt.

Schad, Gerhard (2008). *Vom Verschwinden der Pädagogik im Wissenschaftsbetrieb der Verhaltensgestörtenpädagogik.* In: Helmut Reiser, Andrea Dlugosch & Marc Willmann (Hrsg.). *Professionelle Kooperation bei Gefühls- und Verhaltensstörungen. Pädagogische Hilfen an den Grenzen der Erziehung* (S. 29–41). Hamburg: Kovač.

Schumacher, Gerhard (1975). *Neues Lernen mit Verhaltensgestörten und Lernbehinderten. Der durchstrukturierte Klassenraum.* Berlin: Marhold.

Selvini-Palazzoli, Mara Selvini (1978). *Der entzauberte Magier. Zur paradoxalen Situation des Schulpsychologen.* Stuttgart: Klett-Cotta.

Speck, Otto (1979). *Verhaltensstörungen, Psychopathologie und Erziehung. Grundlagen zu einer Verhaltensgestörtenpädagogik.* Berlin: Marhold.

Speck, Otto (2011): *Schulische Inklusion aus heilpädagogischer Sicht. Rhetorik und Realität.* 2. Aufl. München: Reinhardt.

Stein, Roland & Faas, Alexandra (1999). *Unterricht bei Verhaltensstörungen. Ein integratives didaktisches Modell.* Neuwied: Lichterhand.

Stein, Roland & Müller, Thomas (Hrsg.) (2015). *Inklusion im Förderschwerpunkt emotionale und soziale Entwicklung.* Stuttgart: Kohlhammer.

Stein, Roland (2008). *Grundwissen Verhaltensstörungen.* Baltmannsweiler: Schneider.

Warzecha, Birgit (1997/1999). *Grundlagen der Verhaltensgestörtenpädagogik.* 3 Bände. Hamburg: LIT.

Werner, Birgit (1999). *Sonderpädagogik im Spannungsfeld zwischen Ideologie und Tradition. Zur Geschichte der Sonderpädagogik unter besonderer Berücksichtigung der Hilfsschulpädagogik in der SBZ und der DDR zwischen 1945 und 1952.* Hamburg: Kovač.

Werner, Reiner (1967a). *Entwurf einer Psychodiagnostik und pädagogisch-psychologischen Therapie neurotischer Verhaltensstörungen.* 2 Bände. Habilitationsschrift an der Pädagogischen Fakultät. Berlin: Humboldt-Universität.

Werner, Reiner (1967b). *Das verhaltensgestörte Kind. Heilpädagogik psychischer Fehlhaltungen.* Berlin: Deutscher Verlag der Wissenschaften.

Willmann, Marc (2006). *Pädagogisch-therapeutische Unterrichtsmodelle im Förderschwerpunkt Emotionale und soziale Entwicklung – eine Literaturübersicht.* In: *Heilpädagogische Forschung, XXXII* (2), 76–90.

Willmann, Marc (2012). *De-Psychologisierung und Professionalisierung der Sonderpädagogik. Kritik und Perspektiven einer Pädagogik für „schwierige" Kinder.* München: Reinhardt.
Willmann, Marc (2015). Zur geschichtlichen Entwicklung der schulischen Erziehungshilfe. In: Roland Stein & Thomas Müller (Hrsg.), *Inklusion im Förderschwerpunkt emotionale und soziale Entwicklung* (S. 44–75). Stuttgart: Kohlhammer.
Willmann, Marc (2017). Sonderpädagogik. In: Jan Böhm & Marion Döll (Hrsg.), *Bildungswissenschaften für Lehramtsstudierende. Eine Einführung in ihre Disziplinen* (S. 169–192). Münster: Waxmann.
Willmann, Marc (2018). Vermessung des Verhaltens, Normierung zur Inklusion? RTI als evidenzbasierte Pädagogik – eine Kritik. *In: Zeitschrift für Grundschulforschung, 11* (1), 101–114.

iii.

„Verhaltensoriginalität" als pädagogischer Leitbegriff?

Risiken und Nebenwirkungen sonderpädagogischer Dekategorisierung

In der pädagogischen Inklusionsdebatte wird die Notwendigkeit der sonderpädagogischen Klassifizierung von Beeinträchtigungen und Behinderungen in Frage gestellt. Der als solcher verstandene Paradigmenwechsel von der individualisierenden und defizitorientierten Etikettierung hin zu einem ressourcenorientierten Ansatz („von den Stärken ausgehen") führt zu der radikalen Forderung nach einer Dekategorisierung der Sonderpädagogik. Heterogenität und Diversität werden zu neuen Leitbildern stilisiert und als pädagogisches Manifest gefeiert („celebrate diversity"). Trotz aller Euphorie stellt sich die nüchterne Frage: Was wird gewonnen, wenn die Differenzbildung in der Sonderpädagogik abgeschafft würde? Welchen Nutzen hat die Dekategorisierung? Die Risiken und Nebenwirkungen einer unreflektierten Forderung nach einer nonkategorialen Sonderpädagogikwerden mit Blick auf den Bereich der Erziehungshilfepädagogik diskutiert.

1. Emotional-soziale Schwierigkeiten und Verhaltensstörungen: kategoriale Begriffskonzepte

Der klinische Begriff „Verhaltensstörungen" ist hoch umstritten, nicht zuletzt, da es ihm an einer wissenschaftlich eindeutigen Operationalisierung mangelt. Zugleich erscheint der Störungsbegriff eine vorrangig defizitäre Perspektive einzunehmen, der stigmatisierende Folgen mit sich bringt. Vor allem aber ermöglicht das klinische Störungskonzept keine hinreichende Anschlussfähigkeit für das pädagogische Handeln (z.B. Schlee 1989). Aus Sicht der Erziehungstheorie ist vorgeschlagen worden, den klinischen Störungsbegriff um eine genuin pädagogische Perspektive zu erweitern und in Anlehnung an die internationale Terminologie der *social, emotional and behavioural difficulties* (Hunter-Carsch et al. 2006) von „emotional-sozialen Schwierigkeiten und Verhaltensstörungen" als gemeinsamem Problembereich zu sprechen (vgl. Willmann 2010). Damit wird dem Umstand Rechnung getragen, dass sich Probleme der emotionalen Erlebnisverarbeitung und des Sozialverhaltens auf einem breiten Kontinuum zwischen normalen und beeinträchtigten Entwicklungsverläufen entfalten. Da auch eine gelingende psychosoziale Entwicklung durch krisenhafte Episoden gekennzeichnet ist, bleibt der Übergang zu pathologischen Phänomenen, die mit dem Störungsbegriff abgebildet werden, ein ungefährer Bereich. Für die Pädagogik besteht ein grundlegender Erziehungs- und Bildungsauftrag, der sich sowohl auf die eher „normalen" Krisen in der kindlichen Entwicklung bezieht als auch auf erschwerte Entwicklungsmomente. Insofern kann eine verantwortungsvolle Pädagogik nicht die Augen davor verschließen, dass die Ausbildung pathologischer Störungen „eine ernste Angelegenheit" (Ahrbeck 2010) darstellt und eine besondere erzieherische Herausforderung mit sich bringt (Speck 1991; Schmid 1996).

Bereits die häufige apostrophische Begriffsverwendung in der Pädagogik signalisiert ein gewisses „Unbehagen am Begriff" (Hillenbrand 2008, S. 8), das im Zuge der Inklusionsdebatte noch einmal eine Zuspitzung erfahrt. Die Benennung von Differenzen wird hier zusehends vermieden und spezifische Schwierigkeiten oder Defizite mit terminologischen Nebelschwaden verschleiert (kritisch hierzu etwa: Katzenbach & Schroeder 2007).

Kobi attestiert der Heilpädagogik den Hang zu „Euphemismen, Tabuisierungen und Etikettenschwindeleien" (1996, S. 270) und eine Tendenz, den Sprachpurismus der Political in eine *Pedagogical Correctness* (1996, S. 271) zu überführen. Die weitere Analyse Kobis trifft sehr genau, was wir an der gegenwärtigen Inklusionslyrik ablesen können: sie erfüllt gewissermaßen „eine präambulatorische Funktion: sie flattert fahnenhaft voraus, hoffend, dass Prozesse und Prozessionen ihr folgen mögen." (Kobi 1996, S. 269).

Mit Blick auf Kinder und Jugendliche mit emotional-sozialen Schwierigkeiten und Verhaltensstörungen finden sich neuerdings sprachliche Konstruktionen wie „challenging behavior" (Kaiser & Rasminsky 2012), „Verhaltensoriginalität" (Gruntz-Stoll 2006) oder „herausfordernde Handlungsweisen" (Störmer 2013). Gegenüber den weichspülenden Vermeidungssemantiken der aktuellen Inklusionslyrik ist einige Skepsis angebracht. Mit Reiser (2007, S. 104) kann festgestellt werden,

> dass durch [...] Mottos, die versuchen, Behinderungen und Störungen positiv umzudeuten [...] nicht nur gesellschaftlich bedingte Differenzen verharmlost werden, sondern es wird auch der potentielle Gehalt an Leiden der Betroffenen und ihrer Umwelt negiert.

Auch „der neue, schillernde Leitbegriff der Heterogenität" erscheint in seinem praktischen Nutzen fragwürdig, wie Lindmeier (2005, S. 140) mit Blick auf dessen weiten Bedeutungshorizont feststellt. Vor allem aber ist Heterogenität nicht grundsätzlich positiv. Vor dem Hintergrund des schulischen Erziehungs- und Bildungsauftrags kann nicht jede Form von Vielfalt gewünscht sein, etwa mit Blick auf das Ausbleiben von Schulleistungen, bei mangelnden Lernerfolgen oder auch hinsichtlich der Heterogenität von Lebenslagen.

> Der Rückgriff auf Heterogenität kann demnach zwar die Anerkennung der Persönlichkeit erleichtern, nicht aber die Notwendigkeit einer genauen Bestimmung ersetzen, in welcher Situation welche Kinder in welcher Weise Unterstützung benötigen. (Lindmeier 2005, S. 142)

Die Radikalforderung nach einer Dekategorisierung greift also dann zu kurz, wenn zum Beispiel Differenzen, die auf Risiken einer Entwicklungsgefährdung hindeuten, nicht mehr benannt werden dürften:

> Leider vertreten eine Reihe von Befürwortern und Wortführern der Inklusion unrealistische Positionen. Sie meinen, Verhaltensstörungen würden in einer inklusiven Schule nicht mehr in einem solchen Umfang und Ausmaß vorkommen, dass spezielle Dienste notwendig würden. Ich benutze bewusst den Terminus Verhaltensstörungen, denn die netten Verniedlichungen, die den Begriff Störung vermeiden, überdecken die Realität von Sozialisationsbedingungen, die Entwicklungsstörungen zur Folge haben, die schon sehr früh angelegt sind und in der Schule verstärkt oder modifiziert werden können. Mehr nicht. (Reiser 2013, S. 326)

2. Die Forderung nach Dekategorisierung der Pädagogik bei Verhaltensstörungen/Erziehungshilfe

2.1 Zu Risiken und Nebenwirkungen inklusionspädagogischer Zirkelschlüsse

Trotz der fachlich gut begründeten Argumente, die für das Festhalten am klinischen Störungskonzept sprechen (z.b. Ahrbeck & Willmann 2010), werden von einzelnen Inklusionspädagogen der Verzicht auf sonderpädagogische Kategoriebildung und die Aufhebung der engen Orientierung an klinischen Klassifikationssystemen als unabdingbare Voraussetzung für die Erfüllung des inklusionspädagogischen Auftrags verstanden. Nicht nur die sonderpädagogische Orientierung am klinischen Konzept von Verhaltensstörungen steht dabei zur Disposition, sondern das System Sonderpädagogik als Ganzes wird in Frage gestellt. Mit Blick auf das Feld der Pädagogik bei Verhaltensstörungen/ Erziehungshilfe werden unter anderem das Aufgeben der kategorialen Trennung sonderpädagogischer Fachrichtungen (Eberwein & Knauer 2009) und eine Entspezialisierung durch eine kreuz-kategoriale sonderpädagogische Lehramtsausbildung (in Berlin die Bildung eines kombinierten Profilbereichs der Förderschwerpunkte Lernen, emotional-soziale Entwicklung sowie Sprache; vgl. Senatsverwaltung für Bildung, Jugend und Wissenschaft 2012, 47) sowie eine Deinstitutionalisierung durch Abschaffung der Erziehungshilfeschulen (Faust-Siehl et al. 1996; Klemm & Preuss-Lausitz 2011) gefordert. – Die einzelnen Argumente sollen im Folgenden diskutiert werden.

2.2 Sonderpädagogisches Fallverstehen in der schulischen Erziehungshilfe als personale oder situative Kategorie? – Kritik einer falschen Dichotomisierung unter inklusionspädagogischen Vorzeichen

Eines der zentralen Argumente für eine nonkategoriale Sonderpädagogik wird in dem Gegensatz von Inklusion und kategorialer Orientierung in der Sonderpädagogik gesehen. Ausgangspunkt ist die hinlänglich bekannte, zugleich aber nicht widerspruchsfreie Kritik an der sonderpädagogischen Differenzbildung im Sinne der sogenannten Zwei-Gruppen-Theorie, also die Unterscheidung in behinderte/nicht behinderte Kinder.

Vor diesem Hintergrund fordert Hinz eine Dekategorisierung der sonderpädagogischen Fallarbeit in der schulischen Erziehungshilfe, da diese sich in einem Spannungsverhältnis zum Inklusionsgedanken befinde, solange sie sich als „eine gruppenbezogene Kategorie innerhalb des sonderpädagogischen Feldes" (Hinz 2008, S. 102) verstehe.

Das Problem der vorgetragenen Dekategorisierungsromantik liegt darin, dass sie bereits auf der analytischen Ebene versagt, weil sie dazu beiträgt, die Unauflösbarkeit der Spannungen und Paradoxien der Erziehungshilfe gar nicht erst wahrnehmen zu können. Die Argumentation von Hinz (2008; 2009) folgt einem ideologischen Dogmatismus eines unreflektierten, da absolut gesetzten Inklusionsbegriffs und dabei, das ist folgenschwer, in offensichtlicher Unkenntnis des fachwissenschaftlichen Diskussionsstandes der aktuellen Erziehungshilfepädagogik.

Die Ausführungen unterstellen der Fachdisziplin ein personenzentriertes Selbstverständnis, das sich in der Bezugnahme auf eine spezifische Klientel entlarve, in deren Mittelpunkt die „Spezifik der Menschen mit Erziehungshilfebedarf" stünde (Hinz 2008, S. 102).

> Werden – was in der Literatur häufig als positiv hervorgehoben wird – unterschiedliche Stufen eines Erziehungshilfesystems angeboten, stellt sich sofort die Frage der Diagnostik dieser Fälle – welche Stufe soll mit welchem Konzept für welche Situation oder welche Person eingesetzt werden? – Schon sind selektive Entscheidungen notwendig. Personenbezogene Orientierungen mit dem Schwerpunkt einer individuellen Förderung sind notwendigerweise kategorial orientiert, denn hier besteht der Fall in einer Person und diese Person muss den entsprechenden Erziehungshilfebedarf aufweisen und zugesprochen bekommen, sonst macht eine entsprechende Beratung und/oder Intervention keinen Sinn. Unter inklusiven Vorzeichen problematisch sind logischerweise alle segregierten Konzepte der Erziehungshilfe, denn sie agieren nicht nur kategorial, sondern auch isolierend, und damit verhindern sie Teilhabepotenziale. (Hinz 2008, S. 104)

Nach Hinz (2008; 2009) versteht sich die schulische Erziehungshilfe also in erster Linie als klientenspezifische und personenbezogene Kategorie, die auf das Kind zentrierte individuelle Fördermaßnahmen bereitstellt und durch die Legitimierung eines (unter Fachvertretern international tatsächlich weitgehend unumstrittenen) umfassenden und gestuften Gesamtsystems pädagogischer und psychosozialer Hilfen, das für den begründeten Einzelfall auch eine temporäre intensivpädagogisch-therapeutische Betreuung in separaten Förderorten und hochspezialisierten Einrichtungen (wie Klinikschulen oder Jugendhilfemaßnahmen) vorsieht, schulische Exklusionsprozesse zementiere.

Die Argumentation ist schon verwunderlich. Das artifizielle Bild von der Spezifik des „Menschen mit Erziehungshilfebedarf" – eine Sprachfassung im übrigen, die mir in der Fachliteratur so noch nirgends begegnet ist – erweist sich nicht nur als in sich unlogisch, sondern verkennt auch die Intention, die mit dem Erziehungshilfebegriff verbunden ist: Das Selbstverständnis vieler Fachvertreter ist seit langem von einer Erweiterung der längst überkommenen Denomination einer „Verhaltensgestörtenpädagogik" geprägt. Mit der Umbenennung des Fachs in eine „Pädagogik bei Verhaltensstörungen/Erziehungshilfe", die an vielen Studienstätten, teils offiziell, teils inoffiziell, längst stattgefunden hat, wird ja explizit ein genuin pädagogischer Auftrag verbunden, der sich auch als eine Art Gegengewicht zu eher personalisierenden Kategorisierungen in den psychiatrischen Klassifizierungssystemen versteht.

Gleichwohl sollte nicht verschwiegen werden, dass auch die klinischen Manuale längst nicht mehr einem einseitig individuumszentrierten Krankheitsmodell folgen, sondern von einem multifaktoriellen Erklärungsansatz ausgehen, der sich auf einem biopsychosozialen Modell gründet (Cooper 1996; Fröhlich-Gildhoff 2007).

Der Begriff Erziehungshilfe jedenfalls meint genau das: die Bereitstellung pädagogischer, schulischer wie außerschulischer Hilfen in erschwerten Erziehungssituationen, wobei die Adressaten dieser Hilfen alle Beteiligten sind. Die Erziehungssituation und ihre Erschwernisse, nicht das gestörte Kind, stellen den Ausgangspunkt aller Erziehungshilfe dar. Gleichwohl geht es in der Erziehungshilfe *auch, aber nicht nur,* um die personalen Aspekte einer spezifischen Klientel, nämlich Kinder und Jugendliche, deren emotional-sozialen Schwierigkeiten und Verhaltensstörungen in Anlehnung an Bleidick (1999, S. 28) als eine „intervenierende Variable" im Erziehungs- und Bildungsprozess zu betrachten sind. Die inklusionspädagogische Positionierung indes führt in eine andere Richtung:

> Inklusion braucht, wenn ihr Kernkonzept im schulischen Bereich der Abbau von Barrieren für das Lernen und die Teilhabe ist, für jede Lehrkraft und für jede Klasse Unterstützungssysteme, die nonkategorial organisiert sind, in einer ‚umspezialisierten' Form arbeiten und systemische Ansätze praktizieren. Hier ist auch die Sonderpädagogik gefragt, sich am Abbau von Barrieren für Lernen und Teilhabe in einem erweiterten Rahmen bei erweitertem Fokus zu beteiligen. (Hinz 2009, S. 173)

Daraus abgeleitet wird die vermeintliche Notwendigkeit einer „Umspezialisierung" (Hinz 2009, 174) bzw. „Entspezialisierung", ja sogar die „Deprofessionalisierung [verstanden] als Rückbau einer Überspezialisierung auf eine immer differenziertere Klientel" (Hinz 2008, S. 103), denn:

> inklusive Pädagogik [braucht] Unterstützungssysteme [...], die spezifische Kompetenzen für bestimmte Situationen bereithalten, ohne sie jedoch gruppenkategorial zu verorten. Damit brauchen diese Dienste ein gewisses Maß an ‚Umspezialisierung', d. h. ihr bisher enger Blick auf eine immer differenziertere Klientel, der in seinen Aussagen über sie Zusammenhänge und Gemeinsamkeiten mit anderen Menschen zu verlieren droht, wird zugunsten einer auf bestimmte Situationen gerichteten Spezialisierung umgebaut. (Hinz 2009, S. 174)

Die argumentativen Ungenauigkeiten führen zu fragwürdigen Schlussfolgerungen. Die Notwendigkeit nonkategorialer Unterstützungssysteme in der inklusiven Schule (etwa mit Blick auf die Entwicklung einer kollegialen Kooperationskultur durch kollegiale Fallberatung) ist unbestritten, nur lassen sich hiermit eben nicht alle krisenhaften Erziehungssituationen bearbeiten.

So richtig die Hinweise von Hinz auch sind, dass das sonderpädagogische Aufgabenprofil in der Inklusion sich verschiebt von der ehemals dominierenden Fokussierung auf schülerzentrierte Fördermaßnahmen hin zu systembezogenen (d. h. im Übrigen nicht unbedingt ‚systemischen'!) Unterstützungsleistungen, so liegt hier das Problem zugleich in der Verabsolutierung, denn mit einer einseitigen und ausschließlichen Orientierung der Fallarbeit als rein umfeldbezogener Ansatz droht gleichsam eine Ausblendung der individuellen Problemlagen.

Schulische Erziehungshilfe versteht sich per definitionem als ein Unterstützungsangebot, dass sich in erschwerten pädagogischen Situationen an alle Beteiligten (Erzieher/Lehrer, Eltern/Familie, Schule und eben auch: das Kind!) richtet, und sie bedarf sowohl direkter, auf das Kind bezogener Förderkonzepte als auch indirekter, auf das Umfeld bezogener Unterstützungsmodelle (Willmann 2008). Gerade weil von der konkreten Erziehungssituation her betrachtet jeder „Fall" individuell zu „verstehen" ist, können die individuellen Problemlagen des Kindes nicht von vornherein kategorisch ausgeblendet werden, nur weil per Dekret das System und nicht das Kind als primärer Adressat der sonderpädagogischen Hilfen präskribiert wird.

Sonderpädagogisches Fallverstehen in der schulischen Erziehungshilfe beruht gerade auf der Notwendigkeit, zu ergründen, was den konkreten Fall konstituiert und wie dieser zu verstehen ist (Dlugosch 2004), d. h. also: die Sichtweisen, Wahrnehmungen und Problemkonstruktionen aller Beteiligten zu reflektieren und hieraus Perspektiven für die Erziehungsarbeit oder auch für weiterführende Interventionen (z. B. therapeutische Maßnahmen) abzuleiten.

Wie Hinz (2009, 175) selbst feststellt, ist der „Problemschüler [...] in vielen Fällen doch eher Symptomträger als ‚das Problem'". Richtig! Und das heißt eben auch, dass in einigen Fällen die Probleme vorrangig beim Kind zu suchen sein können und die Fallarbeit dann stärker, aber nicht ausschließlich, auf eine direkte Förderarbeit mit dem Kind abzielen muss. Genau dieses lässt sich eben nicht unabhängig vom Einzelfall entscheiden, sondern ist gerade ein Teil der sonderpädagogischen Fallinterpretation. Den auf das Kind bezogenen Förderaspekt hinten anzustellen oder gleich gänzlich auszublenden, grenzt an grobe Fahrlässigkeit.

Der biographische und lebensweltliche Kontext des Kindes wie auch dessen Innenwelt markieren den Fixpunkt professioneller Fallarbeit in der Erziehungshilfe. Mit Blick auf die Bedürfnisse und Bedarfslagen lässt sich die Falle, in die ein unreflektierter Dekategorisierungsappell führt, dekonstruieren, wie Herz (2010, S. 36) aufzeigt:

> In der Argumentation von Hinz verdampfen die biographischen Notlagen, Schwierigkeiten und Lebensbelastungen [...]. Ein solches Inklusionsverständnis ist affirmativ, gesellschaftsunkritisch, praxisfern und es bietet keine wirksame Unterstützung bei institutionellen und sozialen Desintegrationsprozessen.

2.3 De-Kategorisierung durch „kreuz-kategoriale" Orientierung?

Im Diskurs der Integrationspädagogik wird seit langem die dialektische Synthese von Allgemeiner Pädagogik und Sonderpädagogik gefordert. So empfehlen etwa Eberwein und Knauer (2009, S. 32) die Abschaffung der Lern- und Erziehungshilfepädagogik als eigenständige sonderpädagogische Disziplinen. Diese Fachrichtungen sollten vielmehr „Teil der Allgemeinen Pädagogik werden, da die dort behandelten Fragestellungen Lehrer aller Schularten in erheblichem Umfang berühren" – wie auch im Übrigen die gesamte Sonderpädagogik ihrer eigenen Auflösung entgegenstreben sollte (ebd.).

Klaus Klemm und Ulf Preuss-Lausitz kommen in ihren diversen Gutachten zur sonderpädagogischen Förderung in einzelnen Bundesländern (exemplarisch für NRW: Klemm & Preuss-Lausitz 2011) zu noch radikaleren Empfehlungen: Grundsätzlich wird davon ausgegangen, dass die Förderbereiche Lernen, emotional-soziale Entwicklung und Sprache („*LES*") zukünftig als gemeinsames Problemfeld zu betrachten seien. Auf eine Feststellungsdiagnostik zur Schaffung von Förderstunden solle zugunsten einer schulinternen Prozessdiagnostik und Förderung verzichtet werden (2011, S. 125), die sonderpädagogischen Stellen im Bereich LES seien an den Regelschulen zu verankern (2011, S. 126), wobei gleichzeitig die existierenden landesweiten LES-Förderquoten festgeschrieben – man könnte auch sagen: der Bereich LES wird „gedeckelt"! – und zur Grundlage der Ressourcenzuweisung gemacht werden sollten (2011, S. 126). Bei Aufrechterhaltung der Wahlfreiheit (Elternwahlrecht) werde zudem davon ausgegangen, dass alle LES-Förderschulen bis zum Jahr 2020 geschlossen würden (2011, 128 f.) und zu diesem Zeitpunkt eine Vollinklusion aller Schüler mit LES umgesetzt sei (2011, S. 125). Last but not least sei in der Lehrerbildung LES als ein neues Studienfach einzuführen (2011, S. 130).

Die konkreten Empfehlungen sind durchaus überraschend, denn sie leiten sich nicht unbedingt aus der detaillierten gutachterlichen Analyse der Fördersysteme ab, die ihnen vorangestellt ist. Obschon der Grundgedanke zutreffend ist, die Schulen mit zusätzlichen Unterstützungssystemen auszustatten, um niedrigschwellige Hilfsangebote zur systeminternen Bearbeitung schulischer Erziehungsprobleme anzubieten und präventiv der Entstehung und Chronifizierung von Verhaltensproblemen entgegenzuwirken, so bleibt dennoch die nüchterne Erkenntnis, dass die Kernpopulation der Kinder und Jugendlichen mit komplexen emotional-sozialen Schwierigkeiten und Verhaltensstörungen in diesen Empfehlungen nicht berücksichtigt wird. Das ist unverständlich, da die spezifischen Problemlagen gerade in diesen Fällen die Grenzen der schulischen Inklusion markieren. Nach internationalem Forschungsstand ist davon auszugehen, dass rund 0,5 bis 1 Prozent aller Schüler gravierende emotional-soziale Schwierigkeiten und Verhaltensstörungen in einem Ausmaß zeigen, bei dem intensivpädagogische und weiterführende psychosoziale Hilfen indiziert sind (Cole, Daniels & Visser 2003). Das kann im Einzelfall auch eine zumindest temporäre Förderung außerhalb der Regelschule erforderlich werden lassen (Stein 2011).

Womöglich kommen die Gutachter hier in die Bedrängnis, die wissenschaftliche Analyse auch mit bildungspolitischen und schuladministrativen Erwartungshaltungen konvergieren zu lassen. Die Inklusionsreform kommt in den Verdacht, subkutan als Sparmodell missbraucht zu werden. Ähnliche Entwicklungen sind auch in anderen Bundesländern zu beobachten, etwa im Land Berlin, wo auf der Grundlage der höchst umstrittenen gutachterlichen Empfehlungen (Senatsverwaltung für Bildung, Jugend und Wissenschaft 2012) längst die Weichen auf eine Entspezialisierung durch minimalistische Mehrfachqualifikation in den sonderpädagogischen Fachrichtungen gestellt und im neuen Lehrkräftebildungsgesetz zementiert worden sind (LBiG 2014). Die Zusammenführung der Förderschwerpunkte Lernen, Verhalten und Sprache in einem gemeinsamen sonderpädagogischen Ausbildungsprofil geht auf die Überlegungen von Wocken (1996) zurück, der die Praxis der sonderpädagogischen Ressourcenzuweisung kritisiert: Das Bedarfs-Angebot-Junktim belohne die Schulen für die Etikettierung von Kindern und führe zu einer inflationären sonderpädagogischen Förderquote. Als Lösung wird vorgeschlagen, das Junktim auf den Kopf zu stellen und eine Angebots-Bedarfs-Regel zugrunde zu legen, sodass „der verfügbare Etat [...] die Häufigkeit von Förderbedarfen" bestimme (Wocken 1996, S. 36). Es wird empfohlen, die sonderpädagogischen Förderbedarfe in den Bereichen Lernen, Verhalten und Sprache als systemische Kategorie zu fassen und die Differenzierungen zwischen Lernbehinderung, Sprachbehinderung und Verhaltensstörung aufzugeben, da sie eine „unnötige Diskriminierung" darstellten (S. 37).

> Alle diese Schüler gehören nicht in Sonderschulen, sondern in allgemeine Schulen. Lern-, Sprach- und Verhaltensprobleme sind die normalste Sache der Welt, wir alle sind mehr oder minder davon betroffen. Wir müssen anfangen, das Anderssein dieser Kinder ohne diagnostische Stigmatisierung zu akzeptieren. (Wocken 1996, S. 37)

Wie es scheint, haben wir in der berechtigten Kritik der deutschen Sonderschultradition den mittlerweile automatisierten Deinstitutionalisierungsreflex noch längst nicht überwunden und es grassiert die manische Vorstellung, dass die wissenschaftliche Differenzierung in unterschiedliche sonderpädagogische Problemfelder unausweichlich eine Zuweisung an spezielle (sonder-)schulische Institutionen mit sich bringen muss.

2.4 Abschaffung der Erziehungshilfeschulen: Inklusion durch rigorose De-Institutionalisierung?

Die Schule für Erziehungshilfe ist das jüngste, wiewohl auch umstrittenste Produkt der Ausdifferenzierung im deutschen Sonderschulwesen. Sie gilt als „Sorgenkind" (Garz 2004) und ihre bloße Existenz wird als ein Symbol des Scheiterns und der Hilflosigkeit interpretiert (Möckel 1988, S. 204). Ihre einzige Legitimationsbasis ist es, für eine sehr kleine Gruppe von Schülern in hoch belasteten Lebenssituationen und komplexen emotionalsozialen Problemlagen in enger Verzahnung mit sozialpädagogischen Hilfen der Jugendhilfe und therapeutischen Behandlungsangeboten hochspezialisierte intensivpädagogische Betreuungsangebote bereitzustellen – ein Auftrag, der in der Realität oft durch die skandalösen Rahmenbedingungen, unter denen diese Schulen arbeiten müssen, pervertiert wird (Göppel 2002; Opp 2008). Zudem stellt sich die Frage, ob diese Schulform unter den gegebenen Bedingungen überhaupt ein eigenes Profil entwickeln kann (Willmann 2007).

Die grundlegende Skepsis gegenüber der Sonderbeschulung im Bereich der Erziehungshilfe ist durchaus begründet, denn schulische Verhaltens- und Erziehungsprobleme stellen ein hohes Exklusionsrisiko dar (Jull 2008). Die daraus abgeleitete Forderung nach einer generellen Abschaffung spezieller Beschulungsformate wie Sonderklassen und -schulen erscheint allerdings als zu kurz gegriffen, denn es besteht ein nachweislicher Bedarf an hochspezialisierten Hilfsangeboten im Bereich der schulischen und außerschulischen Erziehungshilfe (exemplarisch: Stein 2011; Herz 2013; international: Cole, Daniels & Visser 2012). Wenn auch an der grundsätzlichen Notwendigkeit spezieller Angebotsformen im Bereich der schulischen Erziehungshilfe aus Sicht der Fachwissenschaft kein Zweifel besteht, so heißt dieses zugleich, dass die Hilfsangebote nicht unbedingt im Sinne klassischer Beschulungsformen zu denken sind. Die multikomplexen Problemlagen verweisen auf eine Vernetzung der pädagogischen und psychosozialen Helfersysteme und auf die Entwicklung hochdifferenzierter und individualisierter Hilfsmaßnahmen (Willmann 2007; 2012; Herz 2013). Dabei kann im Einzelfall die schulische Bildungsaufgabe sogar zeitweilig hinter der therapeutischen und sozialpädagogischen Aufgabe in den Hintergrund treten, wie in vielen Unterstützungsmodellen im Rahmen der kinderpsychiatrischen Behandlung oder in sozialpädagogischen Betreuungs- und Unterbringungsmaßnahmen. Die Erfahrungswerte gerade aus den Arbeitsfeldern der Klinikschulen und der Jugendhilfe zeigen den Bedarf an umfassenden psychosozialen Hilfen, in denen pädagogische und therapeutische Maßnahmen direkt aufeinander abzustimmen sind. Die notwendige Flexibilität bei der Planung und Umsetzung der konkreten Betreuungs- und Fördermaßnahmen sowie die hohe Intensität der Interventionen liegen dabei gewissermaßen quer zu den rechtlichen und schulorganisatorischen Rahmenbedingungen sowie der traditionellen Funktion und Aufgabe der Institution Schule. Es ist nicht zuletzt fraglich, inwieweit die inklusive Schule überhaupt zugleich ein therapeutisches Setting wird anbieten können.

3. Nachbetrachtungen: Inklusionsrhetorik zwischen pädagogischer Romantik und gesellschaftlicher Realität

Grundsätzlich ist der inklusionspädagogischen Argumentation zu attestieren, dass sie sich als Anwaltschaft für Bildungsbenachteiligte versteht und für gleiche Rechte und Partizipationsmöglichkeiten an den gesellschaftlichen Erziehungs- und Bildungsangeboten eintritt. In der normativ begründeten Forderung nach schulischer Inklusion gerät sie allerdings in Gefahr, die der Pädagogik unaufhebbar inhärenten Antinomien aus den Augen zu verlieren und Inklusion als absoluten Wertmaßstab zu setzen, ohne im Übrigen den Nexus von Inklusion *und* Exklusion hinreichend zu reflektieren. Insofern lässt sich

> das pädagogische Unbehagen im Umgang mit Unterscheidungen beobachten, die zwei ungleiche *Werte* brauchen, einen positiven und einen negativen. Die Feststellung von Unterschieden riecht nach Selektion und Ungleichheit und wird damit zu einem unliebsamen Übel, einem unangenehmen Beigeschmack pädagogischen Wirkens, der sich als neuralgischer Punkt bemerkbar macht. Die Pädagogik bezieht sich lieber auf unumstößliche Werte, deren zweite Seite nicht reflektiert werden muß, um über Prinzipien der Erziehung zu reflektieren, als auf Unterschiede, die Effekte sozialer Selektion sichtbar werden lassen: Gleichheit, individuelle Förderung und soziales Lernen gelten als Ziele erzieherischen Wirkens, über die man nicht streiten muß. Wer würde hier widersprechen wollen, und wie sähe die Alternative aus? Unterscheidungen werden so in erzieherischer Kommunikation und pädagogischer Reflexion nicht als Zwei-Seiten-Formen begriffen, sie werden durch Eindimensionalität verschleiert und ziehen sich in die Nichtnegierbarkeit zurück. (Drepper 1998, S. 61 f.)

Mit Blick auf Differenzen, die von Bedeutung sind, weil sie einen Unterschied markieren, kann hinsichtlich der spezifischen Problemlagen und Herausforderungen im Bereich der Erziehungshilfe festgestellt werden:

> Eine euphorische Sichtweise wird mit dem Slogan transportiert: Celebrate Diversity. Dieser Slogan erstaunt mich auch für Kinder mit schwerwiegenden Behinderungen, die auch Leid bedeuten, das hier manisch verleugnet wird. Für Kinder mit Verhaltensstörungen, die durch aggressives Verhalten auffallen, kann ich mir keinen Reim mehr machen. Vor kurzem las ich einen Tagungsaufruf für inklusive Pädagogik: Die Vielfalt zum Blühen bringen. Wenn ein Kind auf dem Boden liegt und zwei Kinder mit Füßen auf es eintreten während das dritte Kind das Geschehen mit dem Handy aufnimmt, spricht man besser nicht von Diversity oder blühender Vielfalt. Diese Metaphern erweisen sich für diesen Fall als blühender Unsinn. (Reiser 2013, S. 327)

4. Literatur

Ahrbeck, Bernd (2010). Verhaltensstörungen sind eine ernste Angelegenheit – Über Professionalität, Differenzierung und Trennung. In: Sieglind Ellger-Rüttgardt & Grit Wachtel (Hrsg.), *Pädagogische Professionalität und Behinderung. Herausforderungen aus historischer, nationaler und internationaler Perspektive* (S. 115–120). Stuttgart: Kohlhammer.

Ahrbeck, Bernd & Willmann, Marc (Hrsg.) (2010). *Pädagogik bei Verhaltensstörungen. Ein Handbuch.* Stuttgart: Kohlhammer.

Bleidick, Ulrich (1999). *Behinderung als pädagogische Aufgabe. Behinderungsbegriff und behindertenpädagogische Theorie.* Stuttgart: Kohlhammer.

Cole, Ted; Daniels, Harry & Visser, John (2003). Patterns of provision for pupils with behavioural difficulties in England: A study of government statistics and behaviour support plan data. In: *Oxford Review of Education, 29* (2), 187–205.

Cole, Ted; Daniels, Harry & Visser, John (eds.) (2012). *The Routledge International Companion to Emotional and Behavioural Difficulties.* London: Taylor & Francis.

Cooper, Paul (1996). Giving it a name: The value of descriptive categories in educational approaches to emotional and behavioural difficulties. In: *Support for Learning, 11* (4), 146–150.

Dlugosch, Aandrea (2004). Sonderpädagogisches Fallverstehen als Baustein pädagogischer Professionalität? In: *Sonderpädagogische Förderung, 49* (3), 285–300.

Drepper, Thomas (1998). „Unterschiede, die keinen Unterschied machen". Inklusionsprobleme im Erziehungssystem und Reflexionsleistungen der Integrationspädagogik im Primarbereich. In: *Soziale Systeme, 4* (2), 59–85.

Eberwein, Hans & Knauer, Sabine (2009). Integrationspädagogik als Ansatz zur Überwindung pädagogischer Kategorisierungen und schulischer Systeme. In: Hans Eberwein & Sabine Knauer (Hrsg.), *Handbuch Integrationspädagogik.* 7. Aufl. (S. 17–35). Weinheim: Beltz.

Faust-Siehl, Gabriele; Garlichs, Ariane; Ramseger, Jörg; Schwarz, Hermann & Warm, Ute (1996). *Die Zukunft beginnt in der Grundschule. Empfehlungen zur Neugestaltung der Primarstufe.* Reinbek: Rowohlt.

Fröhlich-Gildhoff, Klaus (2007). *Verhaltensauffälligkeiten bei Kindern und Jugendlichen. Ursachen, Erscheinungsformen und Antworten.* Stuttgart: Kohlhammer.

Garz, Hans-Günter (2004). Sorgenkind Schule für Erziehungshilfe – Pädagogische und psychologische Perspektiven zum Umgang mit schwierigen Kindern. In: *Zeitschrift für Heilpädagogik, 55* (1), 17–23.

Göppel, Rolf (2002). Die Schule für Erziehungshilfe – ein „Symptom pädagogisch-gesellschaftlicher Hilflosigkeit?" In: Rolf Göppel, *„Wenn ich hasse, habe ich keine Angst mehr". Psychoanalytisch-pädagogische Beiträge zum Verständnis problematischer Entwicklungsverläufe und schwieriger Erziehungssituationen* (S. 86–108). Donauwörth: Auer.

Gruntz-Stoll, Johannes (Hrsg.) (2006). *Verwahrlost, beziehungsgestört, verhaltensoriginell. Zum Sprachwandel in der Heil- und Sonderpädagogik.* Bern: Haupt.

Herz, Birgit (2010): „Inclusive Education" – Desiderata in der deutschen Fachdiskussion. In: Joachim Schwohl & Tanja Sturm (Hrsg.), *Inklusion als Herausforderung schulischer Entwicklungsprozesse. Widersprüche und Perspektiven eines erziehungswissenschaftlichen Diskurses* (S. 29–44). Bielefeld: transcript.

Herz, Birgit (Hrsg.) (2013). *Schulische und außerschulische Erziehungshilfe. Ein Werkbuch zu Arbeitsfeldern und Lösungsansätzen.* Bad Heilbrunn: Klinkhardt.

Hillenbrand, Clemens (2008). Begriffe und Theorien im Förderschwerpunkt soziale und emotionale Entwicklung – Versuch einer Standortbestimmung. In: Barbara Gasteiger-Klicpera, Henri Julius & Christian Klicpera (Hrsg.), *Sonderpädagogik der sozialen und emotionalen Entwicklung. Handbuch Sonderpädagogik, Band 3* (S. 5–24). Göttingen: Hogrefe.

Hinz, Andreas (2008). Dekategorisierung in der Inklusion und Fallarbeit in der schulischen Erziehungshilfe – wie passt das zusammen? In: *Behindertenpädagogik, 47* (1), 89–109.

Hinz, Andreas (2009). Inklusive Pädagogik in der Schule – veränderter Orientierungsrahmen für die schulische Sonderpädagogik!? Oder doch deren Ende?? In: *Zeitschrift für Heilpädagogik, 60* (5), 171–179.

Hunter-Carsch, Morag; Tiknaz, Yonka; Cooper, Paul & Sage, Rosemary (eds.) (2006). *The Handbook of Social, Emotional and Behavioural Difficulties.* London: Continuum.

Jull, Stephen K. (2008). Emotional and behavioural difficulties (EBD): the special educational need justifying exclusion. In: *Journal of Research in Special Educational Needs, 8* (1), 13–18.

Kaiser, Barbara & Rasminsky, Judy Sklar (2012). *Challenging Behavior in Young Children. Understanding, Preventing and Responding Effectively.* Boston: Pearson.

Katzenbach, Dieter & Schroeder, Joachim (2007). „Ohne Angst verschieden sein können". Über Inklusion und ihre Machbarkeit. In: *Zeitschrift für Heilpädagogik, 58* (6), 202–213.

Klemm, Klaus & Preuss-Lausitz, Ulf (2011). *Auf dem Weg zur schulischen Inklusion in Nordrhein-Westfalen. Empfehlungen zur Umsetzung der UN-Behindertenrechtskonvention im Bereich der allgemei- nen Schulen. Gutachten im Auftrag des Ministeriums für Schule und Weiterbildung des Landes Nordrhein-Westfalen.* Essen/Berlin: Juni 2011.

Kobi, Emil (1996). Heilpädagogik in der Wendezeit: Brüche, Kontinuitäten. Perspektiven. Epilog. In: Günter Opp, Andreas Freytag & Ines Budnik (Hrsg.), *Heilpädagogik in der Wendezeit: Brüche, Kontinuitäten. Perspektiven* (S. 264–285). Luzern: Edition SZH/SPC.

LBiG, Lehrkräftebildungsgesetz (2014). *Gesetz über die Aus-, Fort- und Weiterbildung der Lehrerinnen und Lehrer im Land Berlin vom 7. Februar 2014.*

Lindmeier, Bettina (2005). Kategorisierung und Dekategorisierung in der Sonderpädagogik. In: *Sonderpädagogische Förderung, 50* (2), 131–149.

Möckel, Andreas (1988). *Geschichte der Heilpädagogik.* Stuttgart: Klett-Cotta.

Opp, Günter (2008). Schulen zur Erziehungshilfe – Chancen und Grenzen. In: Helmut Reiser, Andrea Dlugosch & Marc Willmann (Hrsg.), *Professionelle Kooperation bei Gefühls- und Verhaltensstörungen. Pädago- gische Hilfen an den Grenzen der Erziehung* (S. 67–88). Hamburg: Kovač.

Reiser, Helmut (2007). Inklusion – Vision oder Realität. In: Dieter Katzenbach (Hrsg.), *Vielfalt braucht Struktur. Heterogenität als Herausforderung für die Unterrichts- und Schulentwicklung* (S. 99–105). Frankfurt am Main: Goethe-Universität.

Reiser, Helmut (2013). Inklusion und Verhaltensstörungen – Ideologie, Visionen, Perspektiven. In: Birgit Herz (Hrsg.), *Schulische und außerschulische Erziehungshilfe. Ein Werkbuch zu Arbeitsfeldern und Lösungsansätzen* (S. 319-330). Bad Heilbrunn: Klinkhardt.

Schlee, Jörg (1989). Zur Problematik der Terminologie in der Pädagogik bei Verhaltensstörungen. In: Herbert Goetze & Heinz Neukäter (Hrsg.), *Pädagogik bei Verhaltensstörungen. Handbuch der Sonderpädagogik, Band 6* (S. 36–49). Berlin: Marhold.

Schmid, Peter (1996). *Verhaltensstörungen aus anthropologischer Sicht. Elemente einer Psychologie und Pädagogik für Verhaltensgestörte*. 3. Aufl. Bern: Haupt.

Senatsverwaltung für Bildung, Jugend und Wissenschaft Berlin (2012). Ausbildung von Lehrkräften in Berlin. Empfehlungen der Expertenkommission Lehrerbildung.

Speck, Otto (1991). *Chaos und Autonomie in der Erziehung. Erziehungsschwierigkeiten unter moralischem Aspekt*. München: Reinhardt.

Stein, Roland (2011). Pädagogik bei Verhaltensstörungen – zwischen Inklusion und Intensivangeboten. In: *Zeitschrift für Heilpädagogik, 62* (9), 324–336.

Störmer, Norbert (2013). *Du störst! Herausfordernde Handlungsweisen und ihre Interpretation als „Verhaltensstörung"*. Berlin: Frank & Timme.

Willmann, Marc (2007). Die Schule für Erziehungshilfe. Organisationsformen, Prinzipien, Konzeptionen. In: Helmut Reiser, Marc Willmann & Michael Urban, *Sonderpädagogische Unterstützungssysteme bei Verhaltensproblemen in der Schule. Innovationen im Förderschwerpunkt Emotionale und Soziale Entwicklung* (S. 13–69). Bad Heilbrunn: Klinkhardt.

Willmann, Marc (2008). Sonderpädagogik als indirektes Unterstützungsmodell: Zur notwendigen Erweiterung des Begriffs der „sonderpädagogischen Förderung". In: *Sonderpädagogische Förderung, 53* (1), 82–87.

Willmann, Marc (2010). Emotional-soziale Schwierigkeiten und Verhaltensstörungen. In: Vera Moser (Hrsg.), *Enzyklopädie Erziehungswissenschaften Online (EEO): Fachgebiet Behinderten- und Integrationspädagogik*. Weinheim: Juventa.

Willmann, Marc (2012). *De-Psychologisierung und Professionalisierung der Sonderpädagogik. Kritik und Perspektiven einer Pädagogik für „schwierige" Kinder*. München: Reinhardt.

Wocken, Hans (1996). Sonderpädagogischer Förderbedarf als systemischer Begriff. In: *Sonderpädagogik, 26* (1), 34–38.

iv.

„Gefühl ist alles..."

Emotionen als Grenzen der Erziehung?

Mit Blick auf die pädagogischen Herausforderungen, die sich im Förderschwerpunkt emotional-soziale Entwicklung einstellen, gehört die Rede von den *Grenzen der Erziehung* nicht zuletzt seit Bernfelds Sisyphos (1925) quasi zum guten Ton (neueren Datums dann z.b. Ertle & Möckel 1981; Göppel 2008; für die allgemeine Pädagogik vgl. auch Dollinger & Schadbach 2011).

Die Frage nach den Grenzen möchte ich im Folgenden einmal in eine etwas andere Richtung lenken. Es geht mir kurz gesagt um die selbstauferlegte Begrenzung der Pädagogik und des Pädagogischen, die darin gesehen werden kann, dass großflächig vermieden wird, sich mit Gefühlen und Emotionen im Zusammenhang mit dem schulischen Lernen auseinanderzusetzen.

In poststrukturalistischer Betrachtung lässt sich diese thematische Vermeidung in den Wissenschaftserzählungen der Pädagogik als eine Grenze beschreiben, mit der sich die moderne, am Rationalitätstheorem orientierte Aufklärungspädagogik Gefühle und Emotionen als „Unsagbares" (Spielmann 2000) und „Unvernünftiges" (Wuketits 2013) auf Distanz hält.

Das Problem wird thesenartig entlang von drei pädagogischen Forschungsgebieten (Allgemeine Pädagogik, Schulpädagogik und Allgemeine Didaktik sowie die Sonder- und Erziehungshilfepädagogik) exemplifiziert und schließlich überführt in einen kurzen Ausblick auf die Theorie- und Forschungsperspektiven einer wie ich sie nennen möchte *„Pädagogik der emotionalen und sozialen Entwicklung"*.

Gezeigt werden soll dabei Folgendes: Die Bedeutung von Gefühlen und Emotionen für das Gelingen und Misslingen von Erziehungs- und Bildungsprozessen wurde in der Schul- und auch der Sonderpädagogik lange Zeit gleichermaßen verkannt, wobei hierfür jeweils unterschiedliche Erklärungen greifen: Im Fall der Schulpädagogik und Didaktik ist das Thema nach wie vor kaum präsent, allenfalls wird es zum Gegenstand der Betrachtung in enger Verbindung mit Fragen der Leistungsmotivation und des schulischen Leistungsversagens, wohingegen es im Fall der Sonderpädagogik als „Förderbedarf in der emotional-sozialen Entwicklung" zwar benannt und eindeutig definierbar (und eben auch „diagnostizierbar") erscheint, hier dann aber einseitig in Richtung einer Überbetonung der Sozialerziehung hin aufgelöst wird. Der Mainstream der psychologischen und sonderpädagogischen Förderkonzepte ist auf eine Verhaltensanpassung ausgerichtet; Gefühle und Emotionen werden somit zu einem bloßen Appendix, einem Atavismus der sonderpädagogischen Disziplinierungs- und Kontrollfunktion.

Den Ausgangspunkt setze ich mit einer kurzen Einleitung zu der Frage nach den Grenzen und Begrenzungen der pädagogischen Erzählungen, die sich aus der unzureichenden Bezugnahme auf Emotionen und Gefühle ergeben.

1. Gefühle, Emotionen und die Grenzen der pädagogischen Erzählungen

Als ich vor zwei Jahren von den Tagungsveranstalter:innen des Bremer DGfE-Kongresses für einen der Parallelvorträge angefragt worden bin, war diese Anfrage verbunden mit der Intention, das Tagungsthema („ENT|GRENZ|UNGEN") aus sonderpädagogischer Perspektive aufzugreifen. Der mit dieser Anfrage formulierte Vorschlag zielte in die Richtung, das „entgrenzte Verhalten" von Schüler:innen mit emotional-sozialem Förderbedarf zum Anlass zu nehmen, um über die Frage des Grenzensetzens in der Pädagogik zu reflektieren.

Das wäre natürlich ein gangbarer Weg für einen Vortrag gewesen, die „Grenzen der Erziehung" hätten so thematisiert werden können im Sinne einer „Erziehung durch Grenzsetzung", aber ich entschied mich dazu, stattdessen über die Frage der disziplinären Grenzziehungen und Arbeitsteilungen in der Pädagogik nachzudenken. Eine solche Betrachtung wirft die Pädagogik in der Reflexion ihres erzieherischen Auftrags auf sich selbst zurück und lässt die traditionellen Grenzverläufe und Demarkationslinien etwa zwischen der Schulpädagogik und Didaktik auf der einen und der Sonderpädagogik und Diagnostik auf der anderen Seite äußerst fraglich erscheinen (vgl. Willmann 2023).

Ich beginne mit dieser kleinen Anekdote, weil sie ganz eindrücklich aufzuzeigen vermag, mit welchen unterschwelligen Vorannahmen und präskriptiven Deutungen Fragen der Erziehung und Bildung im Kontext der pädagogischen Fachdiskussion – einschließlich der schulischen Erziehungshilfe – oftmals unterfüttert sind.

Meiner Einschätzung nach erhält die Rede von den Grenzen der Erziehung gerade in schul- und sonderpädagogischen Zusammenhängen sehr häufig eine eintönige Färbung: Verhaltensschwierigkeiten von Kindern und Jugendlichen, so ließe es sich zusammenfassen, stören den Unterricht in erheblichem Ausmaß und gefährden so nicht nur ihre eigene Entwicklung, sondern auch die Entwicklung der Mitschüler:innen. Die latenten Stereotypien, die das Bild des „schwierigen Schülers" in der Pädagogik prägen, spiegeln sich nicht zuletzt in der ausgeprägten Angst vieler Lehrkräfte vor Kontrollverlust im Unterricht, und unangepasstes Sozialverhalten bietet hier natürlich eine Projektionsfläche für diese Ängste.

„Teaching the children we fear" – so hat es die US-amerikanische Fachkollegin Terry Jo Smith (2007) einmal pointiert ausgedrückt. Nicht zufällig wird die Gruppe der Schülerinnen und Schüler mit emotional-sozialen Schwierigkeiten als der eigentliche „Testfall" für den inklusiven Erziehungs- und Bildungsauftrag der Schule betrachtet.

Was hierin zum Ausdruck gelangt ist der Umstand, dass Gefühle und Emotionen das menschliche Dasein bestimmen und somit auch die sozialen Handlungspraktiken, also auch die Erziehung und Bildung. Und das trifft umso mehr zu, wenn Erziehungsschwierigkeiten in den Blick geraten, die auf Problemlagen und Störungen im Bereich der emotionalen und sozialen Entwicklung zurückgeführt werden.

Wenn Gefühle und Emotionen ganz unzweifelhaft zum Menschsein gehören und damit also auch zur Erziehung und Bildung, so stellt sich aber doch die Frage, warum die Pädagogik über lange Zeit die Bedeutung der Gefühle und Emotionen für die Erziehung nicht weiter zur Kenntnis genommen hat – oder genauer gesagt: wie diese Bedeutung in den modernen pädagogischen Erzählungen „vergessen" werden konnte, denn bei vielen Klassikern der Pädagogik stand das Thema ja prominent auf der Agenda, wie wir gleich noch sehen werden.

Drei zentrale Thesen sollen im Folgenden skizziert werden: Gefühle und Emotionen sind a) Konstitutiva für die Erziehungs- und Bildungstheorie; b) von der Didaktik lange Zeit ignoriert und c) auch in der Sonderpädagogik nur nachrangig behandelt worden.

1.1 Gefühle und Emotionen als Konstitutiva der Erziehungs- und Bildungstheorie

Bei vielen „Klassikern" der Pädagogik wurde den Gefühlen und Emotionen ein großer Stellenwert beigemessen, wie Dorle Klika (2018) in ihren Studien herausgearbeitet hat.

So etwa bei *Rousseau*, der seine Erziehungslehre auf der Axiomatik einer anthropologischen Grundausstattung gründet, bei der die Selbstliebe *(amour de soi)* und das Mitleid *(pitié)* wesentliche Merkmale sind, die zugleich auch als Gegenstand der Erziehung betrachtet werden.

Oder auch bei *Pestalozzi*, der in seinem Ansatz des ganzheitlichen Lernens das Zusammenspiel von Körper, Vernunft und Gefühl herausstellt und von Lernen „mit Kopf, Herz und Hand" spricht. Das gesamte Programm der sittlichen Erziehung Pestalozzis baut auf der Grundannahme auf, dass moralische Tugenden wie Rücksichtnahme, Gerechtigkeit oder Hilfsbereitschaft erst „am eigenen Leibe" erfahren werden müssen, bevor sie kognitiv reflektierbar werden können.

Und mit *Herbart* wird auch die Bedeutung von Gefühlen in der pädagogischen Beziehungsgestaltung aufgeworfen. Erziehung setzt nach Herbart Autorität und Liebe voraus und erfordert zugleich eine erzieherische Feinfühligkeit, die er als *pädagogischen Takt* bezeichnet.

Die Überlegungen zur ästhetischen Bildung führen *Schiller* schließlich zum Bild von der „Herzenserziehung", die für ihn ein ganz wesentliches Moment darstellt, um die Entfremdung zu überwinden, die sich aus der Entzweiung von Verstand versus Gefühl, Vernunft versus Sittlichkeit einstellt. – *Von Humboldt* sprach im Übrigen hier dann lieber von der „Bildung des Gemühts".

Dieser kursorische Ausflug in die Geschichte der Pädagogik deutet an: „Gefühle spielen in der anthropologischen Fassung der leiblichen ‚Natur' des Menschen eine zentrale Rolle" und sie sind daher auch Teil des pädagogischen Theoriefundaments (Klika 2018, S. 82).

Dass nun aber die Bedeutung von Gefühlen und Emotionen zunächst von der Agenda der modernen Pädagogik verschwinden konnte, lässt sich mit dem Aufkommen der akademischen Psychologie gegen Ende des 19. Jahrhunderts erklären (vgl. Klika 2004), denn gerade die Pioniere des Fachs, *Wilhelm Wundt* und *William James* – und mit Blick auf die Anfänge der Emotionsforschung ist auch *Charles Darwin* als ein Pionier zu betrachten – haben ja zentrale Konzepte zu Aufbau und Funktion von Emotionen entwickelt. Wobei die Emotionspsychologie nach diesen frühen

„goldenen Jahren" in der folgenden Hochzeit des Behaviorismus fast zum Erliegen gekommen war und dann erst ab den 1960er Jahren von einer Renaissance der Emotionsforschung gesprochen werden kann, wie es Maria Gendron und Lisa Barret (2009) in ihrer historiographischen Rekonstruktion der Psychologiegeschichte herausgestellt haben.

1.2 Gefühle und Emotionen: (k)ein Thema der Didaktik und Schultheorie?

Gefühle und Emotionen sind von der Schulpädagogik lange stark vernachlässigt worden; sie waren weder ein zentraler Gegenstand der didaktischen Theoriebildung noch der empirischen Unterrichtsforschung.

Eine Ausnahme stellte hier die Psychoanalytische Pädagogik dar, die sich traditionell intensiv mit den emotionalen Hintergründen des Lernens und der Entwicklung und natürlich gerade auch mit Entwicklungsstörungen und Lernblockaden beschäftigt hat (vgl. exemplarisch Eggert-Schmid Noerr 2006; zuletzt: Rauh et al. 2020).

Jenseits dieser pädagogischen Strömung hingegen wurden Emotionen und Gefühle von der Schulpädagogik und der Allgemeinen Didaktik allenfalls indirekt mitgeführt im Sinne möglicher Störquellen des schulischen Lernens und Lehrens, die dann zur Erklärung von Lernblockaden und Leistungsversagen sowie Verhaltensproblemen im Unterricht dienen.

Da nun aber gerade problematisches Sozialverhalten als Topos von Unterrichtsstörungen und Disziplinproblemen gilt und zur Bearbeitung an die Sonder- und Sozialpädagogik delegiert wird, ist eine systematische Berücksichtigung von Gefühlen und Emotionen gerade in der Schulpädagogik und der Allgemeinen Didaktik eher die Ausnahme geblieben; erst in den letzten zwei Dekaden sind Gefühle und Emotionen verstärkt in den Blick der empirischen Schul- und Unterrichtsforschung geraten, und so kommen sie – sozusagen durch die Hintertür – auch allmählich in der schulpädagogischen und didaktischen Theoriebildung an (vgl. exemplarisch Klika & Schubert 2004; Kautter & Munz 2004; Huber & Krause 2018; Rubach & Lazarides 2021; Gläser-Zikuda et al. 2022).

Mittlerweile jedenfalls ist das Thema längst auch prominent in den beiden führenden pädagogischen Fachzeitschriften im deutschen Sprachraum aufgegriffen worden: 2005 in einem Thementeil der Zeitschrift für Pädagogik unter dem Titel *„Emotion und Lernen – Beiträge der Pädagogischen Psychologie"* (vgl. Krapp 2005). Und die *Zeitschrift für Erziehungs-*

wissenschaft widmet dem Thema „Bildung der Gefühle" im Jahr 2012 gar ein ganzes Sonderheft (vgl. Frevert & Wulf 2012).

Der Fokus in den beiden Heften ist durchaus unterschiedlich ausgerichtet, was sich bereits in den jeweiligen Betitelungen abzeichnet. Im einen Fall geht es um Emotionen, im anderen um Gefühle. Und auch wenn sich in diesem Feld eine bemerkenswerte Vielfalt an unterschiedlichen Begriffsauslegungen findet, so hat sich doch ein gewisser Konsens eingestellt, nachdem *Emotion* (im engl. synonym als *affect*) den Oberbegriff markiert und *Gefühl* sich meist auf die subjektive Erlebnisqualität als einen Teilaspekt der Emotionen bezieht.

Allerdings erweisen sich – einmal mehr – die pädagogischen Anleihen bei der Psychologie als ihre eng benachbarte Disziplin wenig fruchtbar, denn auch hier ist es nicht überzeugend gelungen, Ordnung in das begriffliche Chaos zu bringen. Ganz im Gegenteil werfen die begrifflichen und klassifikatorischen Ordnungsversuche der „Emotionspsychologie" mehr Fragen auf, als sie beantworten, zumal sie oftmals auf einen kognitivistischen Zugang zur Welt der Gefühle und Emotionen ausgerichtet sind (vgl. die ausführliche Kritik von Bittner 2022).

Vielleicht liegt ja das Problem bereits in dem Versuch begründet, die Theorieentwicklung und die empirische Forschung auf eine rein rationalistische Betrachtung auszurichten, wie es Bittner (2022, S. 156) weiter ausführt, denn „wenn der Intellekt partout Emotionsforschung betreiben will […], sitzt die Emotion immer schon unbemerkt mit im Boot."

Gegen die zahlreichen Klassifikationsversuche, in denen Affekte, Emotionen, Gefühle und Stimmungen für die Forschung operationalisiert werden sollen, setzt Bittner (2022, S. 13)

> das Fühlen, das immer zugleich ein Sich-Selbst-Fühlen in einer bestimmten Lebenslage ist, als einen fortlaufenden Prozess, der bald diese, bald jene Tönungen als freudige oder schmerzliche, ängstliche, triumphierende oder sonstige annehmen kann, die ich wahrnehme, erlebe, empfinde.

Mir scheint nun gerade der Aspekt des subjektiven Erlebens für die Pädagogik – und insbesondere für den Bereich der emotional-sozialen Entwicklungsförderung – von herausragender Bedeutung zu sein. Es ist daher durchaus sinnvoll, wenn in diesem Zusammenhang nicht nur von Emotionen, sondern immer auch von den Gefühlen und dem Fühlen die Rede ist. Wenn Emotionen nicht als bloßes Beiwerk des Sozialen betrachtet werden sollen, sondern als dessen notwendiger Bestandteil, aus dem heraus sich

soziales Handeln motiviert, begründet und so auch hervorgebracht wird, dann ist diese Dimension des menschlichen Seins, sind die Phänomene des Fühlens zugleich ein wichtiger Teil pädagogischer Reflexionen.
Es sollte insofern erwartbar sein, dass gerade diesem Zusammenhang im sogenannten „Förderschwerpunkt *emotionale* und soziale Entwicklung" – und seiner (sonder-)pädagogischen Begleitwissenschaft, der „Pädagogik bei Verhaltensstörungen" respektive „Erziehungshilfepädagogik" – entsprechend Rechnung getragen wird.

1.3 Marginalisierung von Gefühlen und Emotionen in der Sonder- und Erziehungshilfepädagogik?

Die Pädagogik hat das Feld der Gefühle und Emotionen nicht nur der Psychologie überlassen, sondern auch der Sonderpädagogik, die quasi stellvertretend die Aufgabe übernimmt, die emotional-soziale Entwicklung – genauer: deren *Beeinträchtigungen* als Quelle für schulische Lern- und Verhaltensschwierigkeiten zu bearbeiten.

Mit der Delegation dieser Art von Unterrichtsstörungen wandert ganz unmerklich auch der Didaktikbegriff aus dem Blickfeld; der Terminus technicus der Sonderpädagogik ist „Diagnostik" und das Losungswort lautet „Förderung". – Dabei zeigt es sich nun, dass insbesondere jenes sonderpädagogische Fachgebiet, das mittlerweile den hier zur Diskussion stehenden Emotionsbegriff ja programmatisch bereits in seinem Namen trägt, die „Pädagogik bei Beeinträchtigungen der emotionalen und sozialen Entwicklung" also, sehr stark an einem therapeutischen Deutungsmuster orientiert ist, wohingegen genuin pädagogische Zugangsweisen eine reine „Minderheitentradition" geblieben sind, wie Bettina Lindmeier (2010, S. 23) mit Blick auf die Disziplingeschichte betont.

Eingedenk dieser psychologistischen Fachtradition ist es umso bemerkenswerter, dass gerade der Emotionsaspekt in der „Pädagogik bei Verhaltensstörungen" lange Zeit kaum als eigenständiges Theorie- und Forschungsfeld bearbeitet wurde.

In der Forschung wird das Thema, wenn überhaupt, sehr eindimensional aufgegriffen und analog zur Emotionspsychologie ist hier zunehmend häufiger von der Emotionsregulation die Rede (z.B. Koglin et al. 2013; Kirsch et al. 2024) – womit das Thema analog zur Verhaltensmodifikation gesetzt wird; es geht vorrangig um die *Steuerung von Emotionen* mit dem Ziel, sozialverträgliches Verhalten sicherzustellen, nicht aber um die Anerkennung und Erforschung von Gefühlen. Insofern bleibt der emotionspsychologische und sonderpädagogische Zugang außenperspektivisch-kognitivistisch auf die Verhaltensoberfläche begrenzt.

Ein einziges sonderpädagogisches Lehrbuch (Bundschuh 2003) widmet sich dem Versuch einer systematischen Darstellung des Zusammenhangs von Lernen, Verhalten und Emotionalität und es bleibt dabei doch wie ein früherer Entwurf aus der Pädagogischen Psychologie (vgl. Tiedemann 1980) einem sehr konventionellen emotionspsychologischen Verständnis verhaftet.

Eine *pädagogische* Theoriebildung etwa im Sinne einer systematischen Entwicklung und ausführlichen Diskussion didaktischer Modelle findet kaum statt (zu den wenigen Ausnahmen zählen hier sicherlich die Arbeiten von Joachim Bröcher, zuletzt 2022, oder auch Helmut Reiser in: Reiser & Lotz 1995) – und Überlegungen gar aus einer erziehungs- oder bildungstheoretischen Perspektive heraus sind in den letzten 30 bis 40 Jahren, also seit den frühen Beiträgen von Heinrich Kupffer (1978), Otto Speck (1979; 1991) und Peter Schmid (1985) kaum mehr im Fach existent.

Die förderpädagogischen Konzepte der Gegenwart hingegen sind weniger auf pädagogisch-didaktische Fragestellungen ausgerichtet, sondern sie zielen vielmehr auf Trainingsmaßnahmen und auf Variationen zum sogenannten „pädagogisch-therapeutischen Ansatz" – ein Begriffskonzept, das Norbert Myschker (1993) in die Fachdiskussion eingeführt hat und das genauso wie das Konzept des „therapeutischen Milieus" (das ursprünglich auf die Arbeiten von Fritz Redl 1971 zurückgeht) durch die Fachliteratur geistert, obschon therapeutische Angebote selbst an den Sonderschulen für Erziehungshilfe kaum vorhanden sind – mit Ausnahme der Unterrichtsangebote im Verbund mit stationären Einrichtungen im Bereich der kinderpsychiatrischen Kliniken und in therapeutischen Wohneinrichtungen der Jugendhilfe sowie in Tagesgruppen nach § 32 KJHG.

Das Problem zeigt sich bereits bei der Durchsicht der einzigen beiden Didaktik-Lehrbücher der Fachrichtung von Roland und Alexandra Stein (2020) sowie Clemens Hillenbrand (2023) wie auch in den Handbüchern (vgl. Goetze & Neukäter 1989; Gasteiger-Klicpera, Julius & Klicpera 2008) sowie den einschlägigen Lehrwerken (vgl. zur Übersicht: Willmann 2012; 2018; 2019).

Der Mangel an *pädagogischen* Konzepten infolge einer ausgeprägten Therapieorientierung spiegelt sich schließlich auch in der Behandlung der Integrations- respektive Inklusionsfrage wider; die fachwissenschaftliche Diskussion zur Inklusion im Förderschwerpunkt emotional-soziale Entwicklung bewegt sich auf einer empirisch äußerst schmalen Grundlage, bei weitestgehender Theorieabstinenz. Forschungsarbeiten sind eher die Ausnahme (vgl. z.B. Marx 1992; Textor 2007; Becker 2008; Hennemann, Ricking & Hillenbrand 2009; Ellinger & Stein 2012; Willmann & Seeliger 2017) und Sammelbände reine Mangelware (vgl. Mutzeck & Pallasch 1984; und in sechster Auflage dann: Mutzeck, Pallasch & Popp 2007; sowie Stein & Müller 2018).

2. Bildung der Gefühle: Theorie- und Forschungsperspektiven einer „Pädagogik der emotional-sozialen Entwicklung"

Die Pädagogik hat es über lange Zeit vermieden, sich eingehender mit der grundlegenden Bedeutung von Gefühlen und Emotionen in der Erziehung und Bildung zu befassen. Diese Selbstbegrenzung des Pädagogischen kann in poststrukturalistischer Lesart als ein Beiprodukt der pädagogischen Wirklichkeitserzählung verstanden werden, die sich ausrichtet entlang des Meta-Narrativs der Aufklärung. Die Pädagogik folgt also in ihrer wissenschaftlichen Erzählung dem Narrativ von der kategorialen Trennung zwischen Gefühl und Verstand. – Gefühle gelten als irrational, sie „stören" das klare, logische Denken und gefährden mithin also auch das schulische Lernen. Sie sind so betrachtet ein Teil des „Anderen der Vernunft", wie es Gernot und Hartmut Böhme (1983) in ihrer Kritik an Immanuel Kant beschreiben.

In der Pädagogik erscheinen Gefühle daher, sofern sie überhaupt zu einem Gegenstand der Wirklichkeitserzählungen hervorgehoben werden, als Teil der zu kultivierenden „Natur" des Menschen (vgl. Böhme 1997). Erziehung ist hier nicht nur bei Kant vor allem Mittel zum Zweck im Vollzug der Disziplinierung und Domestizierung der Gefühle (kritisch dazu Böhme 2005).

Erst mit der Krise der modernen Wissenschaften gerät das Narrativ der Aufklärung nachhaltig ins Wanken. Die offensichtlichen Widersprüchlichkeiten der dualistischen Weltsicht des Rationalismus haben nicht zuletzt Horkheimer und Adorno (1947) in der „Dialektik der Aufklärung" vorgeführt, sodass Jean-François Lyotard (1986) später bekanntlich das Ende dieser großen Erzählung proklamieren konnte. Und mit dieser Krise wächst zugleich die Kritik an der instrumentellen Vernunft (Horkheimer 1967). Das kann nicht folgenlos bleiben für die pädagogischen Wirklichkeitserzählungen, die sich nun allmählich hinwenden, ja in gewisser Hinsicht *rückwenden* zur notwendigen Subjektivierung schulischer Lehr- und Lernkulturen. Das schließt gerade die Bezugnahme auf Gefühle und Emotionen mit ein.

Der abschließende Ausblick ist kursorischer Art und verweist auf das noch zu leistende Arbeitsprogramm einer *bildungstheoretischen Grundlegung emotional-sozialer Entwicklung in Schule, Kultur und Gesellschaft.* – Ein solches Forschungsprogramm kann sich nur als ein inter- und transdisziplinäres Projekt verstehen (vgl. etwa das interdisziplinäre Handbuch, das Hermann Kappelhoff unlängst herausgegeben hat; vgl. Kappelhoff et al. 2019). Die Pädagogik der emotionalen und sozialen Entwicklung muss in ihrer Weiterentwicklung daher die unterschiedlichen disziplinären Zugänge und Perspektiven einbeziehen, die weit mehr umfassen als die in der Psychologie etablierten Emotionskonzepte (vgl. Tab. 1).

- Emotionspsychologie (z.B. Izard 1999; Stemmler 2009);
- Soziologie der Emotionen (z.B. von Scheve 2009; Senge, Schützeichel & Zink 2022);
- Kulturkritische Emotionstheorien (z.B. Karandashev 2021)
- Philosophie der Gefühle (z.B. Demmerling & Landweer 2007; Döring 2009), einschließlich der
- Philosophie des Embodiment und der Körperlichkeit (z.B. Brinkmann et al. 2017).

Tab. 1: Disziplinäre Diskursfelder als Bezugspunkte für die Entwicklung eines mehrperspektivischen Emotionsbegriffs

Diese Multiperspektivität trägt dem Umstand Rechnung, dass Emotionalität und Sozialität als universale Entwicklungsaufgaben für alle Heranwachsenden wichtige Voraussetzungen schaffen zur Partizipation und Teilhabe an Kultur und Gesellschaft – und das nicht erst nach dem Ende der Schulzeit.

Ich möchte meine Überlegungen zur Überwindung der Selbstbegrenzungen des Pädagogischen mit einer Mahnung von Marian Heitger (1994, S. 18) abschließen, der mit eindringlichen Worten festgestellt hat:

> Wer die Gefühle verkümmern läßt, fördert Unbildung, weil Bildung den ganzen Menschen umfaßt.

3. Literatur

Becker, Ulrike (2008). *Lernzugänge. Integrative Pädagogik mit benachteiligten Schülern.* Wiesbaden: VS Sozialwissenschaften.
Bernfeld, Siegfried (1925). *Sisyphos oder die Grenzen der Erziehung.* Wien: Internationaler Psychoanalytischer Verlag.
Bittner, Günther (2022). *Fühlen ist (nicht?) Denken. Wider die kognitivistisch unterlegte Emotionspsychologie.* Würzburg: Königshausen & Neumann.
Böhme, Gernot (2005). Disziplinierung, Zivilisierung, Moralisierung – Selbstkultivierung nach Kant. In: *NCCU Philosophical Journal, 13,* 17–62.
Böhme, Hartmut (1997). Gefühl. In: Christoph Wulf (Hrsg.), *Vom Menschen. Handbuch Historische Anthropologie* (S. 525-547). Weinheim: Beltz.
Böhme, Hartmut & Böhme, Gernot (1983). *Das Andere der Vernunft. Zur Entwicklung von Rationalitätsstrukturen am Beispiel Kants.* Frankfurt am Main: Suhrkamp.
Brinkmann, Malte; Türstig, Johannes & Weber-Spanknebel, Martin (2017). *Leib – Leiblichkeit – Embodiment. Pädagogische Perspektiven auf eine Phänomenologie des Leibes.* Wiesbaden: Springer VS.
Bröcher, Joachim (2022). *Lebenswelt und Didaktik. Unterricht mit sogenannten verhaltensauffälligen Jugendlichen auf der Basis ihrer (alltags-)ästhetischen Produktionen.* 2. Aufl. Heidelberg: Winter.
Bundschuh, Konrad (2003). *Emotionalität, Lernen und Verhalten. Ein heilpädagogisches Lehrbuch.* Bad Heilbrunn: Klinkhardt.
Demmerling, Christoph & Landweer, Hilge (2007). *Philosophie der Gefühle. Von Achtung bis Zorn.* Stuttgart: Metzler.
Dollinger, Bernd & Schadbach, Michael (2011). „Grenzen der Erziehung" als Thema historischer Pädagogik. Die Erziehung zum Bürger im deutschen Frühliberalismus. In: *Vierteljahrsschrift für wissenschaftliche Pädagogik, 87* (2), 211–228.
Döring, Sabine A. (2009). *Philosophie der Gefühle.* Frankfurt am Main: Suhrkamp.
Eggert-Schmid Noerr, Annelinde (Hrsg.) (2006). *Lernen, Lernstörungen und die pädagogische Beziehung.* Gießen: Psychosozial-Verlag.
Ellinger, Stephan & Stein, Roland (2012). Effekte inklusiver Beschulung: Forschungsstand im Förderschwerpunkt emotionale und soziale Entwicklung. In: *Empirische Sonderpädagogik, 4* (2), 85–109.
Ertle, Christoph & Möckel, Andreas (1981). *Fälle und Unfälle der Erziehung.* Stuttgart: Klett-Cotta.
Frevert, Ute & Wulf, Christoph (Hrsg.) (2012). *Die Bildung der Gefühle. Sonderheft 16 der Zeitschrift für Erziehungswissenschaft.* Wiesbaden: Springer VS.
Gasteiger-Klicpera, Barbara; Julius, Henri & Klicpera, Christian (Hrsg.) (2008). *Sonderpädagogik der sozialen und emotionalen Entwicklung. (Handbuch Sonderpädagogik, Band 3).* Göttingen: Hogrefe.

Gendron, Maria & Barrett, Lisa Feldman (2009). Reconstructing the past: A century of ideas about emotion in psychology. In: *Emotion Review, 1* (4), 316–339.

Gläser-Zikuda, Michaela; Hofmann, Florian & Frederking, Volker (Hrsg.) (2022). *Emotionen im Unterricht. Psychologische, pädagogische und fachdidaktische Perspektiven*. Stuttgart: Kohlhammer.

Göppel, Rolf (2008). Grenzen der Erziehung – Erziehung an den Grenzen – Erziehung durch Grenzen. In: Helmut Reiser, Andrea Dlugosch & Marc Willmann (Hrsg.), *Professionelle Kooperation bei Gefühls- und Verhaltensstörungen. Pädagogische Hilfen an den Grenzen der Erziehung* (S. 45–66). Hamburg: Kovač.

Goetze, Herbert & Neukäter, Heinz (1989) (Hrsg.). *Pädagogik bei Verhaltensstörungen. Handbuch der Sonderpädagogik, Band 6*. Berlin: Marhold.

Heitger, Marian (1994). Schule der Gefühle. In: Gerhard Schaufler (Hrsg.), *Schule der Gefühle. Zur Erziehung von Emotion und Verhalten* (S. 9–33). Innsbruck: Tyrolia.

Hennemann, Thomas; Ricking, Heinrich & Hillenbrand, Clemens (2009). Didaktik in der schulischen Erziehungshilfe: Wie arbeiten Lehrkräfte im Förderschwerpunkt Emotionale und soziale Entwicklung? In: *Zeitschrift für Heilpädagogik, 60* (4), 131–138.

Hillenbrand, Clemens (2023). *Didaktik bei Unterrichts- und Verhaltensstörungen*. 4. Aufl. München: Reinhardt.

Horkheimer, Max (1967). *Zur Kritik der instrumentellen Vernunft*. Frankfurt am Main: Fischer.

Horkheimer, Max & Adorno, Theodor W. (1947). *Dialektik der Aufklärung. Philosophische Fragmente*. Amsterdam: Querido.

Huber, Matthias & Krause, Sabine (Hrsg.) (2018). *Bildung und Emotion*. Wiesbaden: Springer VS.

Izard, Carroll E. (1999). *Die Emotionen des Menschen. Eine Einführung in die Grundlagen der Emotionspsychologie*. Weinheim: Beltz.

Kappelhoff, Hermann; Bakels, Jan-Hendrik; Lehmann, Hauke & Schmitt, Christina (Hrsg.) (2019). *Emotionen. Ein interdisziplinäres Handbuch*. Berlin: Metzler.

Karandashev, Victor (2021). *Kulturelle Emotions-Modelle*. Cham: Springer International Publishing.

Kautter, Hansjörg & Munz, Walther (Hrsg.) (2004). *Schule und Emotion*. Heidelberg: Winter.

Kirsch, Holger; Link, Pierre-Carl; Schwarzer, Nicola-Hans & Gingelmaier, Stephan (2024). „Nicht zu weit weg und nicht zu nah am Feuer" – Mentalisieren und Emotionsregulation. In: *Zeitschrift für Heilpädagogik, 75* (1), 37–43.

Klika, Dorle (2004). Das Gefühl und die Pädagogik. Historische und systematische Aspekte einer problematischen Liaison. In: Dorle Klika & Volker Schubert (Hrsg.), *Bildung und Gefühl* (S. 19–34). Baltmannsweiler: Schneider Verlag Hohengehren.

Klika, Dorle (2018). Bildung und Emotion. Historisch-systematische Zugänge. In: Matthias Huber & Sabine Krause (Hrsg.), *Bildung und Emotion* (S. 74–89). Wiesbaden: Springer VS.

Klika, Dorle & Schubert, Volker (Hrsg.) (2004). *Bildung und Gefühl.* Baltmannsweiler: Schneider Verlag Hohengehren.

Koglin, Ute; Petermann, Franz; Jaščenoka, Julia & Petermann, Ulrike (2013). Emotionsregulation und aggressives Verhalten im Jugendalter. In: *Kindheit und Entwicklung, 22* (3), 155–164.

Krapp, Andreas (2005). Emotion und Lernen – Beiträge der Pädagogischen Psychologie. Einführung in den Thementeil. In: *Zeitschrift für Pädagogik, 51* (5), 603–609.

Kupffer, Heinrich (Hrsg.) (1978). *Erziehung verhaltensgestörter Kinder.* Heidelberg: Quelle & Meyer.

Lindmeier, Bettina (2010). Zur Geschichte der Verhaltensgestörtenpädagogik als universitäre Disziplin. In: Bernd Ahrbeck & Marc Willmann (Hrsg.), *Pädagogik bei Verhaltensstörungen. Ein Handbuch* (S. 21–26). Stuttgart: Kohlhammer.

Lyotard, Jean-François (1986). *Das postmoderne Wissen. Ein Bericht.* Wien: Passagen.

Marx, Rita (1992). *Integrieren oder aussondern. Die Sonderschule in der Sicht von Schülern und Eltern.* Weinheim: Beltz.

Mutzeck, Wolfgang & Pallasch, Waldemar (Hrsg.) (1984). *Integration verhaltensgestörter Schüler. Praktische Modelle und Versuche.* Weinheim: Beltz.

Mutzeck, Wolfgang; Pallasch, Waldemar & Popp, Kerstin (Hrsg.) (2007). *Integration von Schülern mit Verhaltensstörungen. Grundlagen, Modelle, Praxiserfahrungen.* 6. Aufl. Weinheim: Beltz.

Myschker, Norbert (1993). *Verhaltensstörungen bei Kindern und Jugendlichen. Erscheinungsformen – Ursachen – hilfreiche Maßnahmen.* Stuttgart: Kohlhammer.

Rauh, Bernhard et al. (Hrsg.) (2020). *Emotion – Disziplinierung – Professionalisierung. Pädagogik im Spannungsfeld von Integration der Emotionen und „neuen" Disziplinierungstechniken.* Opladen: Budrich.

Redl, Firz (1971). *Erziehung schwieriger Kinder: Beiträge zu einer psychotherapeutisch orientierten Pädagogik.* München: Piper.

Reiser, Helmut & Lotz, Walter (1995). *Themenzentrierte Interaktion als Pädagogik.* Mainz: Grünewald.

Rubach, Charlott & Lazarides, Rebecca (Hrsg.) (2021). *Emotionen in Schule und Unterricht. Bedingungen und Auswirkungen von Emotionen bei Lehrkräften und Lernenden.* Opladen: Budrich.

Scheve, Christian von (2009). *Emotionen und soziale Strukturen. Die affektiven Grundlagen sozialer Ordnung.* Frankfurt am Main: Campus.

Schmid, Peter (1985). *Verhaltensstörungen aus anthropologischer Sicht. Elemente einer Psychologie und Pädagogik für Verhaltensgestörte.* Bern: Haupt.

Spielmann, Claudia (2000). *„Unsagbar". Von der Wiederkehr des Gefühls.* Hamburg: Galerie Peter Borchardt.
Senge, Konstanze; Schützeichel, Rainer & Zink, Veronika (2022*). Schlüsselwerke der Emotionssoziologie.* 2. Aufl. Wiesbaden: Springer VS.
Smith, Terry Jo (2007). *Teaching the Children We Fear: Lessons from the Front.* Cresskill: Hampton.
Speck, Otto (1979). *Verhaltensstörungen, Psychopathologie und Erziehung. Grundlagen zu einer Verhaltensgestörtenpädagogik.* Berlin: Marhold.
Speck, Otto (1991). *Chaos und Autonomie in der Erziehung. Erziehungsschwierigkeiten unter moralischem Aspekt.* München: Reinhardt.
Stein, Roland & Müller, Thomas (Hrsg.) (2018). *Inklusion im Förderschwerpunkt emotionale und soziale Entwicklung.* 2. Aufl. Stuttgart: Kohlhammer.
Stein, Roland & Stein, Alexandra (2020). *Unterricht bei Verhaltensstörungen. Ein integratives didaktisches Modell.* 3. Aufl. Bad Heilbrunn: Klinkhardt.
Stemmler, Gerhard (Hrsg.) (2009). *Psychologie der Emotion. Enzyklopädie der Psychologie, Band 3.* Göttingen: Hogrefe.
Textor, Annette (2007). *Analyse des Unterrichts mit „schwierigen" Kindern. Hintergründe, Untersuchungsergebnisse, Empfehlungen.* Bad Heilbrunn: Klinkhardt.
Tiedemann, Joachim (1980). *Sozial-emotionales Schülerverhalten. Verhaltensauffälligkeiten in der Schule.* München: Reinhardt.
Willmann, Marc (2012). *De-Psychologisierung und Professionalisierung der Sonderpädagogik. Kritik und Perspektiven einer Pädagogik für „schwierige" Kinder.* München: Reinhardt.
Willmann, Marc (2018). Erziehungsschwierigkeiten im Fokus der Disziplin: der Fachdiskurs an den Universitätslehrstühlen in Deutschland von der Gründung bis in die Gegenwart. In: Thomas Müller & Roland Stein (Hrsg.), *Erziehung als Herausforderung. Grundlagen für die Pädagogik bei Verhaltensstörungen* (S. 193–208). Bad Heilbrunn: Klinkhardt.
Willmann, Marc (2019). 50 Jahre „Pädagogik bei Verhaltensstörungen" – eine Geburtstagslaudatio mit kritischem Blick auf das Selbstverständnis der Disziplin. In: *Emotionale und Soziale Entwicklung in der Pädagogik der Erziehungshilfe und bei Verhaltensstörungen, 1* (1), 74–91.
Willmann, Marc (2023). Gibt es eine „richtige" Pädagogik in der „falschen"? In: Alisha Heinemann, Yasemin Karakaşoğlu, Tobias Linnemann, Nadine Rose & Tanja Sturm (Hrsg.), *Ent|grenz|ungen. Beiträge zum 28. Kongress der Deutschen Gesellschaft für Erziehungswissenschaft* (S. 355–365). Opladen: Verlag Barbara Budrich.
Willmann, Marc & Seeliger, Georg M. (2017). SEBD inclusion research synthesis: a content analysis of research themes and methods in empirical studies published in the journal Emotional and Behavioural Difficulties from 1996–2014. In: *Emotional and Behavioural Difficulties, 22* (2), 142–161.
Wuketits, Franz M. (2013). *Animal irrationale. Eine kurze (Natur-)Geschichte der Unvernunft.* Berlin: Suhrkamp.

V.

50 Jahre „Pädagogik bei Verhaltensstörungen"

*Eine Geburtstagslaudatio
mit kritischem Blick auf das
Selbstverständnis der Disziplin*

1. Entwicklungsetappen der Disziplingeschichte

Die Geschichte der Pädagogik bei Verhaltensstörungen als universitäre Disziplin lässt sich in drei Etappen nachzeichnen (vgl. Willmann 2018): Die erste Etappe (Konstitutionsphase) beginnt mit der Einrichtung erster Hochschuldozenturen im Jahr 1964 in Ostdeutschland und ein Jahr später in Westdeutschland sowie der Gründung des ersten Universitätslehrstuhls im Jahr 1968, gefolgt von einem sukzessiven Ausbau des Fachgebiets in den nächsten rund 25 Jahren. Zur Zeit der deutschen Wiedervereinigung ist das Fach an den meisten sonderpädagogischen Studienstätten in Westdeutschland durch eigene Lehrstühle vertreten und mit der Schaffung entsprechender Professuren an den ostdeutschen Universitäten in den Jahren 1993 bis 1999 ist der universitäre Implementationsprozess abgeschlossen und die Disziplin hat sich institutionell etabliert (zweite Etappe: Konsolidierungsphase). Die dritte Etappe beschreibt die gegenwärtige Antinomie-Phase, „in der die Fachwissenschaft in ihrer fachkategorialen Ausrichtung unter den Vorzeichen der Inklusion in eine Legitimationskrise gerät, die zugleich aber Chancen für eine disziplinäre Neuausrichtung bietet" (Willmann 2018, S. 194).

Die wissenschaftshistorische Rekonstruktion der Disziplingeschichte als Entwicklung in drei aufeinanderfolgenden Etappen wird im Folgenden ausführlicher dokumentiert. Unter der Fragestellung nach Kontinuitäten und Wandel im Selbstverständnis der Disziplin werden die Denominationen der Universitätslehrstühle sowie der einschlägigen Lehr- und Handbücher der Lehrstuhlinhaber:innen skizziert.

2. Denominationskultur: Die Lehrstühle von 1968 bis 2018

In den ersten vierzig Jahren ist die Denominationskultur des Fachgebiets durch den Leitbegriff „Verhaltensstörungen" geprägt; für die letzten beiden Dekaden zeichnet sich jedoch ein Substitutionsprozess ab, bei dem sich der bildungsadministrative Begriff („Förderschwerpunkt emotional-soziale Entwicklung") zusehends durchsetzt.

Bis zur Gegenwart sind insgesamt 52 Berufungen im Fachgebiet erfolgt. Hiervon war 34-mal das klinische Begriffskonzept „Verhaltensstörungen" Teil der Denomination. Dabei zeigt sich über den Zeitraum der ersten beiden Etappen eine große Kontinuität: 30 der 35 Professuren zwischen 1964 bis 2008 waren der „Verhaltensgestörtenpädagogik" respektive „Pädagogik bei Verhaltensstörungen" gewidmet. Gegen Ende der zweiten Etappe wird erstmals das bildungsadministrative Begriffskonstrukt des emotional-sozialen Förderbedarfs eingeführt, das sich in der dritten Etappe auf mittlerweile 14 Professuren ausgeweitet hat. Gemeinsam mit dieser Entwicklung wird zusehends vermehrt auch der Inklusionsbegriff zu einem Leitbegriff in der fachwissenschaftlichen Denominationspraxis: seit der sehr frühen Widmung des Erfurter Lehrstuhls im Jahr 1999 – damals allerdings unter dem Begriff der „Integration" – konnte sich in der Folgezeit inzwischen der „Inklusionsbegriff" etablieren: zehn Professuren tragen mittlerweile das entsprechende Additivum.

Diese Entwicklung in Richtung einer veränderten Denominationskultur verläuft allerdings nicht ungebrochen, wie die aktuellen Ausschreibungsverfahren an der Martin-Luther-Universität Halle-Wittenberg („Pädagogik bei Gefühls- und Verhaltensstörungen") und an der Universität Regensburg („Pädagogik bei Verhaltensstörungen einschließlich inklusiver Pädagogik") belegen. Alternative Denominationen wie „Erziehungsschwierigkeiten", „Erziehungshilfe", „auffälliges Verhalten" oder „psychosoziale Beeinträchtigungen" bleiben so gut wie singuläre Erscheinungen.

In einer Großzahl der Fälle (45 der Fachprofessuren) wurden die Lehrgebiete mono-kategorial ausgewiesen. Mehrfachdenominationen bleiben bislang eine Ausnahmeerscheinung: eine Doppeldenomination, bei der das Fachgebiet gemeinsam mit einer weiteren sonderpädagogischen Fachrichtung zusammengefasst wird, liegt in acht Fällen vor. Drei- oder Vierfachdenominationen sind jeweils nur einmal erfolgt.

3. Lehrbücher als „Spiegel der Disziplin"

Lehrbücher der Erziehungswissenschaften können als „ein Spiegel der Disziplin" (Kauder & Vogel 2015a) betrachtet werden. Mittels Lehrbuchanalyse lassen sich die „Genealogie der Ideen und der Klassiker, das Selbstbild der Disziplin, ihre Forschungsfragen und Methoden" herausarbeiten (Hilbig & Schumann 2015, S. 49). Die Rekonstruktion des Lehrbuchwissens kann – der wissenssoziologischen Tradition von Ludwik Fleck (1980) folgend – die in der Disziplin vorherrschenden Denkkollektive und Denkstile nachzeichnen.

Dabei ist allerdings durchaus umstritten, was einzelne Charakteristika sind, die Lehrbücher ihrem Wesen nach miteinander verbindet: „was als Lehrbuch zu verstehen ist bzw. verstanden werden soll variiert erheblich von Autor zu Autor" (Kauder & Vogel 2015b, S. 7). Eine mögliche Gemeinsamkeit kann in Zielsetzung, Funktion und Adressatenkreis gesehen werden. So stellt Vogel (2015, S. 139) fest: „Akademische Lehrbücher sind kein Ort des disziplinären Diskurses, aber sie bilden seine Ergebnisse ab, in „didaktisierter" Form, die den Studierenden Zugang zum Stand des disziplinären Wissens ermöglicht [...]". Als Einführungswerke liefern sie „im Unterschied zu wissenschaftlichen Handbüchern [...] kein Panorama des aktuellen Forschungsstands und ggf. kontroverser Forschungsdiskurse, aber eine repräsentative Auswahl des gesicherten Wissensstandes und vor allem eine Einführung in die Ordnung dieses Wissens [...]" (Vogel 2015, S. 144).

Vorliegende Analysen zur erziehungswissenschaftlichen Lehrbuchkultur führen unter anderem zu der Erkenntnis, dass „die ‚Axiomatisierung des Wissens' in der Pädagogik [...] nicht sehr ausgeprägt" ist (Papenkort 2015, S. 28), was – unter anderem – auf systematische Gründe zurückgeführt wird. Diesen Gedanken aufgreifend ist Pädagogik nicht als reine empirische Wissenschaft zu betrachten, sondern vor allem als Reflexionswissenschaft. Entsprechend unterscheiden sich pädagogische von den Lehrbüchern anderer, vor allem den naturwissenschaftlichen Disziplinen (vgl. Kauder 2015).

Im Transfer auf die hier zu betrachtende erziehungswissenschaftliche Subdisziplin einer (Sonder-)Pädagogik bei Verhaltensstörungen stellt sich analog die Frage nach dem pädagogischen Selbstverständnis der Disziplin, die ihren Ausgangspunkt im klinische Begriffskonzept findet. Die ersten Werke aus der Konstitutionsphase der Disziplin als Universitätswissenschaft ab etwa Mitte der 1960 Jahre (exemplarisch: Großmann & Schmitz 1966; Kluge 1969; Bittner, Ertle & Schmid 1974) sind als frühe Versuche einer fachsystematischen Grundlegung zu lesen. Dabei führt die enorme Fülle an Fachpublikationen zum Thema bereits von Anbeginn weniger zu einer wachsenden Klarheit als vielmehr zu einer erheblichen Begriffskonfusion (Schultheis 1974; Tornow, Broda & Nöthen 1979; Myschker 1981).

Von den Lehrstuhlinhabern des Fachs an deutschen Universitäten liegen bis in die Gegenwart insgesamt neun Werke vor, die – in einem engeren Sinne – als didaktisch gestaltete Einführungswerke in die Fachwissenschaft gelten können.

Die vorliegende Auswahl ist naturgemäß selektiv. Die Begrenzung auf Lehrbücher in einem engeren Sinne exkludiert eine ganze Reihe von Schriften der Lehrstuhlinhaber aus der ersten Generation, die für die Entwicklung der Disziplin von großer Bedeutung sind, die aber nicht dem Formalkriterium eines Lehrbuchs entsprechen. Hierzu ist unbedingt das Bildungsgutachten der Reutlinger Professoren zu zählen (Bittner, Ertle & Schmid 1974). Weitere Werke der Lehrstuhlinhaber zu den zentralen Themen Schule, Unterricht und Didaktik (z.B. Hußlein 1983; Petermann 1994; Reiser & Lotz 1995; Warzecha 1997; Bröcher 1997; Opp 2003; Reiser, Willmann & Urban 2007), Förderpädagogik und Prävention (etwa: Goetze 2010; Hennemann, Hövel, Casale, Hagen & Fitting-Dahlmann 2015; Mahlau, Voß & Hartke 2016), kasuistische Analysen (Opp, Helbig & Speck-Hamadan 1999; Wittrock & Vernooij 2004; Freyberg & Wolff 2005; Ahrbeck & Rauh 2006), Integration und Inklusion (Mutzeck 1984; Stein & Müller 2015) sowie spezifischen Theorieansätzen (z.B. Speck 1991; Reiser 2006; Palmowski 2007) entsprechen ebenfalls nicht dem Lehrbuchkriterium.

Die beiden einzigen Lehrbücher zur Didaktik im Förderschwerpunkt emotional-soziale Entwicklung (Stein & Faas 1999; Hillenbrand 1999a) erfüllen zwar das Lehrbuchkriterium, beziehen sich aber nicht auf das Fach als Ganzes, sondern eben auf einen Teilaspekt und sind ebenfalls nicht in der Liste aufgeführt. Schließlich sind auch die Schriften zum Fach mit Lehrbuchcharakter exkludiert, die nicht von Lehrstuhlinhabern des Fachgebiets verfasst worden sind (Klink 1962; Müller 1962; Atzesberger

& Frey 1978; Havers 1978; Tiedemann 1980; Schmid 1985 – um nur einige zu nennen).

Konzentrieren wir uns auf die selektierten Lehrbücher der Lehrstuhlinhaber zum Fachgebiet, dann sticht zunächst ins Auge, dass alle neun Werke den Verhaltensbegriff im Titel führen. Trotz ähnlicher Betitelung unterscheiden sich die ersten vier Lehrbücher allerdings sehr stark voneinander. Martikke (1978, S. 6) stellt „ausgewählte Sichtweisen" – zuvörderst die Perspektive der Ich-Psychologie – vor und leitet hieraus im fünften Kapitel schließlich „rehabilitative Maßnahmen bei Verhaltensgestörten" ab. Hierzu im Kontrast stehen die Werke von Otto Speck und Karl-Heinz Benkmann, die sich beide sehr stark an erzieherischen Fragestellungen orientieren. Herauszuheben ist die Arbeit von Speck (1979), der in seinen „Grundlagen zu einer Verhaltensgestörtenpädagogik" – so der Untertitel des Werkes – eine erste umfassende Fachsystematik vorlegt. Das Werk beeindruckt zudem durch seine pädagogische Ausrichtung; dem Autor gelingt es wie kaum einem anderen in der Folgezeit die verschiedenen Themen immer wieder auf erziehungstheoretische Fragestellungen zurückzuführen. Mit Blick auf die Lehrbücher der Fachwissenschaft gelingt damit zweifelsohne eine Besonderheit, die in einem späteren Werk (Speck 1991) eine würdige Fortsetzung findet.

Ebenfalls aus dieser Anfangszeit der ersten Lehrbücher stammt die Arbeit von Benkmann (1981). Auch in dieser Schrift, die als Lehrbrief für die Fernuni Hagen konzipiert ist, stehen pädagogische Fragestellungen im Mittelpunkt der Ausführungen. Dabei ist der Lehrbrief vielen anderen Lehrbüchern des Fachgebiets auch in didaktischer Hinsicht weitaus überlegen. Ebenfalls zu den ersten Lehrbüchern zählt die von Günther Großmann und seinem Team verfasste „Rehabilitationspädagogik Verhaltensgeschädigter" (Großmann 1984). Das Werk trägt nicht nur das Alleinstellungsmerkmal, das einzige Lehrbuch zum Fach aus der ehemaligen DDR zu sein. In dem Buch wird auch die systematische Herangehensweise, die Großmann bereits in vielen eigenen Vorarbeiten geleistet hatte (sehr früh bereits in Großmann & Schmitz 1966), fortgeführt. Insbesondere die in der Schrift vorgelegten eigenen empirischen Ergebnisse und die hieraus abgeleitete Typologie von Verhaltensauffälligkeiten nach unterschiedlichen Syndromgruppen findet in der zeitgenössischen Forschung im deutschsprachigen Raum Anfang der 1980er Jahre kaum einen Vergleich. Eine Rezeption der Untersuchung wie auch der anderen Beiträge ostdeutscher Fachvertreterinnen fand in Westdeutschland allerdings nicht statt.

Knapp zehn Jahre später erscheint das bislang vielleicht bedeutungsvollste Lehrbuch der Fachrichtung: der bemerkenswerte Erfolg von Norbert Myschkers „Verhaltensstörungen bei Kindern und Jugendlichen" (Erstauflage 1993) spiegelt sich nicht allein in der Auflagenhöhe wider. Vor allem die Systematik des Werkes dürfte der Grund dafür sein, dass „der Myschker", der mittlerweile in der achten Auflage vorliegt, nicht nur im Lehrbetrieb, sondern ebenso in der fachwissenschaftlichen Diskussion vielfach rezipiert wird. Es ist insofern wohl keine Übertreibung, wenn der Verlag das Lehrbuch auf dem Umschlagtext sogar mit einem Handbuch gleichstellt.

Mit Blick auf die Auflagenhöhe kommen nur zwei Lehrbücher annähernd in diese Sphären: die „Einführung in die Verhaltensgestörtenpädagogik" von Hillenbrand (1999b; bis heute vier Auflagen) sowie das „Grundwissen Verhaltensstörungen" von Stein (2008; mittlerweile in fünfter Auflage). Beide Lehrbücher folgen im Wesentlichen der von Myschker etablierten Fachsystematik; Unterschiede liegen eher im didaktischen Aufbau: Hillenbrands Lehrbuch folgt – wie auch alle weiteren Lehrbücher zu den anderen sonderpädagogischen Fachrichtungen, die in der Verlagsreihe erschienen sind – einem stark ausgeprägten, fast schon überdidaktisierten Prinzip, bei dem der Haupttext durchgängig mittels Marginalien (meist Schlagworte oder Symbole) ergänzt wird. – Das Steinsche Lehrbuch hält sich nicht mit derartigen Didaktisierungen auf, sondern bietet einen profunden Überblick, der vertiefend die komplexen Zusammenhänge des Fachs darlegt.

Zwischen diesen beiden zuletzt zitierten Lehrbüchern sind die Werke von Wolfgang Mutzeck und Herbert Goetze erschienen. Beide Lehrbücher bieten einen systematischen Einblick in die zentralen Themenbereiche und Fragestellungen der Fachwissenschaft, wobei Mutzeck (2000) einen merklichen Schwerpunkt auf die Diagnostik und Beratung legt, wohingegen Goetze (2001) ausgewählte Störungsbilder und Unterrichtsmodelle ausführlich behandelt.

Legt man die neun Lehrbücher der Fachwissenschaft nebeneinander, so kann zumindest auf der formalen Ebene ein Konsens hinsichtlich der Fachbezeichnung ausgemacht werden, denn alle vorliegenden Werke tragen ausnahmslos den klinischen Begriff der „Verhaltensstörungen" (bzw. mit der Besonderheit der Begriffstradition in der ostdeutschen Rehabilitationspädagogik „Verhaltensschädigung") im Titel. Legt man das Lehrbuchwissen der Fachwissenschaft alleine zugrunde, versteht sich die Disziplin offensichtlich als „Pädagogik bei Verhaltensstörungen" und bleibt damit in ihrem Selbstverständnis aus der Gründungsphase – nahezu ungebrochen (aus der „Verhaltensgestörtenpädagogik" wird gemäß people-first-Sprachregulation die „Pädagogik bei Verhaltensstörungen") – treu. Damit steht die Betitelungskultur bei Lehrbüchern der Fachwissenschaft in merklicher Differenz zu der veränderten Denominationskultur, die im Fachgebiet seit den letzten etwa 15 Jahren zu beobachten ist. Allerdings sind in dieser Zeit – mit einer Ausnahme (Stein 2008) – keine neuen Lehrbücher von den Lehrstuhlinhaber:innen mehr erschienen.

4. Das Fach als „Handbuchwissenschaft"

Handbücher der Fachwissenschaft können als Medium für einen vertieften Diskurs innerhalb der Disziplin verstanden werden. Dabei bieten sie zugleich Raum für die Behandlung sehr spezieller Fragestellungen und behandeln auch kontroverse Standpunkte. Im Gegensatz zu der didaktischen Form und Funktion eines Lehrbuchs als Propädeutik und Einführung steht insofern „bei Handbüchern, die für gewöhnlich zugleich Sammelwerke sind [...] die Fachinformation im Vordergrund" (Papenkort 2015, S. 15). Als Nachschlagewerke mit Orientierungsfunktion markieren Handbücher – gemeinsam mit den Wörterbüchern einer Disziplin – die „Handbuchwissenschaft" (Fleck 1980, S. 148; zit. nach Papenkort 2015, S. 17).

Rund 50 Jahre nach der Etablierung als universitäre Disziplin liegen für das Fachgebiet der Pädagogik bei Verhaltensstörungen vier Handbücher vor, die unter Beteiligung von Lehrstuhlinhabern herausgegeben wurden und an denen die meisten der Lehrstuhlvertreter:innen auch jeweils als Autor:innen mitgewirkt haben.

Auf jeweils mehr als 1000 Seiten werden in den Handbüchern von Goetze und Neukäter (1989) sowie Gasteiger-Klicpera, Julius und Klicpera (2008) zentrale Themen des Fachgebiets behandelt. Umfang und Ausrichtung beider Handbücher vermitteln eindrucksvoll das weite Themenfeld des Fachs, das sich im Schnittbereich unterschiedlicher Institutionen, Professionen und Disziplinen bewegt und bereits insofern überkomplex erscheint. Das Datum der Veröffentlichung beider Handbücher markiert jeweils einen Übergangspunkt zwischen einzelnen historiographischen Entwicklungsetappen der Disziplingeschichte (vgl. dazu Willmann 2018). Trotz einiger Unterschiede im Aufbau und der inhaltlichen Schwerpunktsetzung (das erste Handbuch gibt den Querschnittsthemen deutlich mehr Raum; insbesondere organisatorische Aspekte und der Bereich der außerschulischen Erziehungshilfe werden hier diskutiert. Das zweite Handbuch widmet hingegen ein ganzes Hauptkapitel der Vorstellung spezifischer klinischer Störungsbilder) weisen die beiden ersten Handbücher die Gemeinsamkeit auf, dass der Erziehungsbegriff bemerkenswert konturlos bleibt. Pädagogische und insbesondere didaktische Fragestellungen bilden in beiden Handbüchern weniger einen roten Leitfaden. Sie werden beinahe schon in eigene Hauptkapitel ausgelagert: als Container für die pädagogisch-didaktischen Themen dient im ersten Handbuch der dritte Hauptabschnitt mit dem Titel „Unterricht bei Schülern mit Verhaltensstörungen"; im zweiten Handbuch ist es der „Teil VII: Schule und Unterricht". Die Beiträge in den übrigen Kapiteln der beiden Handbücher behandeln Pädagogik und Didaktik– mal mehr, mal weniger – am Rande mit.

Mit etwa 340 bzw. 400 Seiten unterscheiden sich die beiden neueren Handbücher nicht nur vom Umfang, sondern auch in der inhaltlichen Zielsetzung von den ersten beiden Handbüchern. Das Handbuch von Ahrbeck und Willmann (2010) folgt in seinem Aufbau der etablierten Fachsystematik, wobei sich aber die einzelnen Beiträge in einem jeden der insgesamt acht Hauptkapitel sehr viel stärker an erziehungstheoretischen Fragestellungen orientieren. Das Handbuch von Herz und Jantzen (2014) liegt gewissermaßen Quer zur Fachsystematik der drei vorausgegangenen Handbücher: dem Selbstverständnis der „Behindertenpädagogik als synthetische Humanwissenschaft" folgend (Feuser, Herz & Jantzen 2012, S. 9) zielt die Zusammenstellung der Beiträge auf den Versuch, das Bedingungsgefüge der Persönlichkeitsentwicklung in seiner Gesamtheit unter besonderer Berücksichtigung des Stellenwertes der Emotionen herauszuarbeiten. Gemeinsam ist den beiden neueren im Vergleich mit den beiden älteren Handbüchern, dass sie auch das Thema Inklusion stärker in den Fokus rücken.

In der Betitelung weisen zwei der vier Handbücher das Fachgebiet als „Pädagogik bei Verhaltensstörungen" aus (Goetze & Neukäter 1989; Ahrbeck & Willmann 2010). Das Handbuch von Gasteiger-Klicpera, Julius und Klicpera (2008) hingegen greift die Förderschwerpunktterminologie auf. In völliger Abkehr der beiden konkurrierenden Begriffslinien trägt das

Handbuch von Feuser, Herz und Jantzen (2014) den Titel „Emotion und Persönlichkeit".
Ungeachtet der Betitelung erweist sich in der Gesamtschau der vier Handbücher das Begriffskonzept der Verhaltensstörungen als Leitbegriff für das Selbstverständnis der Fachwissenschaft: die große Mehrheit der Beiträge argumentiert unter expliziter oder impliziter Bezugnahme auf diesen Begriff, wohingegen die Förderschwerpunktterminologie eher in ihrer Bedeutung und Wirksamkeit als verwaltungsrechtliche Kategorie adressiert wird.

5. Disziplinäre Leitbegriffe und verborgene Diskurse

Die vorliegende Analyse belegt ein zunehmendes Auseinanderdriften in den sprachlichen Regularien der Fachdisziplin: während in zentralen Publikationen der Fachwissenschaften – untersucht wurden die Lehr- und Handbücher der Lehrstuhlinhaber – ungebrochen das klinische Begriffskonzept von „Verhaltensstörungen" als Leitmotiv vorherrscht, zeichnet sich in der Denominationskultur des Fachgebiets in den letzten 15 Jahren eine Trendwende ab, bei der sich die bildungsadministrative Sprachregelung (Förderschwerpunkt emotional-soziale Entwicklung; vgl. KMK 2000) durchzusetzen scheint: seit der ersten Denomination im Jahr 2003 werden die Lehrstühle in der Fachwissenschaft zusehends für den Förderschwerpunkt emotional-soziale Entwicklung, häufig in Verbindung mit dem Zusatz „Inklusion" denominiert.

Die sich hiermit abzeichnende Kehrtwende in der bildungspolitisch motivierten Denominationspraxis steht damit in einem merklichen Widerspruch zur Diskussionskultur in der Fachrichtung selbst. Während die Begriffsfassung des sonderpädagogischen Förderschwerpunkts emotional-soziale Entwicklung eine Engführung auf schulische Themenstellungen mit sich bringt, verstehen viele Fachvertreter das Fachgebiet als ein weites Feld, das explizit das System der außerschulischen Erziehungshilfen (vor allem die Kinder- und Jugendhilfe sowie die Kinder- und Jugendpsychiatrie) inkludiert. Diese Orientierung bedingt zugleich, dass das klinische Begriffskonzept als ein zentraler Referenzpunkt der fachwissenschaftlichen Diskussion dient.

Mit der Fokussierung auf das Begriffskonzept der Verhaltensstörungen geht zugleich eine anhaltende Dominanz psychologischer Erklärungsansätze sowie die ausgeprägte Affinität zu therapeutischen Ansätzen einher.

Pädagogische Sichtweisen und erziehungstheoretische Reflexionen drohen dabei zusehends in den Hintergrund gedrängt zu werden (vgl. kritisch hierzu: Schad 2008; Willmann 2012; Müller & Stein 2018). Die vorliegende Rekonstruktion scheint allerdings sogar zu bestätigen, dass die pädagogische Orientierung in der Fachdisziplin schon immer eine Minderheitentradition war (Lindmeier 2010).

Es stellt sich allerdings die Frage, inwieweit die bildungspolitisch forcierte Neuschöpfung der sonderpädagogischen Kategorie eines emotionalsozialen Förderbedarfs hier eine Abhilfe bereitzustellen vermag. In Abkehr von einer primär medizinisch geprägten Terminologie (Behinderung, Verhaltensstörung) erscheint der Förderbegriff zunächst weniger defizitär und individualisierend. Allerdings, und das ist entscheidend, ändert sich mit der Zuschreibung eines „emotional-sozialen Förderbedarfs" gegenüber einer „Verhaltensstörung" letztlich nur das Sprachspiel, nicht aber die Askription auf das Individuum. Denn beide Begriffskonzepte verlegen die „Störung" bzw. den „Förderbedarf" ätiologisch-kausal in das Subjekt und in der Folge sind auch die Interventionsmodelle in der Regel vorrangig auch auf das Subjekt ausgerichtet: kindzentrierte Maßnahmen zur individuellen sonderpädagogischen Förderung, soziale Trainings und Therapie stellen die zentralen Methoden dar. Ein pädagogischer Auftrag aber, der nicht von vornherein die Erklärungsgenese festschreibt, ist aus beiden Sprachregelungen nur schwerlich abzuleiten.

Alternative Begriffskonzepte, die auf einen pädagogischen Auftrag jenseits des defekten Subjekts verweisen, konnten sich bis heute nicht durchsetzen. Ein heißer Kandidat wäre in diesem Zusammenhang der Begriff der „Erziehungshilfe", der einen hinreichend klaren Unterstützungsbedarf formuliert, ohne am „gestörten" oder „förderbedürftigen" Kind ansetzen zu müssen. Der Begriff ermöglicht eine Respezifikation, die den professionellen Auftrag zurückverweist auf eine systemische Betrachtungsebene: „hilfebedürftig" sind damit nicht nur und auch nicht vorrangig die indizierten „Problemkinder", sondern gleichsam alle am Erziehungsprojekt beteiligten Personen wie ebenso das Erziehungssystem als Ganzes. Genau darin liegt der Auftrag einer „Pädagogik der Erziehungshilfe".

6. Nachbemerkung zu den verwendeten Quellen

Die vorliegende Diskursanalyse bezieht sich auf einen umfangreichen Materialkorpus. Für den Einzelnachweis zu den herangezogenen Quellen sei auf die tabellarischen Übersichten zu den Lehrstühlen sowie den Hand- und Lehrbüchern der Professor:innen des Fachgebiets verwiesen, die im Originaldruck des Beitrags ausgewiesen sind.

7. Literatur

Ahrbeck, Bernd & Rauh, Bernhard (Hrsg.) (2006). *Der Fall des schwierigen Kindes. Therapie, Diagnostik und schulische Förderung verhaltensgestörter Kinder und Jugendlicher.* Weinheim: Beltz.

Ahrbeck, Bernd & Willmann, Marc (Hrsg.) (2010). *Pädagogik bei Verhaltensstörungen. Ein Handbuch.* Stuttgart: Kohlhammer.

Atzesberger, Michael & Frey, Herbert (1978). *Verhaltensstörungen in der Schule. Erscheinungsformen, Diagnostik, Behandlung.* Stuttgart: Klett.

Benkmann, Karl-Heinz (1981). *Grundlegungsprobleme der Verhaltensgestörtenpädagogik. 1. Kurseinheit: Verhaltensstörungen als pädagogisches Problem.* Hagen: Fernuniversität, Gesamthochschule.

Bittner, Günther; Ertle, Christoph & Schmid, Volker (1974). Schule und Unterricht bei verhaltensgestörten Kindern. In: Deutscher Bildungsrat (Hrsg.), *Gutachten und Studien der Bildungskommission* (S. 13–102). Stuttgart: Klett.

Bröcher, Joachim (1997). *Lebenswelt und Didaktik. Unterricht mit verhaltensauffälligen Jugendlichen auf der Basis ihrer (alltags-)ästhetischen Produktionen.* Heidelberg: Winter.

Feuser, Georg, Herz, Birgit & Jantzen, Wolfgang (Hrsg.) (2014). *Emotion und Persönlichkeit. Enzyklopädisches Handbuch der Behindertenpädagogik, Band 10.* Stuttgart: Kohlhammer.

Fleck, Ludwik (1980). *Entstehung und Entwicklung einer wissenschaftlichen Tatsache. Einführung in die Lehre vom Denkstil und Denkkollektiv.* Frankfurt am Main: Suhrkamp. [Original 1935 in Basel: Schwabe].

von Freyberg, Thomas & Wolff, Angelika (Hrsg.) (2005). *Störer und Gestörte. Band 1: Konfliktgeschichten nicht beschulbarer Jugendlicher.* Frankfurt am Main: Brandes und Apsel.

Gasteiger-Klicpera, Barbara, Julius, Henri & Klicpera, Christian (Hrsg.) (2008). *Sonderpädagogik der sozialen und emotionalen Entwicklung. Handbuch Sonderpädagogik, Band 3.* Göttingen: Hogrefe.

Goetze, Herbert (2001). *Grundriß der Verhaltensgestörtenpädagogik*. Berlin: Marhold.

Goetze, Herbert (2010). *Schülerverhalten verändern. Bewährte Methoden der schulischen Erziehungshilfe*. Stuttgart: Kohlhammer.

Goetze, Herbert & Neukäter, Heinz (Hrsg.) (1989). *Pädagogik bei Verhaltensstörungen. Handbuch der Sonderpädagogik, Band 6*. Berlin: Marhold.

Großmann, Günther & Autorenkollektiv (1984). *Rehabilitationspädagogik Verhaltensgeschädigter. Grundlagen der Bildung, Erziehung und Rehabilitation verhaltensgeschädigter Kinder und Jugendlicher*. Berlin: VEB Volk & Gesundheit.

Großmann, Günther & Schmitz, Willi (1966). *Sonderpädagogik verhaltensgestörter hirngeschädigter Kinder. Grundzüge einer ärztlich-pädagogischen Gemeinschaftsarbeit*. Berlin: VEB Volk & Gesundheit.

Havers, Norbert (1978). *Erziehungsschwierigkeiten in der Schule. Klassifikation, Häufigkeit, Ursachen und pädagogisch-therapeutische Maßnahmen*. Weinheim, Basel: Beltz.

Hennemann, Thomas; Hövel, Dennis; Casale, Gino; Hagen, Tobias & Fitting-Dahlmann, Klaus (2015). *Schulische Prävention im Bereich Verhalten*. Stuttgart: Kohlhammer.

Hilbig, Henrik & Schumann, Katharina (2015). Die Rolle von Lehrbüchern in Ludwik Flecks Lehre von Denkstil und Denkkollektiv. In: Peter Kauder & Peter Vogel (Hrsg.), *Lehrbücher der Erziehungswissenschaft – ein Spiegel der Disziplin?* (S. 43–50). Bad Heilbrunn: Klinkhardt.

Hillenbrand, Clemens (1999a). *Didaktik bei Unterrichts- und Verhaltensstörungen*. München; Basel: Reinhardt.

Hillenbrand, Clemens (1999b). *Einführung in die Verhaltensgestörtenpädagogik*. München: Reinhardt.

Hußlein, Erich (1983). *Schule und Unterricht für Kinder und Jugendliche mit Verhaltensstörungen*. Würzburg: Königshausen & Neumann.

Kauder, Peter (2015). Die historische und systematische Unwissenschaftlichkeit von naturwissenschaftlichen Lehrbüchern im Spiegel von Thomas S. Kuhns Lehrbuchkritik der 1960er-Jahre. In: Peter Kauder & Peter Vogel (Hrsg.), *Lehrbücher der Erziehungswissenschaft – ein Spiegel der Disziplin?* (S. 51–61). Bad Heilbrunn: Klinkhardt.

Kauder, Peter & Vogel, Peter (Hrsg.) (2015a). *Lehrbücher der Erziehungswissenschaft – ein Spiegel der Disziplin?* Bad Heilbrunn: Klinkhardt.

Kauder, Peter (2015b). Einleitung. In: Peter Kauder & Peter Vogel (Hrsg.), *Lehrbücher der Erziehungswissenschaft – ein Spiegel der Disziplin?* (S. 7-13). Bad Heilbrunn: Klinkhardt.

Klink, Job-Günter (1962). *Schwererziehbarkeit und Erziehungsschwierigkeit in der Schule, Begriffliche und phänomenologische Klärung. Formen und Probleme schulischer Sondereinrichtungen für erziehungsgestörte Kinder in Deutschland.* Hamburg: Verlag der Gesellschaft der Freunde des Vaterländischen Schul- und Erziehungswesens.

Kluge, Karl-Josef (1969). *Pädagogik der Schwererziehbaren. Ein Beitrag zur Praxis und Theorie der Erziehungsschwierigenpädagogik.* Berlin: Marhold.

KMK (2000). *Empfehlungen zum Förderschwerpunkt Emotionale und soziale Entwicklung.* Bonn: Kultusministerkonferenz.

Lindmeier, Bettina (2010). Zur Geschichte der Verhaltensgestörtenpädagogik als universitäre Diszplin. In: Bernd Ahrbeck & Marc Willmann (Hrsg.), *Pädagogik bei Verhaltensstörungen. Ein Handbuch* (S. 21–26). Kohlhammer, Stuttgart.

Mahlau, Kathrin; Voß, Stefan & Hartke, Bodo (Hrsg.) (2016). *Grundlagen und Förderung im Bereich der emotionalen und sozialen Entwicklung.* Hamburg: Kovač.

Martikke, Hans-Joachim (1978). *Die Rehabilitation der Verhaltensgestörten.* München: Reinhardt.

Müller, Richard Georg Eduard (1962). *Das erziehungsschwierige Schulkind. Beurteilung und Behandlung.* München: Ehrenwirth.

Müller, Thomas & Stein, Roland (Hrsg.) (2018). *Erziehung als Herausforderung. Grundlagen für die Pädagogik bei Verhaltensstörungen.* Bad Heilbrunn: Klinkhardt.

Mutzeck, Wolfgang (2000). *Verhaltensgestörtenpädagogik und Erziehungshilfe.* Bad Heilbrunn: Klinkhardt.

Mutzeck, Wolfgang & Pallasch, Waldemar (1984). *Integration verhaltensgestörter Schüler. Praktische Modelle und Versuche.* Weinheim: Beltz.

Myschker, Norbert (1981). Zum Selbstverständnis der Verhaltensgestörtenpädagogik. Kritische Rezensionen. In: *Zeitschrift für Heilpädagogik, 32* (6), 410–424.

Myschker, Norbert (1993). *Verhaltensstörungen bei Kindern und Jugendlichen. Erscheinungsformen – Ursachen – Hilfreiche Maßnahmen.* Stuttgart: Kohlhammer.

Opp, Günther (Hrsg.) (2003). *Arbeitsbuch schulische Erziehungshilfe.* Bad Heilbrunn: Klinkhardt.

Opp, Günther; Helbig, Paul & Speck-Hamdan, Angelika (1999). *Problemkinder in der Grundschule.* Bad Heilbrunn: Klinkhardt.

Palmowski, Winfried (2007). *Nichts ist ohne Kontext. Systemische Pädagogik bei „Verhaltensauffälligkeiten".* Dortmund: Modernes Lernen.

Papenkort, Ulrich (2015). Darstellung der Pädagogik. Bibliographie deutschsprachiger Lehr-, Hand- und Wörterbücher 1945 bis 2012. In: Peter Kauder & Peter Vogel (Hrsg.), *Lehrbücher der Erziehungswissenschaft – ein Spiegel der Disziplin?* (S. 15–31). Bad Heilbrunn: Klinkhardt.

Petermann, Ulrike (Hrsg.) (1994). *Verhaltensauffällige Kinder. Didaktische und pädagogische Hilfen.* Salzburg: Müller.

Reiser, Helmut (2006). *Psychoanalytisch-systemische Pädagogik. Erziehung auf der Grundlage der themenzentrierten Interaktion.* Stuttgart: Kohlhammer.

Reiser, Helmut & Lotz, Walter (1995). *Themenzentrierte Interaktion als Pädagogik.* Mainz: Grünewald.

Reiser, Helmut; Willmann, Marc & Urban, Michael (2007). *Sonderpädagogische Unterstützungssysteme bei Verhaltensproblemen in der Schule.* Bad Heilbrunn: Klinkhardt.

Schad, Gerhard (2008). Vom Verschwinden der Pädagogik im Wissenschaftsbetrieb der Verhaltensgestörtenpädagogik. In: Helmut Reiser, Andrea Dlugosch & Marc Willmann (Hrsg.), *Professionelle Kooperation bei Gefühls- und Verhaltensstörungen. Pädagogische Hilfen an den Grenzen der Erziehung* (S. 29–41). Hamburg: Kovač.

Schmid, Peter (1985). *Verhaltensstörungen aus anthropologischer Sicht. Elemente einer Psychologie und Pädagogik für Verhaltensgestörte.* Bern: Haupt.

Schultheis, Josef R. (1974). Entwicklung und Vorkommenshäufigkeit von Leitbegriffen in der Verhaltensgestörtenpädagogik. In: *Heilpädagogische Forschung, 5* (5), 69–94.

Speck, Otto (1979). *Verhaltensstörungen, Psychopathologie und Erziehung. Grundlagen zu einer Verhaltensgestörtenpädagogik.* Berlin: Marhold.

Speck, Otto (1991). *Chaos und Autonomie in der Erziehung. Erziehungsschwierigkeiten unter moralischem Aspekt.* München: Reinhardt.

Stein, Roland (2008). *Grundwissen Verhaltensstörungen.* Baltmannsweiler: Schneider-Verlag Hohengehren.

Stein, Roland & Faas, Alexandra (1999). *Unterricht bei Verhaltensstörungen. Ein integratives didaktisches Modell.* Neuwied: Luchterhand.

Stein, Roland & Müller, Thomas (Hrsg.) (2015). *Inklusion im Förderschwerpunkt emotionale und soziale Entwicklung.* Stuttgart: Kohlhammer.

Tiedemann, Joachim (1980). *Sozial-emotionales Schülerverhalten. Verhaltensauffälligkeiten in der Schule.* München: Reinhardt

Tornow, Harald; Broda, Michael & Nöthen, Wolfgang (1979). Semantische Struktur von Bezeichnungen abweichender Kinder bei Lehrern und Fachleuten. In: *Heilpädagogische Forschung, 8* (2), 133–142.

Vogel, Peter (2015). Die Rolle der Lehrbücher innerhalb der „Lehrgestalt" der Erziehungswissenschaft – eine Problemskizze. In: Peter Kauder & Peter Vogel (Hrsg.), *Lehrbücher der Erziehungswissenschaft – ein Spiegel der Disziplin?* (S. 139–153). Bad Heilbrunn: Klinkhardt.

Warzecha, Birgit (1997). *Grundlagen der Verhaltensgestörtenpädagogik, Teil II: eine unterrichtspraktisch orientierte Einführung.* Hamburg: LIT.

Willmann, Marc (2012). *De-Psychologisierung und Professionalisierung der Sonderpädagogik. Kritik und Perspektiven einer Pädagogik für „schwierige" Kinder.* München: Reinhardt.

Willmann, Marc (2018). Erziehungsschwierigkeiten im Fokus der Disziplin: der Fachdiskurs an den Universitätslehrstühlen in Deutschland von der Gründung bis in die Gegenwart. In: Thomas Müller & Roland Stein (Hrsg.), *Erziehung als Herausforderung. Grundlagen für die Pädagogik bei Verhaltensstörungen* (S. 193–208). Bad Heilbrunn: Klinkhardt.

Wittrock, Manfred & Vernooij, Monika (Hrsg.) (2004). *Verhaltensgestört. Perspektiven, Diagnosen, Lösungen im pädagogischen Alltag.* Paderborn: Schöningh.

Teil B – Förderpraktiken

vi.

Verhaltensstörungen als Erziehungsproblem

Zur pädagogischen Position im Umgang mit schwierigem Verhalten

Mit dem Begriff der Verhaltensstörungen hat die Pädagogik ein genuin klinisches Begriffskonzept importiert, um emotionale und Verhaltensschwierigkeiten von Kindern und Jugendlichen in erzieherischen Handlungsfeldern zu bezeichnen. Dabei ist weitgehend ungeklärt geblieben, welche Konsequenzen sich für das pädagogische Selbstverständnis ergeben, wenn durch diesen Begriffsimport eine Terminologie als Leitkategorie etabliert wird, die sich über einen nicht-pädagogischen Blickwinkel definiert.

Wie zu zeigen sein wird, bietet der Begriff der Verhaltensstörungen „für das erziehungspraktische Handeln keine nützlichen Informationen" (Schlee 1993, S. 48). Es ist daher notwendig, den Phänomenbereich in pädagogischen Begriffen zu reflektieren, wenn die Pädagogik sich nicht verstehen will als begleitendes oder ausführendes Organ therapeutischer Indikationen. Dabei liegt die erziehungsphilosophische Reflexion quer zu einer psychologischen Betrachtung, denn „Verhaltensstörungen" zeigen sich im Erziehungsprozess als ein interaktionales Phänomen, das seinen Ausdruck in der Irritation des Pädagogen findet und bei drohender Abweichung vom definierten Erziehungsziel zu einem pädagogischen Konflikt führt: Verhaltensstörungen sind aus Sicht der Pädagogik also Erziehungsprobleme, so dass

> in der Beurteilung von Verhaltensstörungen stets die erzieherische Dimension mitgedacht werden muss. Schwierige Kinder sind erziehungsschwierige Kinder. Im Erziehungsprozess sind jedoch immer mindestens zwei Personen beteiligt. Das bedeutet, dass die Schwierigkeiten im Erziehungsverhältnis nicht zwingend vom Kind ausgehen, also auch nicht nur bei ihm

zu suchen sind, sondern ebenso viel über die Möglichkeiten und Grenzen der Erziehungsperson aussagen. (Schmid 1996, S. 20)

1. „Verhaltensgestörtenpädagogik" und die Grenzen der Erziehung

Schwierigkeiten in der Erziehung sind ein ubiquitäres Phänomen, denn für die Erziehung darf angenommen werden, dass sie – strukturbedingt – nicht störungsfrei verlaufen kann. Pädagogisches Handeln wird also immer auf die eigenen Grenzen zurückgeworfen. Entsprechend lässt sich schlussfolgern, dass sich schulische Erziehungsschwierigkeiten mit der Institutionalisierung von Schule zwangsläufig einstellen müssen, umso mehr, als Funktion und Struktur der Schule (als Agens organisierter Bildungs- und Erziehungsprozesse und sozialer Kontrolle) das Überschreiten von Verhaltensregeln geradezu provozieren.

Die prinzipielle Störanfälligkeit ist eine der grundlegenden Antinomien der Erziehung, die allerdings in der Pädagogik nicht hinreichend bedacht wird, weil sie die pädagogischen Machbarkeitsphantasien in Frage stellt. Erziehung ist ein Handeln in Unsicherheit (Wimmer 1996): Es ist damit immer auch mit den eigenen Grenzen, dem potentiellen Scheitern der erzieherischen Bemühungen, mit Erziehungsschwierigkeiten, dem pädagogischen Konflikt konfrontiert. Diese Grundparadoxie zeigt sich gerade bei der Klientel, die übergreifend als „verhaltensgestört" bezeichnet wird:

> Schon die normale Erziehung funktioniert offensichtlich alles andere als voraussetzungsfrei. Überhaupt scheint es eigentlich geradezu unwahrscheinlich, dass sich Kinder erziehen lassen [...]. Die jeder Erziehung inhärenten Schwierigkeiten von Kindern lassen sich bei den so genannten erziehungsschwierigen Kindern wie in einem Vergrößerungsglas beobachten. (Schleiffer 1995, S. 199)

Wenn also festgestellt werden kann, dass Erziehungsprobleme Teil des Erziehungsgeschäfts sind, so bleibt damit doch ungeklärt, warum einige Kinder als besonders schwierig gelten und die Erziehung dieser „Problemkinder" die Pädagogik an ihre eigenen Grenzen – und darüber hinaus – führt (vgl. Göppel 2008). Offensichtlich übersteigen in Einzelfällen Ausmaß und Intensität von Erziehungsschwierigkeiten die „normalen" Probleme in der Erziehung.

Die Zuständigkeit für diese Problemfälle der Erziehung wird in der Regel delegiert an spezielle Unterstützungssysteme, im schulischen Bereich von der Regelschule an die Sonderpädagogik und Schulpsychologie. Zur Erklärung dieser „besonderen" Erziehungsschwierigkeiten werden vorzugsweise psychologische Ansätze herangezogen. Entsprechend basieren Assessment und Interventionsplanung häufig auf der Grundlage klinischer Diagnostik. Die dominierende Orientierung an therapeutischen Deutungsmustern (Schön 2005) führt zu einer Verschiebung der Perspektive: Schulische Disziplinprobleme und Erziehungsschwierigkeiten werden nicht mehr vorrangig als pädagogisches Problem beschrieben, sondern als pathologische Symptome gedeutet.

2. Psychologisierung der Sonderpädagogik und „Entsolidarisierung" von Erziehungsschwierigkeiten

Pointiert lassen sich diese Entwicklungen als Tendenzen einer Psychologisierung (Speck 1996, S. 73ff.) und Therapeutisierung (Holtz 1980) der Sonderpädagogik nachzeichnen, bei der die Orientierung an pädagogischen Kategorien verloren zu gehen droht: „Das Verschwinden der Pädagogik geschieht geräuschlos, fast unmerklich, übertönt vom Theaterdonner populärer und attraktiver Disziplinen, die das Terrain einer Pädagogik bei Verhaltensstörungen sich anschicken zu besetzen." (Schad 2008, S. 29)

Die „Dominanz psychologischer Theorien" (Hillenbrand 2008, S. 227), die zu einer Entfremdung der Pädagogik führt, zeigt sich zum Beispiel daran, wie Erziehungsfragen formuliert werden: „Genuin sonderpädagogische Fragestellungen werden in ‚fremden Sprachen' beantwortet – manche Fragen werden gar nicht mehr gestellt" (Schad 2008, S. 32).

Gerade in der Historie der Pädagogik bei Verhaltensstörungen lassen sich die angesprochenen Tendenzen besonders deutlich beobachten: Die ersten Ansätze zur medizinischen Begründung von Erziehungsschwierigkeiten finden sich in den frühen Beiträgen zur heilpädagogischen Psychopathielehre (vgl. Willmann 2011), und unmittelbar nach der Einführung auf dem ersten Weltkongress für Psychiatrie 1950 in Paris hat sich der Begriff der Verhaltensstörungen (behavioral disorders) als – höchst umstrittene – Leitkategorie auch in der (sonder-)pädagogischen Diskussion etabliert.

Dieser Begriffsimport verändert die pädagogische Perspektive: Die Frage der Erziehung schwieriger Kinder wird so unter Bezugnahme auf klinische Störungskonzepte stark individualisiert und das Phänomen kaum noch in seiner sozialen Dimension betrachtet. Durch die weitläufige Vermeidung soziologischer Terminologien und Theoreme (wie abweichendes Verhalten, Verwahrlosung, soziale Deprivation, Desintegration, Exklusion etc.) werden „Verhaltensstörungen" somit nicht mehr als Teilaspekt der sozialen Frage betrachtet, sondern als Ausdruck individueller Problemlagen verstanden und damit „entsolidarisiert".

Für die akademische Sonderpädagogik lassen sich zwei Entwicklungstrends ausmachen, die sich anscheinend gegenseitig bedingen: Einerseits haben psychologische Perspektiven an Dominanz gewonnen, was offenbar andererseits dazu geführt hat, dass soziologische Perspektiven an Bedeutung verlieren. Diese Entwicklungen lassen sich professionstheoretisch wohl am ehesten noch über die handlungspraktische Ebene erklären: Auf die Profession hat diese Orientierung eine beruhigende Wirkung, denn aus psychologischen Erklärungsansätzen lassen sich direkte Interventionsstrategien ableiten. Soziologische Kategorien hingegen nehmen auf derart komplexe und abstrakte Strukturzusammenhänge Bezug, dass es schwierig bis unmöglich erscheint, hieraus Ansatzpunkte für das erzieherische Handeln abzuleiten, ohne gleichzeitig die Grenzen der pädagogischen Machbarkeit ohnmächtig zur Kenntnis nehmen zu müssen.

In der Pädagogik bei Verhaltensstörungen findet die Psychologisierung ihren Ausdruck unter anderem darin, dass ein Großteil der Lehrstühle mit Psychologen bestückt ist, kaum aber mit Pädagogen, geschweige denn Soziologen. Allgemein steht in der Lehrerausbildung an vielen deutschen Hochschulen die Soziologie nicht mehr sehr hoch im Kurs, wenn man den systematischen Abbau von Soziologieprofessuren betrachtet. Es zeigt sich das Politikum, dass die Sonderpädagogik (bzw. die gesamte Lehrerbildung) „entpolitisiert" wird.

Diese Entwicklungen spiegeln sich gerade auch in der fachwissenschaftlichen Diskussion der Pädagogik bei Verhaltensstörungen wider: In den einschlägigen Handbüchern kommt psychologischen Perspektiven und therapeutischen Ansätzen eine zentrale Bedeutung zu. Mit Göppel (2002, S. 143) kann vermutet werden, dass die Pädagogik in ihrer engen Anlehnung an psychologisierende Deutungsmuster und den daraus resultierenden therapeutischen Handlungsstrategien versucht, das eigene Technologiedefizit zu überwinden.

Die zunehmende Therapeutisierung der Pädagogik bei Verhaltensstörungen führt zu der grundsätzlichen Frage: Sind therapeutische Verfahren in pädagogischen Settings (z.b. im Unterricht) durch Pädagogen überhaupt angemessen anwendbar und erfordern diese dann eine therapeutische Zusatzqualifikation? Oder wird es bei der Adaption therapeutischer Ansätze notwendig, diese für das spezifische Setting von Schulunterricht zu modifizieren (vgl. ausführlich: Goetze 2010)? Der anhaltende Boom von Trainingsverfahren kann vor diesem Hintergrund durchaus als ein handlungspraktischer Kompromiss verstanden werden: Trainingsprogramme erscheinen häufig als in ihrer Reichweite reduzierte Therapieverfahren, die für das pädagogische Setting adaptiert und transformiert werden und dabei auf bestimmte Verhaltensweisen oder Kompetenzbereiche zugeschnitten sind. In der Folge werden pädagogisch zu formulierende Erziehungsziele zunehmend atomisiert: Der einzelne Mensch wird zerlegt; Kinder und Jugendliche werden so weniger zu den Adressaten von umfassenden Erziehungs- und Bildungsprozessen, sondern zu Trägern bestimmter Eigenschaften, die es punktgenau zu verändern gilt (Abtrainierung des Problemverhaltens, Antrainierung erwünschter Kompetenzen). Der Blick auf eine sich einem Bildungsideal verpflichtet fühlende pädagogische Reflexion verliert an Bedeutung auf dem Markt der Interventionsverfahren, die einfache Lösungen für komplizierte Sachverhalte versprechen (etwa: Hartke & Vrban 2008).

Pragmatismus und Utilitarismus kennzeichnen die Maximen der zeitgenössischen Pädagogik und diesem Zeitgeist fallen erziehungsphilosophische Traditionen anheim:

> Die Gefahr liegt dabei in der Vernachlässigung der ideologiekritischen Funktion des grundlegenden pädagogischen Denkens. Verführerisch sind hier ‚erfolgreiche' oder Erfolg versprechende Konzeptionen, die einer pragmatischen Spielart von Erziehung huldigen, deren Hauptmaxime das ‚it works' ist und die versucht mit speziellen Programmen Probleme zu beseitigen. Aggressionen werden mit Anti-Aggressionsprogrammen bekämpft, Streitschlichterprogramme sollen für friedvolle Zustände auf den Schulhöfen sorgen, Aufmerksamkeitstrainingsprogramme sind populär – die Liste lässt sich fortsetzen. (Schad 2008, S. 33 f.)

„Sonderpädagogische Förderung" als Ersatzrhetorik? Parallel zu den Psychologisierungs- und Therapeutisierungstendenzen hat sich in der Sonderpädagogik in den letzten zwei Jahrzehnten mit dem Begriff der sonder-

pädagogischen Förderung eine Terminologie durchgesetzt, die der Profession suggeriert, wieder ein Stück Eigenständigkeit zurück zu gewinnen: Der Begriff scheint nicht nur eine explizit pädagogische Aufgabenstellung zu betonen, wodurch er eine Abgrenzung gerade zu therapeutischen Maßnahmen ermöglicht, sondern er ist – oberflächlich betrachtet – geradezu zum Inbegriff des professionellen Selbstverständnisses hypostatisiert.

Allerdings offenbart sich der Begriff bei genauerer Betrachtung einerseits als bloße Leerformel, die eine Projektionsfläche für alle möglichen kindzentrierten Interventionen darstellt, und andererseits erweist sich die Einengung sonderpädagogischer Unterstützungsleistungen auf den Modus von Förderung als direkte Arbeit mit dem Kind als viel zu eng gefasst (vgl. Willmann 2008).

Besonders bedenkenswert ist der Umstand, dass das terminologische Artefakt der sonderpädagogischen Förderung genuin pädagogische Begriffskonzepte (Bildung, Erziehung, Didaktik) in den Hintergrund gedrängt hat. Pädagogische Grundkategorien erhalten also mittlerweile nicht nur Konkurrenz durch medizinische, psychologische und therapeutische Begriffe, sondern sie werden auch aus der eigenen Disziplin heraus verwässert.

3. De-Psychologisierung und sonderpädagogische Professionalisierung

Es soll nicht in Frage gestellt werden, dass vielen therapeutischen Interventionsansätzen nachweislich ein großer Stellenwert für die Unterstützung von Kindern und Jugendlichen mit schweren emotionalen Verstörungen und gravierenden Verhaltensproblemen zukommt. Aber diese Verfahren sind nicht in der Lage, den genuin (sonder-)pädagogischen Auftrag von Bildung und Erziehung auszufüllen. Die Pädagogik bei Verhaltensstörungen kann sich also gerade nicht vorrangig unter Bezugnahme auf diese fachfremden Perspektiven definieren. Sie bedarf viel mehr einer eigenen pädagogischen Position, von der aus eine Integration der Forschungsergebnisse und Interventionsmodelle anderer Fachdisziplinen erfolgen kann und muss.

So ist auch die Forderung nach einer De-Psychologisierung zu verstehen: „Für den Arbeitsbereich der Sonderpädagogik besteht der Bedarf, sich zu ‚de-psychologisieren' und sich selbst von dem Irrtum bestimmter psychologischer Praktiken und Prozeduren zu befreien." (Forness & Kavale 1987, S. 2; Übersetzung des Autors)

Klinisch-psychologische und therapeutische Ansätze können mit Speck (1996, S. 238) als „Hilfsmittel der Erziehung", also eine Art „Erziehungshilfe" verstanden werden; sie sind aber nicht gleichzusetzen mit Pädagogik. Erziehung unterscheidet sich als ubiquitäre Handlungspraxis von der Therapie als äußerst spezialisiertes Handlungsgeschehen:

> Erziehung ist prinzipiell indispensibel. ‚Auch' jedes Kind mit Verhaltensstörungen ist auf Erziehung angewiesen. Diese Bedürftigkeit ist ihm mit allen Kindern gemeinsam. Die Gemeinsamkeit ist unaufhebbar. Erziehung ist ein immanenter Vorgang zwischen Menschen, der darauf gerichtet ist, den heranwachsenden Menschen in seiner Persönlichkeit und seinen sozialen Bezügen zu fördern. Dieses Erfordernis wird durch das Vorliegen einer ‚Verhaltensstörung' nicht neutralisiert, im Gegenteil: Die erzieherischen Bemühungen müssen intensiviert werden. Diese Verstärkungen und Differenzierungen im Handeln ließen sich sicherlich auch als therapeutische bezeichnen, aber eben nicht der Gesamtvorgang. Während Therapie je nach Indikation etwas Zusätzliches darstellt, ist Erziehung immer gegeben. (Speck 1979, S. 106)

Gleichzeitig ist gegen alle Interventionseuphorie einzuwenden, „dass Erziehungshilfe und Therapie eben nicht in der Lage sind, alle Erziehungsschäden zu beseitigen. Es sind nicht alle sozialen Felder, von denen Wirkungen auf Kinder ausgehen, pädagogisierbar oder therapierbar. Die Öffentlichkeit gibt sich einer Illusion hin, wenn sie glaubt, dass sich an Kindern und Jugendlichen alles heilen ließe, was durch die Erwachsenen dieser Gesellschaft ihnen an Schaden zugefügt wird. Schon jetzt drehen sich viele spezielle pädagogisch-therapeutische Dienste um sich selber" (Speck 1996, S. 198) und gleichen einer „Endlosschraube".

Für die Sonderpädagogik besteht daher der dringende Auftrag einer Vergewisserung über die eigenen Zuständigkeiten und der Klärung des eigenen professionellen Selbstverständnisses. Dabei kann sich sonderpädagogische Professionalität aus zwei Quellen speisen, die sich als eine eher expertenhafte und eine eher perspektivenorientierte Ausrichtung bestimmen lassen: Sonderpädagogen können sich als Experten für den Umgang mit bestimmten Behinderungen verstehen, die über ein hochspezialisiertes und exklusives Wissen verfügen. Ein solches Selbstverständnis mag in Bezug auf bestimmte Behinderungsformen (gerade Sinnesbeeinträchtigungen) zweifelsohne angemessen erscheinen, erweist sich aber im Bereich der Pädagogik bei Verhaltensstörungen als trügerisch, weil die Expertise zur Behandlung von „Verhaltensstörungen" nicht in der Pädagogik verortet ist, sondern im klinischen Bereich (Kinder- und Jugendpsychiatrie und -psychotherapie). Das legt ein anderes professionelles Selbstverständnis nahe: Sonderpädagogik ist demnach keine besondere Pädagogik, sondern eine besondere Perspektive, die sich explizit mit spezifischen Problemlagen (z.b. schulischen Lern- und Verhaltensschwierigkeiten) auseinandersetzt. In der Erziehungshilfepädagogik geht es daher ganz grundlegend um „die Reflexion über ‚Problemkinder' und über festgefahrene Konfliktlagen im pädagogischen Feld, für die neue Perspektiven entwickelt werden müssen" (Göppel 2002, S. 112 f.). Damit thematisiert sie „nicht nur die Schwierigkeiten, die dieses Kind oder der Jugendliche hat und macht, sondern sie thematisiert in ihrem Kern das Verhältnis Erzieher-Kind und ist damit eine beziehungs- und wertorientierte Wissenschaft." (Schad 2008, S. 34)

4. Zur Formulierung einer pädagogischen Position

Die angemahnte Rückbesinnung auf eine pädagogische Reflexion erschwerter Erziehungssituationen muss auf verschiedenen Ebenen ansetzen, von denen einige abschließend umrissen werden sollen.

(1) Pädagogische Grundbegriffe: Wie schon der Verhaltensgestörtenbegriff, ist auch der Begriff der Erziehung (und mitgemeint sind immer auch korrespondierende „Erziehungsschwierigkeiten") ein Kontingenzbegriff (Gudjons 2008, S. 183 ff.), der sich einer einheitlichen Definition entzieht, obwohl ein jeder sehr konkrete Vorstellungen davon hat, was damit gemeint sein könnte. Für die Erziehungshilfepädagogik wäre es tunlichst angezeigt, zu pädagogischen Grundbegriffen zurück zu finden, um „Verhaltensstörungen" in eigenen disziplinären Leitkategorien zu beschreiben und hieraus Konsequenzen für das erzieherische Handeln abzuleiten.

(2) Pädagogik als normative Wissenschaft: Erziehung ist nicht wertfrei, sondern impliziert immer eine Bezugnahme zu Werte- und Normfragen: „Erziehung muss werten" (Speck 1996, S. 25). Mit Reiser (2006, S. 30) lässt sich die pädagogische Position als die „Vertretung von Werten" beschreiben. Damit wird es zugleich notwendig, über die eigenen Wertepositionen nachzudenken, gerade weil diese sehr stark aus persönlichen Erfahrungen und Sichtweisen resultieren, also in ihrer Letztbegrün-

dung subjektiv sind. Professionelle Pädagogik unterscheidet sich von der naturwüchsigen Erziehung im Elternhaus gerade über den Anspruch, die eigene pädagogische Position durch eine kritische Reflexion der eigenen Grundhaltungen und Werte zu begründen. Die Normativität der Pädagogik zeigt sich nicht nur im Vollzug erzieherischer Handlungspraxis, sondern auch allgemein bei der abstrakten Bestimmung der Zielsetzungen von Erziehung:

> Man sieht deutlich, dass die Pädagogik angewiesen ist auf philosophisch-ethische Grundlagenreflexion, ohne die die Ziel-, Norm- und Grundwertproblematik nicht geklärt werden kann. Doch Werte bleiben in der Erziehung kontrovers .(Gudjons 2008, S. 190)

(3) Respezifikation des Erziehungszieles: Aus Sicht einer Pädagogik bei Verhaltensstörungen lässt sich kein spezieller Erziehungsauftrag formulieren; auch für Kinder und Jugendliche in erschwerten Erziehungsprozessen und mit psychischen Problemen und „Verhaltensstörungen" gelten im Allgemeinen die gleichen Zielsetzungen wie für Kinder und Jugendliche ohne erkennbare Probleme dieser Art (Speck 1979, S. viii). Dabei stellt der Autonomiebegriff einen der zentralen pädagogischen Schlüsselbegriffe bereit (vgl. Mollenhauer 1968), aus dem sich das Erziehungsziel ableiten lässt. Der Weg der „Erziehung zu Mündigkeit und gegenseitiger Verantwortung" (Speck 1996, S. 83) führt über die *Erziehung zur Autonomie*.

Mit dem Moralbegriff kommt eine weitere Kategorie ins Spiel, die in der Pädagogik in Vergessenheit geraten scheint:

> Aus der Einsicht, dass sich Autonomie als Selbsteinbindung des Menschen in das Moralische nicht aus sich selbst entwickelt, sondern vermittelt werden muss, folgert, dass das Moralische, also Werte und Normen, geprüft, begründet und vertreten werden müssen. Die Aufgabe der Erziehung besteht darin. (Speck 1996, S. 179)

Erziehung zielt aber nicht nur auf Autonomie und Emanzipation, sondern auch auf soziale und personale Integration. Während sich mit dem Problem der Regel- und Normüberschreitung eher Disziplinschwierigkeiten beschreiben lassen, die im Unterricht meist offensichtlich sind (z.B. als Unterrichtsstörungen), spricht der Integrationsbegriff eine weiterreichende Ebene an, denn die Verhaltensprobleme drohen in der Konsequenz zu personalen und sozialen Desintegrationsprozessen zu führen. Erziehung droht zu scheitern. Folgen wir dieser Argumentation, dann lassen sich Verhaltensstörungen aus pädagogischer Sicht über die Bestimmung des Erziehungszieles reformulieren:

> Wenn im pädagogischen Feld von Verhaltensstörungen die Rede ist, so liegen Verhaltensweisen vor, die pädagogisch so zu beurteilen sind, dass sie das Erreichen des Erziehungszieles erschweren oder gefährden. (Speck 1979, S. 3)

(4) Antinomien der postmodernen Erziehung: Allerdings scheint es in der Gegenwart zunehmend schwieriger zu werden, pädagogische Werte und Normen zu vertreten:

> Die Frage ist, wie man sich angesichts der freigesetzten normativen Vieldeutigkeit der Wirklichkeit dem Kind gegenüber normativ verhalten soll. Viele Erzieher, professionelle und Eltern, neigen angesichts der allgemeinen normativen Unsicherheit und Vielfalt dazu, sich eines verbindlichen, moralischen Standpunktes zu enthalten. Es ist aber fraglich, sich in der Erziehung ‚der Stimme zu enthalten'. (Speck 1996, S. 180)

In der nachhaltigen Verunsicherung vieler Erwachsener und einer zunehmend grassierenden Erziehungsvergessenheit (Ahrbeck 2004) liegen wichtige Gründe für die gegenwärtige Krisenrhetorik, die in allen Bereichen chaotische Erziehungsverhältnisse diagnostiziert und damit auch dazu beiträgt, dass Erziehungsschwierigkeiten in der Problemwahrnehmung von Lehrern deutlich zugenommen haben. So lässt sich gerade auch in der Schule ein moralischer Relativismus erkennen (Speck 1996, S. 180), der auf eine veränderte schulische Erziehungspraxis als Folge gesamtgesellschaftlicher Irritationen zurückgeführt werden kann.

5. Ausblick

Der schulische Umgang mit schwierigen Schülern stellt sich dar als eine der großen Herausforderungen an die Schule der Gegenwart. Unter den zunehmend chaotisch erscheinenden Erziehungsbedingungen ist die Schule mit ihrem Erziehungsauftrag zunehmend überfordert. Zugleich ist aber ungeklärt, inwieweit Schule überhaupt die Funktion einer korrigierenden Erziehung erfüllen kann. Dabei zeigen sich spezielle strukturlogische Probleme, denn Schülerverhalten wird im schulischen Kontext häufig erst dann „auffällig", wenn es die Unterrichtsroutinen sabotiert. Die in der Schulpädagogik vorherrschende Problemwahrnehmung bildet das Phänomen also vorzugsweise in der Kategorie von Unterrichtsstörungen ab, was nicht unproblematisch ist, weil damit in erster Linie externalisierende Verhaltensauffälligkeiten, nicht aber auch internalisierende emotionale Probleme in den Fokus geraten.

Emotionale Verstörungen und problematische Verhaltensweisen von Kindern und Jugendlichen führen zu hohen psychischen Belastungen bei allen Beteiligten (den Mitschülern, Lehrkräften und den Problemschülern selbst) und erzeugen einen gesteigerten Bedarf an Unterstützungsmaßnahmen. Der schulischen Erziehungshilfe kommt in diesem Zusammenhang eine zentrale Aufgabe zu. Die Ausgangslage für die sonderpädagogische Unterstützung ist eine *pädagogische* Reflexion. Im Mittelpunkt der Betrachtung steht hier, wie sich die Verhaltensauffälligkeiten im pädagogischen Setting bemerkbar machen, welche Folgen sich für das erzieherische Handeln ergeben und mit welchen bisherigen erzieherischen Mitteln versucht wurde, diese Probleme in den Griff zu bekommen. Durch die pädagogische Reflexion verbleibt die Problemanalyse (zunächst) im Zuständigkeitsbereich der Pädagogik und der traditionelle quasi-Automatismus der Aussonderung von Problemschülern wird durchbrochen.

Das entbindet die Sonderpädagogik aber nicht von der Notwendigkeit, in jedem Einzelfall genau zu prüfen, inwieweit die Erziehungsschwierigkeiten auch mit besonderen Beeinträchtigungen des jeweiligen Schülers zusammenhängen, wann eine klinische Diagnostik und Therapie indiziert ist und externe Unterstützungssysteme einzubeziehen sind. Gerade um für die relativ kleine Gruppe der Schülerinnen und Schüler mit schweren Störungen im emotional-sozialen Bereich die notwendigen intensiven pädagogisch-therapeutischen Hilfen bereitzustellen, scheint es angemessen, den inflationären Gebrauch des Verhaltensgestörtenbegriffs im schulpädagogischen Kontext einzudämmen und nicht jedwede Form von auffälligen Verhaltensweisen und Unterrichtsstörungen mit dem Störungsbegriff zu belegen. Für die Charakterisierung des erheblich größeren Teils der Schülerinnen und Schüler im Förderschwerpunkt Emotionale und soziale Entwicklung erweist sich das klinische Begriffskonzept als unangemessen, da in den meisten Fällen nicht von pathologischen Entwicklungen auszugehen ist. Es ist die unhinterfragbare professionelle Verantwortung von Schul- und Sonderpädagogik, sich diesen erzieherischen Herausforderungen zu stellen und diese Probleme nicht zu delegieren.

6. Literatur

Ahrbeck, Bernd (2004*). Kinder brauchen Erziehung. Die vergessene pädagogische Verantwortung.* Stuttgart: Kohlhammer.

Forness, Steven R. & Kavale, Kenneth A. (1987). De-Psychologizing Special Education. In: Robert B. Rutherford, Sarup R. Mathur & Naomi A. Schoenfeld (eds.), *Severe Behavior Disorders of Children and Youth* (pp. 2–14). Boston: Little, Brown &Company.

Goetze, Herbert (2010). Förderung und Therapie. In: Bernd Ahrbeck & Marc Willmann (Hrsg.), *Pädagogik bei Verhaltensstörungen. Ein Handbuch* (S. 278–287). Stuttgart: Kohlhammer.

Göppel, Rolf (2002). *Wenn ich hasse, habe ich keine Angst mehr. Psychoanalytisch-pädagogische Beiträge zum Verständnis problematischer Entwicklungsverläufe und schwieriger Erziehungssituationen.* Donauwörth: Auer.

Göppel, Rolf (2008). Grenzen der Erziehung – Erziehung an den Grenzen – Erziehung durch Grenzen. In: Helmut Reiser, Andrea Dlugosch & Marc Willmann (Hrsg.), *Professionelle Kooperation bei Gefühls- und Verhaltensstörungen. Pädagogische Hilfen an den Grenzen der Erziehung* (S. 45–66). Hamburg: Kovač.

Gudjons, Herbert (2008). *Pädagogisches Grundwissen. Überblick – Kompendium – Studienbuch.* 10. Aufl. Bad Heilbrunn: Klinkhardt.

Hartke, Bodo & Vrban, Robert (2008). *Schwierige Schüler – was kann ich tun? 49 Handlungsmöglichkeiten bei Verhaltensauffälligkeiten.* Buxtehude: Persen.

Hillenbrand, Clemens (2008). *Einführung in die Pädagogik bei Verhaltensstörungen.* 4. Aufl. München: Reinhardt.

Holtz, Karl-Ludwig (Hrsg.) (1980). *Sonderpädagogik und Therapie.* Rheinstetten: Schindele.

Mollenhauer, Klaus (1968). *Erziehung und Autonomie. Polemische Skizzen.* München: Juventa

Reiser, Helmut (2006). *Psychoanalytisch-systemische Pädagogik. Erziehung auf der Grundlage der Themenzentrierten Interaktion.* Stuttgart: Kohlhammer.

Schad, Gerhard (2008). Vom Verschwinden der Pädagogik im Wissenschaftsbetrieb der Verhaltensgestörtenpädagogik. In: Helmut Reiser, Andrea Dlugosch & Marc Willmann (Hrsg.). *Professionelle Kooperation bei Gefühls- und Verhaltensstörungen. Pädagogische Hilfen an den Grenzen der Erziehung* (S. 29–41). Hamburg: Kovač.

Schlee, Jörg (1993). Zur Problematik der Terminologie in der Pädagogik bei Verhaltensstörungen. In: Herbert Goetze & Heinz Neukäter (Hrsg.), *Pädagogik bei Verhaltensstörungen. Handbuch der Sonderpädagogik, Band 6* (S. 36–49). Berlin: Marhold.

Schleiffer, Roland (1995). Zur Unterscheidung von (Sonder)Erziehung und (Psycho)Therapie. In: *Sonderpädagogik, 25* (4), 193–204.

Schmid, Peter (1996). *Verhaltensstörungen aus anthropologischer Sicht. Elemente einer Psychologie und Pädagogik für Verhaltensgestörte.* Bern: Haupt.

Schön, Bärbel (2005). *Therapie statt Erziehung? Chancen und Probleme der Therapeutisierung pädagogischer Arbeit.* Frankfurt am Main: VAS.

Speck, Otto (1979). *Verhaltensstörungen, Psychopathologie und Erziehung. Grundlagen zu einer Verhaltensgestörtenpädagogik.* Berlin: Marhold.

Speck, Otto (1996). *Chaos und Autonomie in der Erziehung. Erziehungsschwierigkeiten unter moralischem Aspekt.* München: Reinhardt.

Willmann, Marc (2008). Sonderpädagogik als indirektes Unterstützungsmodell: Zur notwendigen Erweiterung des Begriffs der „sonderpädagogischen Förderung". In: *Sonderpädagogische Förderung, 53* (1), 82–87.

Willmann, Marc (2011). Psychopathie. In: Klaus-Peter Horn, Heidemarie Kemnitz, Winfried Marotzki & Uwe Sandfuchs (Hrsg.), *Klinkhardt Lexikon Erziehungswissenschaft. Band 3* (S. 44–45). Bad Heilbrunn: Klinkhardt.

Wimmer, Michael (1996). Zerfall des Allgemeinen – Wiederkehr des Singulären. Pädagogische Professionalität und der Wert des Wissens. In: Arno Combe & Werner Helsper (Hrsg.), *Pädagogische Professionalität. Untersuchungen zum Typus pädagogischen Handelns* (S. 404–447). Frankfurt am Main: Suhrkamp.

vii.

„Was hinter dem Verhalten steht"

*Pädagogische Beziehungsgestaltung
und ihre Reflexion im Unterricht
mit „schwierigen" Kindern*

> We live in a world that is full of emotions, some which we approve of and some we'd prefer not to acknowledge. Everyone has them. (Bowers 2006, S. 84).

Obwohl Emotionen einen Kernbestandteil menschlichen Seins ausmachen, wird ihnen in Schule und Unterricht vergleichsweise wenig Aufmerksamkeit gewidmet. Die Schule bietet keinen „emotionalen Raum" (Göppel et al. 2010); das Schulwesen hat im Bereich der „Bildung der Gefühle" (Dörr & Göppel 2003) offenbar einen seiner größten blinden Flecke. Gleiches gilt im Übrigen auch für den Aspekt der Körperlichkeit: Körper und Bewegung als Ausdrucksmittel für Gefühle und Emotionen stehen nicht auf dem Lehrplan und werden nicht einmal in den fachdidaktischen Hoheitsbereich des Sportunterrichts abgespalten. In der „ent-emotionalisierten" und „ent-körperlichten" Lernumwelt der Schule dominiert eine „verkopfte" Vermittlung abstrakter Lehrinhalte. Dabei setzt der Schulunterricht eine Symbolisierungsfähigkeit der Lernenden voraus, die gerade von Kindern mit emotionalen Schwierigkeiten häufig nicht zu leisten ist (Salmon & Dover 2011; Winnicott 2012).

1. Gestörte Schulen – gestörte Kinder? Zur Bedeutung von Emotionen für das Gelingen und Misslingen schulischer Lernprozesse

In der Tradition der Psychoanalytischen Pädagogik wird den Gefühlen eine zentrale Bedeutung für das Gelingen oder Scheitern schulischer Lernprozesse und für die Genese von emotional begründeten Lernstörungen zugewiesen (z.b. Dammasch & Katzenbach 2004; Eggert-Schmid Noerr, Pforr & Voß-Davies 2006; Salmen & Dover 2011). Auch in den modernen Neurowissenschaften finden sich für den engen Nexus von Emotionen und Kognitionen hinreichende Belege (Ciompi 1997; Damasio 2004; Deneke 2001; Hüther 2014). Empirisch lässt sich zudem eine hohe Koinzidenz zwischen schulischen Lern- und Verhaltensproblemen nachweisen (Cullinan & Epstein 2001). Den Zusammenhängen von „Emotionalität, Lernen und Verhalten" sollte in der Sonderpädagogik daher eine besondere Aufmerksamkeit zuteil werden (Bundschuh 2003).

Auch die moderne Schulpädagogik hat längst erkannt, dass schulisches Lernen nicht alleine als kognitiver Entwicklungsprozess zu betrachten ist. In ihrem Selbstverständnis jedoch als empirische Bildungswissenschaft ausgerichtet, folgt sie dem gegenwärtigen Zeitgeist: Als so genannte „evidenzbasierte" Pädagogik zielt sie auf eine Standardisierung des Unterrichts und folgt dabei einer fragwürdigen technologischen Vorstellung von Erziehung und Bildung (zur Kritik: Bellmann & Müller 2012). In der allgemeinen Didaktik und insbesondere in den Fachdidaktiken werden methodische Aspekte der Wissensvermittlung überbetont. Den emotionalen Aspekten der pädagogischen Beziehung und ihrer Bedeutung für das schulische Lernen, erst recht den unbewussten Gruppendynamiken im Klassenzimmer, wird kaum Beachtung geschenkt.

In der Sonderpädagogik werden didaktische Themen hingegen in enger Anlehnung an therapeutische Schulrichtungen verhandelt (Willmann 2006), wobei zunehmend lernpsychologische Ansätze die Fachdiskussion bestimmen. In der Folge stehen behaviorale Interventionsmethodiken hoch im Kurs und drohen, der psychodynamischen und humanistischen Tradition in der Pädagogik bei Verhaltensstörungen das Wasser abzugraben. Der Mainstream des Fachs wird dominiert von einer Interventionsmentalität, die in erster Linie auf eine Verhaltensanpassung zielt und ihre technische Operationalisierung in der gezielten Förderung spezifischer Kompetenzen sucht, etwa in Form von Trainingsprogrammen des Sozialverhaltens oder als Maßnahmen zur Förderung der emotionalen Intelligenz und behavioralen Literarität (Bieg & Behr 2005; Petermann et al. 2013; Rae 2007). Die Ausrichtung auf kindzentrierte Interventionsformate zielt auf eine oberflächliche Symptombehandlung, ohne die hinter dem gezeigten Verhalten liegenden emotionalen Verstörungen der Kinder und Jugendlichen hinreichend in den Blick zu nehmen (zur Kritik: Willmann 2012).

In der Unterrichtspraxis ist die Wahrnehmung der emotionalen Dimension von sozialen Auffälligkeiten und Verhaltensstörungen allerdings erheblich erschwert. Die Überkomplexität von Unterrichtsprozessen (Doyle 1986) verunmöglicht es der unterrichtenden Lehrkraft, sich eingehend mit den emotionalen Problemen ihrer Schülerinnen und Schüler zu beschäftigen, ja diese Probleme auch nur erkennen zu können, solange sich diese nicht unmittelbar aus dem Arbeitsverhalten im Unterricht erschließen lassen oder sich durch mangelhafte Lernleistungen offenbaren. Die Problemwahrnehmung von Lehrkräften ist vorrangig auf nach außen gerichtete Schwierigkeiten fokussiert, also solche Verhaltensweisen, die sich offen als „Unterrichtsstörungen" zeigen. Der emotionale Hintergrund und der latente Sinngehalt von Verhaltensauffälligkeiten bleiben im Unterricht meist im Verborgenen. Internalisierte Probleme werden oftmals gar nicht oder aber erst zu spät erkannt. Die innere Welt von Kindern und Jugendlichen ist für viele Lehrkräfte ein „dunkler Kontinent".

2. „Trainieren" oder „Verstehen"? – Pädagogische Grundpositionen in der Erziehung „schwieriger" Kinder

Die Erziehung und Bildung „schwieriger" Kinder stellt Schule und Lehrkräfte vor erhebliche Herausforderungen. Gerade in den Berichten aus dem Sonderunterricht wird immer wieder beklagt, wie wenig effektive Lern-Zeit von einer Unterrichtsstunde übrig bleibe, weil ein großer Teil der Zeit investiert werden müsse um erst einmal die sozialen Voraussetzungen für den Unterricht herzustellen. Der intensive Erziehungsbedarf lässt den Lehrplan und methodisch-didaktische Fragen häufig in den Hintergrund treten (Budnik, Unger & Fingerle 2003, S. 165ff.). Der Erziehung kommt eine vorrangige Stellung zu; sie markiert die „Kernaufgabe der Pädagogik bei Verhaltensstörungen" (Stein & Stein 2014, S. 82).

Die speziellen Erziehungsbedürfnisse der Lernenden [...], ihre häufig negativ gefärbten Schulerfahrungen, Leistungsrückstände, Lern- und Verhaltensprobleme und ihre individuellen Lernvoraussetzungen bestimmen die Gestaltung des Unterrichts. Daran orientieren sich auch die Stoffauswahl, die didaktischen Methoden sowie die individuellen Lern- und Leistungsanforderungen an die Schülerinnen und Schüler [...]. Die Betonung des Erziehlichen im Unterricht steht über didaktisch-methodischen Entscheidungen. Anders formuliert: Ohne eine deutliche Berücksichtigung emotionaler und sozialer Dimensionen bleibt unser Unterricht hochgradig riskant und letztlich inhaltsleer. (Budnik, Unger & Fingerle 2003, S. 165ff.)

Das Erziehungsprimat betont zugleich die Bedeutung der pädagogischen Beziehungsgestaltung: Erziehung findet in Begegnungen statt und setzt ein Sich-Einlassen voraus. Im pädagogischen Umgang mit „schwierigen" Kindern kommt daher der Beziehungsarbeit eine herausragende Bedeutung zu (Cooper, Smith & Upton 1994). Hillenbrand (2008, S. 229) spricht analog von einem „Primat der Beziehung".

Auf die Frage, *wie* die hiermit implizierte Intensivierung der pädagogischen Beziehungsarbeit auszusehen hat, gibt es – je nach anthropologischer Ausrichtung der pädagogischen Erklärungsmodelle und Handlungskonzepte – höchst unterschiedliche Antworten (Myschker & Stein 2014). In kritischer Betrachtung lässt der gegenwärtige Diskussionsstand in der Pädagogik durchaus „punitive Tendenzen" erkennen (Herz 2010, S. 184); nicht die Reflexion der pädagogischen Beziehungsarbeit, sondern technologische Fragen der Verhaltenssteuerung stehen im Mittelpunkt der Betrachtungen.

3. Trainieren und Disziplinieren – über pädagogische Interventionsmentalitäten

Der Mainstream der sonderpädagogischen Fachdiskussion in den USA folgt einer verhaltenswissenschaftlichen Ausrichtung. Die Genese von emotional-sozialen Schwierigkeiten und Verhaltensstörungen wird mithilfe lernpsychologischer Theorien erklärt und entsprechend dominiert eine Förderphilosophie, die auf evidenzbasierte Interventionsprogramme baut (Akin-Little et al. 2009; Yell el al. 2013) und Verfahren der Verhaltensmodifikation und des Classroom-Managements favorisiert (Kauffman et al. 2010; Kerr & Nelson 2009; Crone, Hawken & Homer 2010).

Eine vergleichbare Entwicklung lässt sich auch für die hiesige Sonderpädagogik beobachten. Der Markt wird überschwemmt mit Trainingsprogrammen, die einfache Lösungen für komplizierte Sachverhalte versprechen. Geboten werden Tipps und Tricks, wie die „49 Handlungsmöglichkeiten bei Verhaltensauffälligkeiten" von Hartke und Vbran (2010) oder der „Bußgeldkatalog Grundschule" mit „72 originellen Zusatzaufgaben bei Regelverstößen" (Jaglarz & Bemmerlein 2013) sowie Programme zum spielerischen Lernen von Verhaltensregeln (Hillenbrand & Pütz 2008).

Ansätze wie die Curriculumsbasierte Diagnostik (Walter 2009) und Response-to-Intervention (Hartke & Diehl 2013) zielen auf eine Gestaltung von Förderprogrammen, die ihre „Evidenzbasierung" vor dem Hintergrund des Kriteriums der wissenschaftlichen Messbarkeit erhalten, wobei sich die Frage aufdrängt, inwieweit durch die rein messtechnische Operationalisierung nicht der übergeordnete Bildungsauftrag und die umfassende Zielsetzung von Erziehung in den Hintergrund zu geraten drohen.

Viele der modernistischen Lösungsansätze für die Bearbeitung emotional-sozialer Schwierigkeiten in schulischen Lernprozessen zielen also letztlich auf eine Anpassung des Kindes an den Organisationsrahmen und die Zielvorgaben schulisch-institutionalisierter Lernprozesse und die damit verbundenen Vorstellungen von Normalität und Homogenität – Vorstellungen im Übrigen, die durch die gegenwärtige Inklusionsdiskussion erheblich ins Wanken geraten. Es ist mehr als fraglich, ob hiermit tatsächlich, wie behauptet, die „Grundlage für einen inklusiven Paradigmenwechsel in der Sonderpädagogik" (Huber & Grosche 2012) geschaffen wird. Eher das Gegenteil scheint der Fall zu sein: Die aktuellen Interventionsprogramme tragen deutlich restaurative Züge. Die dominierende interventionistische Mentalität (Willmann 2014) zeigt deutliche Signaturen einer Dressurpädagogik, die sich in Anlehnung an Hügli (1999) als „Kontrollpädagogik" beschreiben lässt. Die aktuellen Entwicklungen in Theorie und Praxis der Pädagogik scheinen dabei allerdings neben den emotionalen Dimensionen einen weiteren entscheidenden Aspekt der Erziehung aus den Augen zu verlieren: Pädagogik findet in Beziehungen statt.

4. Pädagogisches Verstehen als Beziehungsangebot

Psychoanalytisch-orientierte Überlegungen zu Fragen der schulischen Erziehung und Bildung sowie der sonderpädagogischen Förderung im Bereich der emotional-sozialen Entwicklung (Barret & Trevitt 1991; Becker 1995; Crain 2005; Datler 1995; Geddes 2006; Reinstein 2006; Reiser 2006; Salmon & Dover 2011) beziehen sich auf die Überlegungen zur Objektbeziehungstheorie von Melanie Klein (1972) und Donald Winnicott (2008), auf die Containment-Theorie von Wilfried Bion (1992) und die Bindungstheorie von John Bowlby (2006) sowie auf die neueren Beiträge zur Selbstpsychologie in der Nachfolge von Heinz Kohut (1996).

Die der sonderpädagogischen Förderung inhärenten therapeutischen Aspekte (Caspari 2000; Cornwall & Walter 2006) werden programmatisch als schulweites Konzept, aber auch didaktisch diskutiert und reichen von grundsätzlichen Überlegungen zur Bedeutung der Psychoanalyse für Schule und Unterricht (z.B. Fröhlich & Göppel 2003; Hirblinger 2001) und zu ihrem Beitrag für eine Humanisierung schulischen Lernens (Cohn 2009; Sauter 1983; Singer 1983) über die Frage der Schaffung eines therapeutischen Milieus (Bettelheim 1990; Redl 1987) bis hin zur Ausgestaltung eines therapeutischen Unterrichts (Baulig 1982; Fitting & Kluge 1982; Grundke 1975; Neidhardt 1977; Reiser 1972).

Bei allen Unterschieden, die sich zwischen den jeweiligen Positionen finden, so liegt dennoch allen Beiträgen die gemeinsame Einsicht zugrunde, dass das psychoanalytische Verstehen einen Zugang zur emotionalen Innenwelt der Kinder ermöglicht und somit den Schlüssel für die pädagogische Beziehungsarbeit liefert.

> The teacher's understanding of the children's feelings towards him and towards each other, and of his feelings towards them is of fundamental importance. The better the teacher is able to understand these feelings, the more likely he is to succeed in this very difficult task. (Caspari 2000, S. 71)

Aus Sicht einer psychoanalytisch-orientierten Pädagogik muss die Beziehungsgestaltung also äußerst sensibel sein für die emotional-sozialen Hintergründe und die Psychodynamik von Verhaltensauffälligkeiten, die sich aus der Biographie des Kindes ergeben:

> Schwierige Kinder brauchen intensive persönliche Beziehungen, die sich als tragend und belastungsfähig erweisen. Und das nicht nur für kurze Zeit. Sie benötigen konturierte pädagogische Bezugspersonen, die sich ihnen auch in massiven Krisen- und Grenzsituationen stellen. Dazu bedarf es fundierter Kenntnisse und reflektierter Praxiserfahrungen: zur komplizierten inneren Dynamik dieser Kinder und ihren Inszenierungen, die Inneres nach Außen kehren und dadurch erfahrbar machen, zu den notwendigen pädagogischen Antworten, die das Kind innerlich erreichen und neue Beziehungserfahrungen und Einsichten ermöglichen. Das ist die Voraussetzung dafür, dass sich in ihnen selbst etwas ändert. (Ahrbeck 2006, S. 33)

Gerspach (1998, S. 78) schreibt über die Schwierigkeiten einer Arbeit mit diesen Menschen:

> Die Begegnung mit unseren basal gestörten Klienten lehrt uns, daß sie im Erleben ihres Selbst-Seins keine Stabilität gewinnen konnten, die ihnen ein realitätsgerechtes Tun erlaubte. Sie haben von Anfang an nie eine ausreichende Erfahrung von Übereinstimmung mit anderen Menschen gemacht. Diese Grundstörung erschwert es ihnen oder macht es ganz unmöglich, sich – vor allem unter Anspannung – angemessen im Lot zu halten. Deshalb ist es unsere Aufgabe, ihnen eine mütterlich-haltende Beziehung anzubieten, die es ihnen gestattet, sich in ihrem Selbst-Sein spüren zu dürfen, ohne sich beständig von Vernichtung bedroht zu fühlen.

Grundvoraussetzung des „holding" und „containing" ist eine pädagogische Beziehungsgestaltung, die einen emotionalen Raum schafft, der dem Kind Sicherheit, Geborgenheit und Vertrauen vermittelt:

> This atmosphere of trust is particularly important for special education because the hostile feelings of these children are often more intense and less easy to control than those of children who are not handicapped. (Caspari 2000, S. 79)

Die Intensivierung der pädagogischen Zuwendung setzt gleichzeitig ein hohes Maß an pädagogischem Engagement voraus: Die Erzieherin bzw. der Erzieher stellt sich als Person zur Verfügung und bietet eine hinreichend gute pädagogische Beziehung an, die einen haltenden Rahmen schafft (Salmon & Dover 2011). Die damit einhergehende emotionale Nähe führt allerdings zu einer persönlichen Verstrickung der Erzieherin bzw. des Erziehers, die bei emotional-sozialen Schwierigkeiten schnell eine ganz eigene Dynamik entfalten kann, insbesondere deshalb, weil die von den Kindern geäußerten Emotionen von großer Destruktivität sind und unbewusste Abwehrreaktionen hervorrufen. Aus psychodynamischer Sicht kann sich die Erzieherin und der Erzieher nur dann aus der emotionalen Verstrickung wieder „*ent*"-wickeln, wenn sie/er die eigene Gegenübertragung wahrnimmt. Aus dem Erkennen und Verstehen der eigenen emotionalen Anteile ergibt sich eine veränderte Perspektive auf die Interaktion mit dem Kind, die keine technologische Handlungsanleitung liefern kann, aber neue pädagogische Handlungsspielräume anzuregen vermag (Trescher 1993).

5. Persönliche Haltung und pädagogische Beziehung im Spiegel empirischer Schul- und Unterrichtsforschung

In den Beschreibungen des spezifischen Aufgabenprofils von Lehrkräften für den Unterricht bei Verhaltensstörungen wird den Beziehungskompetenzen sowie der persönlichen Haltung der Pädagoginnen und Pädagogen ein besonderer Stellenwert eingeräumt (z.b. Benkmann & Ostermann 1991; vds 2008; Spiess 2009).

Der Zusammenhang zwischen der persönlichen Haltung, personalen und sozialen Kompetenzen sowie der Ausgestaltung der pädagogischen Beziehung wird auch durch Ergebnisse der empirischen Schul- und Unterrichtsforschung belegt. Nach einer aktuellen Studie von Weiß, Kollmannsberger und Kiel (2013) werden den Lehrkräften im Unterricht bei Verhaltensstörungen nicht nur besondere Kommunikations- und Beziehungskompetenzen sowie eine Fähigkeit zur kritischen Reflexion der pädagogischen Beziehung abverlangt, sondern insbesondere auch eine ausgeprägte empathische Haltung sowie die Übernahme eines advokatorischen Mandats für Kinder ohne Lobby:

> Dies schließt ebenfalls ein, nicht nur die Schülerinnen und Schüler, sondern auch deren Eltern zu akzeptieren und zu verstehen. Dies ist besonders dann eine Herausforderung, wenn Schülerinnen und Schüler wie auch Eltern Anschauungen und Werthaltungen haben, die mit den eigenen nicht übereinstimmen oder mit diesen kollidieren. (Weiß, Kollmannsberger & Kiel 2013, S. 180)

Die vorliegende Studie bestätigt ältere Forschungsergebnisse aus dem angloamerikanischen Raum. Aus einer Zufallsstichprobe zu den speziellen pädagogischen Konzepten der schulischen Förderung für „emotional gestörte Kinder" in den 1950er Jahren resümieren Morse, Cutler und Fink (1964, S. 60), dass der pädagogischen Grundhaltung eine besondere Bedeutung zukommt: Neben „Wärme" (Liebe zu den Kindern), Verständnis, Empathie, Sensibilität und persönlicher Stabilität der Lehrkräfte werden Vertrauen, Ermutigung und Sinn für Humor genannt. Aspy und Roebuck (1977) kommen in ihrer Forschungsarbeit zu dem Schluss, dass sowohl der Lernerfolg als auch das Sozialverhalten von Schülerinnen und Schülern sich positiv entwickeln, wenn sie die Lehrkraft als verständnisvoll, fürsorglich und authentisch wahrnehmen. Im Rahmen einer landesweiten Studie in England und Wales wurden Ende der 1970er Jahre 114 Schulen für Kinder mit emotional-sozialen Schwierigkeiten untersucht. Nach Selbsteinschätzung der befragten Lehrkräfte rangieren unter den personalen Qualitäten, die als wichtig für die Arbeit mit „schwierigen" Kindern erachtet werden, die „Reife der Persönlichkeit" und „Wärme" (im Sinne von Akzeptanz, Empathie und Fürsorglichkeit) mit Abstand vor den didaktischen Kompetenzen (Dawson 1980, S. 24). Die Forscher interpretieren die Qualität der pädagogischen Beziehung als den entscheidenden Faktor (Wilson & Evans 1980, S. 157), wobei sich eine positive Beziehungsgestaltung vor allem auf dem Bemühen der Lehrkräfte um Einsicht in und Verständnis für die Probleme der Kinder gründet (ebd., S. 167).

6. Sonderpädagogisches Fallverstehen als „Beziehungsdiagnostik"

Die Psychoanalytische Pädagogik gründet sich auf subjektiven Verstehensleistungen, die eine „Ent-Wicklung" aus der emotionalen Verwicklung in pädagogischen Situationen ermöglichen: Die emotionalen Hintergründe und Motivlagen und der sich im gezeigten Verhalten nur oberflächlich abbildende subjektive Bedeutungsgehalt lassen sich nicht „objektiv" messen, sondern bedürfen eines subjektlogischen Zugangs. Es geht nicht um den naiven Versuch einer vermeintlich objektiven Messung von Verhaltensweisen, sondern in einem umfassenden Sinn um das „Sehen und Verstehen von Verhaltensstörungen" (Mutzeck 2007; Cooper 1999). Für eine psychoanalytisch-orientierte Pädagogik bei Verhaltensstörungen liegt im Verstehen der Innenwelt der Kinder gewissermaßen eine „anthropologisch geforderte Bringschuld" (Gerspach 1998, 74).

Diese Position liegt allerdings quer zu den gegenwärtigen Entwicklungen in der Fachwissenschaft, die sich in ihrem Mainstream an positivistischen Ansätzen der Diagnostik und Förderung orientiert (kritisch hierzu: Willmann 2015). Dabei zeigt sich der aktuelle Diskussionsstand nicht widerspruchsfrei: Während sich die Herausforderungen an eine „inklusive Diagnostik" zunehmend konkretisieren (Schäfer & Rittmeyer 2015), wird gleichzeitig der Standardisierung diagnostischer Methoden und Verfahrensweisen im Zuge der Orientierung an einer evidenzbasierten Förderpädagogik wachsende Bedeutung beigemessen. Folglich werden vermeintlich „objektive" Diagnoseinstrumente entwickelt, die eine fragwürdige Messgenauigkeit vortäuschen und dabei die subjektive Dimension kategorisch ausblenden.

> Behaviourism and positivism were perhaps too heavily embedded in psychology, in whose province emotions appear to lie [...]. While we can observe behaviours (scientifically respectable), we can only assume or infer emotions (not so respectable). To understand feelings we must rely on subjective reports, and science has for a long time abhorred subjectivity. (Bowers 2006, S. 83)

Die Frage nach angemessenen diagnostischen Strategien und ihren Implikationen für die sonderpädagogische Förderung hängt eng zusammen mit den zugrunde liegenden theoretischen Präferenzen. Die verschiedenen Ansätze zur Erklärung und Behandlung von emotional-sozialen Schwierigkeiten und Verhaltensstörungen unterscheiden sich in ihren anthropologischen Grundannahmen (Mutzeck 2000, S. 31ff.), und in Abhängigkeit von der jeweiligen Orientierung an einem bestimmten „Menschenmodell" variiert auch die pädagogische Beziehungsform (Körner & Ludwig-Körner 1997, S. 33). Während positivistische Ansätze der Innenwelt kaum mehr einen Raum zumessen, zielen Ansätze einer verstehenden Diagnostik gerade auf die Rekonstruktion von Sinn und Bedeutung.

Aus Sicht einer Psychoanalytischen Pädagogik ist den emotionalen Bedeutungsgehalten ein zentraler Stellenwert einzuräumen. Erzieherisches Handeln findet demnach in pädagogischen Beziehungen statt, die entscheidend durch latenten Sinngehalt geprägt sind. Die psychodynamische Grundannahme lautet: Emotionen und Gefühle beeinflussen das Verhalten und Handeln und sind dabei größtenteils unbewusst. Im Unterschied zum gezeigten Verhalten lassen sich allerdings die unbewussten Motivlagen des Handelns, die Gefühle und Emotionen nicht von Außen beobachten, sondern sie bedürfen eines inneren, verstehenden Beobachterstandpunktes, der Introspektion.

Aus dem Blickwinkel einer Psychoanalytischen Pädagogik sind Verhaltensstörungen als Beziehungsstörungen zu betrachten, und die pädagogische Diagnostik muss an diesem Punkt ansetzen: Sie ist als eine *Beziehungsanalyse* zu verstehen, die nicht nur das Kind, sondern auch die Erzieherin bzw. den Erzieher in den Blick nimmt. Die pädagogische Verstehensleistung liegt in der Suche nach unbewussten Motiven und emotionalen Reaktionen begründet, die sich in der pädagogischen Beziehung einstellen und die das Verhalten und Handeln beeinflussen. Ein solches pädagogisches Verstehen macht es erforderlich, die eigenen Gefühle wahrzunehmen, „die Störung (auch) bei sich selbst [zu] suchen" (Gerspach 1998, S. 71).

> Die Annäherung an das Unnahbare im Anderen verlangt nach der Reflexion der eigenen Empfindungen. Sie erst setzt den Zugang zum Anderen frei. In uns wird der Impuls, der Abschottung gegen das Andere und Fremde erweckt, welches uns abstößt weil es uns nur allzu vertraut ist [...]. Wir grenzen uns ab, indem wir dieses Unheimliche heimlich in Begriffe – Störung – stecken. Die Störung des Anderen macht selbst Angst. (Gerspach 1998, S. 82)

Für die Sonderpädagogik resultiert hieraus ein verändertes Grundverständnis des diagnostischen Auftrags. Die psychodynamische Perspektive betont einen kasuistischen Zugang, wie er insbesondere die sozialpädagogische Fallarbeit prägt (Braun, Graßhoff & Schweppe 2011), die in den sozialpädagogischen Diagnosen (Mollenhauer & Uhlendorff 1992; 1995) und der psychoanalytisch-orientierten sozialpädagogischen Kasuistik (Müller 1995) eine lange Tradition hat. Der Übertrag auf die Förderung im Kontext des schulischen Erziehungs- und Bildungsauftrags mündet in der Ausrichtung des diagnostischen Auftrags auf ein „sonderpädagogisches Fallverstehen" (Dlugosch 2004), dessen Relevanz für sonderpädagogische Fragestellungen in den Fallstudien von Freyberg und Wolff (2005; 2006) eindrücklich belegt wird.

Der Schlüssel für die „Ent-schlüsselung" des subjektiven Sinns auffälliger Verhaltensweisen liegt in den unbewussten emotionalen Motivlagen begründet. Das Sich-Einlassen auf die Welt der Kinder, der Versuch, die Motivlagen zu ergründen, auch wenn der Versuch des Verstehens unvollständig bleibt, ist gerade im Umgang mit „schwierigen" Kindern von großer Bedeutung.

> Even with imperfect understanding the *wish* to understand our children and ourselves in relationship to them has a profound effect on this relationship and on our ability to deal with troublesome children. Based on this kind of understanding each teacher will need to work out his own way of doing it, and in doing so will [...] help these troublesome children far more than rules and regulations could ever do, even if they could be devised. (Caspari 1976, S. 3)

Gerspach (1998, S. 71) betont deshalb: „Verstehen des zunächst Unverstandenen wird nur möglich, wenn wir uns auf eine Beziehung zu dem zu Verstehenden einlassen, aus der allein sich das sinnhaft Stimmige erschließt". Insofern ist das Nicht-Verstehen der erste Schritt des Verstehens (Reiser 1995, S. 178), dessen kritische Beobachtung die Erzieherin und den Erzieher auf sich selbst zurückwirft.

7. Pädagogische Konsequenzen

Wie lautet aber nun die erzieherische Auftragslage und was ist die pädagogische Zielsetzung? Was sollen Kinder mit Verhaltensproblemen in der Schule lernen, und wie? Lässt sich die emotional-soziale Entwicklung fördern durch die Verordnung von „Behavioral Literacy-Programmen" (Rae 2007)? Braucht es gar ein spezielles Curriculum, das emotionale Inhalte vermittelt (Hall 2003)? Zielt die Erziehung und Bildung „schwieriger" Kinder tatsächlich primär auf das Antrainieren spezifischer emotional-sozialer Kompetenzen und das Erlernen von Anpassung und Konformität – oder geht es womöglich um viel mehr?

Die Antwort auf die Frage hängt letztlich vom Verständnis des Erziehungs- und Bildungsauftrags ab. Folgt man dem Zeitgeist einer auf Standardisierung gepolten evidenzbasierten Pädagogik, erfüllt sich dieser Auftrag in der Vermittlung der entsprechenden Kompetenzen und es stellt sich lediglich die methodisch-didaktische, also technologische Frage, wie diese Kompetenzen zu lernen und zu lehren sind.

Legt man einen umfassenden Bildungsbegriff zugrunde, kann sich der pädagogische Auftrag allerdings nicht in der Vermittlung basaler emotional-sozialer Kompetenzen erschöpfen. Die Zielsetzung formuliert dann einen allseitigen Entwicklungsauftrag, der persönliches Wachstum des Kindes ermöglichen soll. Nach diesem Verständnis setzt Pädagogik eine Beziehung voraus, in der nicht ausschließlich oder vorrangig korrigierend auf das Verhalten des Kindes reagiert, sondern der subjektive Sinn, der dem gezeigten Verhalten unterliegt, verstanden und mit dem Kind dialogisch reflektiert wird. Das psychoanalytische Verstehen erschafft entsprechende „Beziehungsräume" für das erzieherische Handeln (Stemmer-Lück 2012).

Nach Rogers (1979, S. 13) werden signifikante Lernprozesse nur möglich, wenn der Lernende sich in ihnen persönlich (d.h. kognitiv *und* emotional) engagieren und sie mit Sinn und Bedeutung füllen kann. Die anthropologische Grundkonstante wird in der Eigenaktivität des Menschen gesehen und dem Wunsch, die Welt zu entdecken. Lernen wird also vor allem dann subjektiv sinnvoll, wenn es sich als selbst-initiierter und experimenteller Prozess frei entfalten kann. Die konventionelle Praxis von Schulunterricht, in der curricular festgeschriebene Wissensbestände durch didaktische Vermittlung angeeignet werden sollen, behindert, ja verunmöglicht häufig signifikante Lernprozesse. Um experimentelles Lernen zu fördern, muss sich das Selbstverständnis von Lehrkräften ändern; sie „vermitteln" kein Wissen, sondern sind „Lernförderer", die das eigenaktive Lernpotential der Schülerinnen und Schüler anregen, unterstützen und die Lernprozesse begleiten. Hierbei kommt der persönlichen Haltung der Lehrkraft (ebd., S. 104ff.) sowie der Beziehungsgestaltung, dem sich In-Beziehung-Setzen, eine außerordentliche Bedeutung zu (ebd., S. 213ff.).

Die Übertragung dieser Überlegungen auf den Unterricht bei Verhaltensstörungen konfrontiert uns mit dem besonderen Problem, dass Kinder und Jugendliche mit emotional-sozialen Schwierigkeiten aufgrund ihrer biographischen Erfahrungen, vor allem in Ermangelung der Verfügbarkeit verlässlicher Beziehungen zu erwachsenen Bezugspersonen, in ihren Lernzugängen und Aneignungsprozessen zur Außenwelt erheblich beeinträchtigt werden. Vor diesem Hintergrund wird in der Psychoanalytischen Pädagogik der Beziehungsgestaltung ein besonderer Stellenwert beigemessen. Die konkrete Ausgestaltung des Beziehungsangebots gründet sich im Wesentlichen auf der pädagogischen Grundhaltung der Pädagogin bzw. des Pädagogen, die in erschwerten Erziehungssituationen vor die besondere Herausforderung gestellt wird, in Folge der nach außen gerichteten Aggressionen und Destruktivität oder auch scheinbaren Teilnahmslosigkeit und Indifferenz der Kinder nicht in unreflektiertes Ausagieren zu verfallen oder aber in eigener Hoffnungslosigkeit und Resignation zu versinken.

Im Unterricht mit „schwierigen" Kindern sind gerade die erzieherischen Kompetenzen der Lehrkräfte gefragt. Insbesondere die Bereitschaft zur kritischen Selbstreflexion und die Fähigkeit, sich in die Innenwelt des einzelnen Kindes einzufühlen, um die „innere Logik" seiner Selbst- und Weltwahrnehmung zu verstehen ist elementar für eine lebenswelt- sowie problemorientierte Pädagogik, wie Beispiele aus der Schulpraxis eindrücklich belegen (z.b. Holt 2004; Hayden 1992; Kohl 1995). Getragen werden diese Fähigkeiten von der persönlichen Haltung und den Beziehungskompetenzen, die das pädagogische Handeln – gerade auch in Konfliktsituationen – bestimmen. Die Erziehung „schwieriger" Kinder stellt die Pädagogen vor die große Herausforderung, nach individuellen und situativ bedingten Lösungsansätzen zu suchen.

Gleichwohl lässt sich das pädagogische Anforderungsprofil auf einen einfachen Nenner bringen. In seinen Beschreibungen über die Arbeit an der Sonia Shankman Orthogenic School der Universität Chicago schreibt Bruno Bettelheim (1990, S. 22):

> Alles was der Erwachsene an unserer Schule tun muss, um dem Kind seine Sicherheit zurückzugeben, die von der Tatsache abhängt, dass Erwachsene es beschützen und wenn nötig, in Schach halten können, besteht darin, dass er er selbst ist und sich seinem Alter entsprechend verhält. Indem er einfach nur das tut, stellt er den Kindern ein Beispiel zu Verfügung, das sie nachahmen können. Zugleich stellt er die Geborgenheit des Kindes wieder her, die daher rührt, dass ein starker und tüchtiger Erwachsener sich um es kümmert.

8. Literatur

Ahrbeck, Bernd (2006). Das schwierige Kind: Innenwelt, äußere Realität, Verhaltensgestörtenpädagogik. In: Bernd Ahrbeck & Bernhard Rauh (Hrsg.): *Der Fall des schwierigen Kindes. Therapie, Diagnostik und schulische Förderung verhaltensgestörter Kinder und Jugendlicher* (S. 17–37). Weinheim; Beltz.

Akin-Little, Angeleque; Little, Steven G.; Bray, Melissa A. & Kehle, Thomas J. (Eds.) (2009). *Behavioral Interventions in Schools. Evidence-Based Positive Strategies.* Washington: American Psychological Association.

Aspy, David N. & Roebuck, Flora N. (1977). *Kids Don't Learn from People They Don't Like.* Amherst: Human Resource Development Press.

Barret, Muriel & Trevitt, Jane (1991). *Attachment Behaviour and the Schoolchild. An Introduction to Educational Therapy.* London: Routledge.

Baulig, Volkmar (1982). *Auffälliges Schülerverhalten. Pädagogische Maßnahmen auf ausagierendes Verhalten.* Weinheim: Beltz.

Becker, Ulrike (1995). *Trennung und Übergang. Repräsentanzen früher Objektbeziehung.* Tübingen: Ed. Diskord.

Bellmann, Johannes & Müller, Thomas (2012). *Wissen, was wirkt: Kritik evidenzbasierter Pädagogik.* Wiesbaden: VS Sozialwissenschaften.

Benkmann, Karl-Heinz & Ostermann, Jürgen (1991). Zur Beschreibung pädagogischer Leitideen von Lehrern im Bereich schulischer Erziehungshilfe. In: *Zeitschrift für Heilpädagogik*, 42 (12), 809–821.

Bettelheim, Bruno (1990). *Liebe allein genügt nicht. Die Erziehung emotional gestörter Kinder.* Stuttgart: Klett-Cotta.

Bieg, Sonja & Behr, Michael (2005). *Mich und Dich verstehen. Ein Trainingsprogramm zur emotionalen Sensitivität bei Schulklassen und Kindergruppen im Grundschul- und Orientierungsstufenalter.* Göttingen: Hogrefe.

Bion, Wilfried R. (1992). *Lernen durch Erfahrung.* Frankfurt am Main: Suhrkamp.

Bowers, Tony (2006). The forgotten „E" in EBD. In: Peter Clough, Philip Garner, John T. Pardeck & Francis K. O. Yuen (Eds.), *Handbook of Emotional & Behavioural Difficulties* (pp. 83–103). London: Sage.

Bowlby, John (2006). *Bindung und Verlust.* München: Reinhardt.

Braun, Andreas, Graßhoff, Ginther & Schweppe, Cornelia (2011). *Sozialpädagogische Fallarbeit.* München: Reinhardt.

Budnik, Ines, Unger, Nicole & Fingerle, Michael (2003). Arbeitsfelder der schulischen Erziehungshilfe. In: Günther Opp (Hrsg.), *Arbeitsbuch schulische Erziehungshilfe* (S. 145–199). Bad Heilbrunn: Klinkhardt.

Bundschuh, Konrad (2003). *Emotionalität, Lernen und Verhalten. Ein heilpädagogisches Lehrbuch.* Bad Heilbrunn: Klinkhardt.

Caspari, Irene (1976). *Troublesome Children in Class.* Boston: Routledge & Kegan Paul.

Caspari, Irene (2000). A psychodynamic view of the therapeutic opportunities of special education. In: Forum for the Advancement of Educational Therapy and Therapeutic Teaching (Ed.), *Learning and Teaching. The Collected Papers of Irene Caspari* (pp. 71–90). London: FAETT.

Ciompi, Luc (1997). *Die emotionalen Grundlagen des Denkens. Entwurf einer fraktalen Affektlogik.* Göttingen: Vandenhoeck & Ruprecht.

Cohn, Ruth C. (2009). *Von der Psychoanalyse zur Themenzentrierten Interaktion. Von der Behandlung einzelner zu einer Pädagogik für alle.* 16. Aufl. Stuttgart: Klett.

Cooper, Paul (Ed.) (1999). *Understanding and Supporting Children with Emotional and Behavioural Difficulties*. London: Jessica Kingsley Publishers.

Caspari, Irene; Smith, Colin J. & Upton, Graham (1994): *Emotional and Behavioural Difficulties: Theory to Practice*. Routledge: London

Cornwall, John & Walter, Craig (2006). *Therapeutic Education: Working Alongside Troubled and Troublesome Children*. London: Routledge.

Crain, Fitzgerald (2005). *Fürsorglichkeit und Konfrontation. Psychoanalytisches Lehrbuch zur Arbeit mit sozial auffälligen Kindern und Jugendlichen*. Gießen: Psychosozial.

Crone, Deanne A., Hawken, Leanne S. & Horner, Robert H. (2010). *Responding to Problem Behavior in Schools. The Behavior Education Program*. 2nd ed. New York: Guilford Press.

Cullinan, Douglas & Epstein, Michael H. (2001). Comorbidity among students with emotional disturbance. In: *Behavioral Disorders, 26* (3), 200–246.

Damasio, Antoino R. (2004). *Descartes' Irrtum: Fühlen, Denken und das menschliche Gehirn*. Berlin: List.

Dammasch, Frank & Katzenbach, Dieter (Hrsg.) (2004). *Lernen und Lernstörungen bei Kindern und Jugendlichen. Zum besseren Verstehen von Schülern, Lehrern, Eltern und Schule*. Frankfurt am Main: Brandes & Apsel.

Datler, Wilfried (1995). *Bilden und Heilen: Auf dem Weg zu einer pädagogischen Theorie psychoanalytischer Praxis*. Mainz: Grünewald.

Dawson, Ronald L. (1980). *Special Provision for Disturbed Pupils. A Survey*. London: Macmillan Education.

Deneke, Friedrich W. (2001). *Psychische Struktur und Gehirn. Die Gestaltung subjektiver Wirklichkeiten*. 2. Aufl. Stuttgart: Schattauer.

Dlugosch, Andrea (2004). Sonderpädagogisches Fallverstehen als Baustein pädagogischer Professionalität? In: *Sonderpädagogische Förderung, 49* (3), 285–300.

Dörr, Margret & Göppel, Rolf (2003). *Bildung der Gefühle: Innovation? Illusion? Intrusion?* Gießen: Psychosozial Verlag.

Doyle, Walter (1986). Classroom Organization and Management. In: Merlin C. Wittrock (Ed.), *Handbook of Research on Teaching*. 3rd ed. (pp. 392–431). New York: Macmillan.

Eggert-Schmid Noerr, Annelinde; Pforr, Ursula & Voß-Davies, Hilke (Hrsg.) (2006). *Lernen, Lernstörungen und die pädagogische Beziehung*. Gießen: Psychosozial Verlag.

Fitting, Klaus & Kluge, Karl-Josef (1982). *Aspekte erziehungstherapeutischen Unterrichts mit „verhaltensgestörten" Kindern und Jugendlichen.* Hagen: Fernuniversität, Gesamthochschule Hagen.

von Freyberg, Thomas & Wolff, Angelika (Hrsg.) (2005; 2006). *Störer und Gestörte.* 2 Bände. Frankfurt am Main: Brandes & Apsel.

Fröhlich, Volker & Göppel, Rolf (Hrsg.) (2003). *Was macht die Schule mit den Kindern? – Was machen die Kinder mit der Schule? Psychoanalytisch-pädagogische Blicke auf die Institution Schule.* Gießen: Psychosozial.

Geddes, Heather (2006). *Attachment in the Classroom. The Links Between Children's Early Experience, Emotional Well-Being and Performance in School.* London: Worth Publishing.

Gerspach, Manfred (1998). *Wohin mit den Störern? Zur Sozialpädagogik der Verhaltensauffälligen.* Stuttgart: Kohlhammer.

Göppel, Rolf; Hirblinger, Annedore; Hirblinger, Heiner & Würker, Achim (Hrsg.) (2010). *Schule als Bildungsort und ‚emotionaler Raum'. Der Beitrag der Psychoanalytischen Pädagogik zu Unterrichtsgestaltung und Schulkultur.* Opladen: Budrich.

Grundke, Peter (1975). *Interaktionserziehung in der Schule. Modell eines therapeutischen Unterrichts.* Weinheim: Juventa.

Hall, Carol (2003). The emotional development curriculum. In: Garry Hornby; Carol Hall & Eric Hall (Eds.), *Counselling Pupils in Schools: Skills and Strategies for Teachers* (pp. 55–68). London: Routledge Falmer.

Hartke, Bodo & Vrban, Robert (2010). *Schwierige Schüler. 49 Handlungsmöglichkeiten bei Verhaltensauffälligkeiten.* 4. Aufl. Buxtehude: Persen.

Hayden, Torey L. (1992). *Kein Kind wie alle anderen.* München: dtv.

Herz, Birgit (2010). Neoliberaler Zeitgeist in der Pädagogik: Zur aktuellen Disziplinarkultur. In: Birgit Herz & Margret Dörr (Hrsg.), *Unkulturen in Bildung und Erziehung* (S. 171–189). Wiesbaden: VS Sozialwissenschaften.

Hillenbrand, Clemens (2008). *Einführung in die Pädagogik bei Verhaltensstörungen.* 4. Aufl.: München: Reinhardt.

Hillenbrand, Clemens & Kathrin Pütz (2008). *KlasseKinderSpiel. Spielerisch Verhaltensregeln lernen.* Hamburg: Edition Körber-Stiftung.

Hirblinger, Heiner (2001). *Einführung in die psychoanalytische Pädagogik der Schule.* Würzburg: Königshausen & Neumann.

Holt, John C. (2004). *Aus schlauen Kindern werden Schüler. Von dem, was in der Schule verlernt wird.* Weinheim: Beltz.

Huber, Christian & Grosche, Michael (2012). Das response-to-intervention-Modell als Grundlage für einen inklusiven Paradigmenwechsel in der Sonderpädagogik. In: *Zeitschrift für Heilpädagogik, 62* (8), 312–322.

Hügli, Anton (1999). *Philosophie und Pädagogik.* Darmstadt: Wissenschaftliche Buchgesellschaft.

Hüther, Gerald (2014). *Die Macht der inneren Bilder. Wie Visionen das Gehirn, den Menschen und die Welt verändern.* Göttingen: Vandenhoeck & Ruprecht.

Jaglarz, Barbara & Bemmerlein, Georg (2013). *Bußgeldkatalog 2 (2. –4. Klasse). 72 originelle Zusatzaufgaben bei Regelverstößen. Grundschule, Band 2.* Buxtehude: Persen.

Kauffman, James M.; Pullen, Patricia L., Mostert, Mark P. & Trent, Stanley C. (2010). *Managing Classroom Behaviors: A Reflective Case-Based Approach.* 5th ed. Upper Saddle River: Pearson.

Kerr, Mary M., Nelson C. Michael (2009). *Strategies for Addressing Behavior Problems in the Classroom.* 6th ed. Boston: Pearson.

Klein, Melanie & Rivière, Joan (1972). *Seelische Urkonflikte: Liebe, Hass und Schuldgefühl.* München: Kindler.

Kohl, Herbert R. (1995). *„I Won't Learn from You" – And Other Thoughts on Creative Maladjustment.* New York: New Press.

Kohut, Heinz (1996). *Die Heilung des Selbst.* 6. Aufl. Frankfurt am Main: Suhrkamp.

Körner, Jürgen & Ludwig-Körner, Christiane (1997). *Psychoanalytische Sozialpädagogik. Eine Einführung in vier Fallgeschichten.* Freiburg: Lambertus.

Mollenhauer, Klaus & Uhlendorff, Uwe (1992; 1995). *Sozialpädagogische Diagnosen.* 2 Bände. Weinheim: Juventa.

Morse, William C., Cutler, Richard L. & Fink, Albert H. (1964). *Public School Classes for the Emotionally Handicapped: A Research Analysis.* Washington: Council for Exceptional Children.

Müller, Burkhard (1995). *Außensicht – Innensicht. Beiträge zu einer analytisch orientierten Sozialpädagogik.* Freiburg: Lambertus.

Mutzeck, Wolfgang (2000). *Verhaltensgestörtenpädagogik und Erziehungshilfe.* Bad Heilbrunn: Klinkhardt.

Mutzeck, Wolfgang (2007). Sehen und Verstehen von Verhaltensstörungen. In: Wolfgang Mutzeck, Waldemar Pallasch & Kerstin Popp (Hrsg.), *Integration von Schülern mit Verhaltensstörungen. Grundlagen, Modelle, Praxiserfahrungen.* 6. Aufl. (S. 10–22). Weinheim: Beltz.

Myschker, Norbert & Stein, Roland (2014). *Verhaltensstörungen bei Kindern und Jugendlichen. Erscheinungsformen – Ursachen – Hilfreiche Maßnahmen.* 7. Aufl. Stuttgart: Kohlhammer.

Neidhardt, Wolfgang (1977). *Kinder, Lehrer und Konflikte. Vom psychoanalytischen Verstehen zum pädagogischen Handeln.* München: Juventa.

Petermann, Frankz; Natzke, Heike & Greken, Nicole; Walter, Hans-Jörg (2013). *Verhaltenstraining für Schulanfänger: Ein Programm zur Förderung emotionaler und sozialer Kompetenzen.* 3. Aufl. Göttingen: Hogrefe.

Rae, Tina (2007). *Dealing with Feeling: An Emotional Literacy Curriculum for Children Aged 7–13.* 2nd. ed. London: Sage.

Redl, Fritz (1987). *Erziehung schwieriger Kinder. Beiträge zu einer psychotherapeutisch orientierten Pädagogik.* München: Piper.

Reinstein, Daniel K. (2006). *To Hold and Be Held. The Therapeutic School as a Holding Environment.* Abbingdon: Routledge.

Reiser, Helmut (1972). Zur Praxis der psychoanalytischen Erziehung in der Sonderschule. In: Aloys Leber & Helmut Reiser, H. (Hrsg.), *Sozialpädagogik, Psychoanalyse und Sozialkritik. Perspektiven sozialer Berufe* (S. 53–86). Neuwied: Luchterhand.

Reiser, Helmut (1995). Entwicklung und Störung – Vom Sinn kindlichen Verhaltens. In: Helmut Reiser & Walter Lotz, *Themenzentrierte Interaktion als Pädagogik.* (S. 177–191). Mainz: Grünewald.

Reiser, Helmut (2006). *Psychoanalytisch-systemische Pädagogik. Erziehung auf der Grundlage der Themenzentrierten Interaktion.* Stuttgart: Kohlhammer.

Rogers, Carl R. (1979). *Lernen in Freiheit. Zur Bildungsreform in Schule und Universität.* München: Kösel.

Salmon, Gillian & Dover, Jenny (2011). *Pädagogische Psychotherapie bei emotional-sozialen Lernstörungen.* Gießen: Psychosozial.

Sauter, Friedrich Ch. (Hrsg.) (1983), *Psychotherapie in der Schule.* München: Kösel.

Schäfer, Holger & Rittmeyer, Christel (Hrsg.) (2015), *Handbuch Inklusive Diagnostik.* Weinheim: Beltz.

Singer, Kurt (1983). *Verhindert die Schule das Lernen? Psychoanalytische Erkenntnisse als Hilfe für Erziehung und Unterricht.* München: Ehrenwirth.

Spiess, Walter (2009). Alles, was Sie können sollten – und was Sie schon können! Ein Kompetenzraster für die schulische Erziehungshilfe. In: *Zeitschrift für Heilpädagogik, 60* (9), 347–351.

Stein, Roland & Stein, A. (2014). *Unterricht bei Verhaltensstörungen. Ein integratives didaktisches Modell.* 2. Aufl. Bad Heilbrunn: Klinkhardt.

Stemmer-Lück, Magdalena (2012). *Beziehungsräume in der sozialen Arbeit. Psychoanalytische Theorien und ihre Anwendung in der Praxis.* 2. Aufl. Stuttgart: Kohlhammer.

Trescher, Hans-Georg (1993). Vom Nutzen der Psychoanalyse für die Erziehung. In: *Pädagogik, 45* (l. Beiheft), 9–15.

vds, Fachverband für Sonderpädagogik (2008). Standards der sonderpädagogischen Förderung. In: *Zeitschrift für Heilpädagogik, 59* (2), 42–64.

Walter, Jürgen (2009). Theorie und Praxis Curriculumbasierten Messens (CBM) in Unterricht und Förderung. In: *Zeitschrift für Heilpädagogik, 60* (5), 162–170.

Weiß, Sabine, Kollmannsberger, Markus & Kiel, Ewald (2013). Lehrerin/Lehrer im Förderschwerpunkt Emotionale und soziale Entwicklung. Ein Anforderungsprofil aus Sicht von Lehrkräften und Ausbildungspersonen. In: *Heilpädagogische Forschung, Band XXXIX* (4), 199–209.

Willmann, Marc (2006). Pädagogisch-therapeutische Unterrichtsmodelle im Förderschwerpunkt emotionale und soziale Entwicklung – eine Literaturübersicht. In: *Heilpädagogische Forschung, 32* (2), 76–90.

Willmann, Marc (2012). *De-Psychologisierung und Professionalisierung der Sonderpädagogik. Kritik und Perspektiven einer Pädagogik für „schwierige" Kinder.* München: Reinhardt.

Willmann, Marc (2014). Die Erziehung „schwieriger" Kinder in der Inklusion. Eine Kritik pädagogischer Interventionsmentalitäten. In: *Behinderte Menschen, 37* (3), 28–33.

Willmann, Marc (2015). Emotional-soziale Schwierigkeiten und Verhaltensstörungen: Diagnostik und Assessment in der inklusiven Schule. In: Holger Schäfer & Christel Rittmeyer (Hrsg.), *Handbuch Inklusive Diagnostik* (S. 419–432). Weinheim: Beltz.

Wilson, Mary & Evans, Mary (1980). *Education of Disturbed Pupils.* London: Methuen Educational.

Winnicott, Donald W. (2008). *Von der Kinderheilkunde zur Psychoanalyse.* Gießen: Psychosozial Verlag.

Winnicott, Donald W. (2012). Sum, Ich bin. In: Donald W. Winnicott, *Der Anfang ist unsere Heimat. Essays zur gesellschaftlichen Entwicklung des Individuums.* 3. Aufl. (S. 61–72). Stuttgart: Klett-Cotta.

Yell, Mitchell L.; Meadows, Nancy B.; Drasgow, Erik & Shriner, James G. (2013). *Evidence-Based Practices for Educating Students with Emotional and Behavioral Disorders.* 2nd ed. Upper Saddle River: Pearson.

viii.

Gibt es eine spezielle E-Didaktik?

Die psychosozialen Problemlagen im Bereich der schulischen Erziehungshilfe lassen sich nicht alleine mit den Bordmitteln der Didaktik bearbeiten. Daher scheint es erforderlich, über spezielle Unterrichtskonzepte nachzudenken, die Verbindungen zu therapeutischen Verfahren herstellen. Vor diesem Hintergrund verweist eine „E-Didaktik" auf Konzepte des therapeutischen Unterrichts als Bestandteil eines therapeutischen Milieus.

1. Verhaltensprobleme im Unterricht – didaktische Zugänge

In der erziehungswissenschaftlichen Diskussion lassen sich mit der Allgemeinen Didaktik, den Fachdidaktiken und den Spezialdidaktiken drei unterschiedliche Ausrichtungen von didaktischer Theoriebildung unterscheiden. Der durch den Vortragstitel formulierte Arbeitsauftrag fragt also nach einer „Spezialdidaktik bei Verhaltensstörungen" beziehungsweise einer „Spezialdidaktik für die Erziehungshilfepädagogik" *("E-Didaktik")*.

Tatsächlich finden sich in der neueren Fachliteratur nur vereinzelte Beiträge zu einer speziellen E-Didaktik und auch die Grundidee einer Spezialdidaktik ist sehr umstritten. Eine Fundamentalkritik lässt sich aus drei Argumentationsrichtungen formulieren: Spezialdidaktik kann dabei betrachtet werden aus Sicht 1.) der Allgemeinen Didaktik, 2.) der Integrationspädagogik und 3.) im Kontext von Verhaltensstörungen.

Ad 1. Spezialdidaktik aus Sicht der Allgemeinen Didaktik: Ulrich Schröder (2005) erläutert das Problem am Beispiel der Frage nach einer spezifischen Didaktik der Lernhilfe und stellt fest:

> Die Didaktik als Wissenschaft vom Unterricht kann zunächst nicht grundverschieden sein je nach Schulform. So gelten in der Lernzielhierarchie hoch angesiedelte, allgemeine Lernziele wie Mündigkeit, Emanzipation, Autonomie, Selbständigkeit der Lebensführung für den Unterricht mit Lernbehinderungen selbstverständlich ebenso wie für den Unterricht der Grund- und Hauptschule. (S. 220ff.)

Die Formulierung einer behinderungsspezifischen Spezialdidaktik scheint also einen Zusammenhang herzustellen zwischen Behinderungsart, Förderort und didaktischem Konzept, und genau gegen diese Trias wendet sich ein weiterer Kritikpunkt:

Ad 2. Die integrationspädagogische Kritik an einer sonderpädagogischen Spezialdidaktik: Die Idee einer sonderpädagogischen Spezialdidaktik wird vor allem von Seiten der Integrationspädagogik scharf kritisiert: In ihrem Kern richtet sich diese Kritik gegen die hinter diesen Konzepten liegende Kategorisierungspraxis der Sonderpädagogik, die als unhaltbar betrachtet wird. Insofern wird aufgerufen zu einer

> radikalen Loslösung von der sonderpädagogischen Systematik der Förderschwerpunkte. Denn der Versuch, praktisches didaktisches Handeln, etwa hinsichtlich innerer Differenzierungen, an diesen Kategorisierungen auszurichten, kann nur anhand von stabilen Definitionen von Personengruppen begründet werden. Theoretisch ist dies nicht tragfähig, denn damit werden komplexe gesellschaftliche Dynamiken der Benachteiligung in Bildungsprozessen – etwa familienbezogene Armutsprozesse – verfälschend als stabile, personenbezogene Eigenschaften verhandelt. (...) Zudem greift die Förderschwerpunktsystematik auch im konkreten Fall theoriegeleiteten didaktischen Handelns ins Leere. Sie kann weder die Eigendynamik (...) noch die Bereichsspezifität von Lern- und Entwicklungsprozessen (...) erfassen und läuft damit an Aspekten vorbei, die gegenwärtig als entscheidend für eine konstruktive unterrichtsnahe Didaktik angesehen werden. (Seitz 2008, S. 227)

Ad 3. Konstitutionsprobleme einer E-Didaktik vor dem Hintergrund des Phänomenbereichs von Verhaltensstörungen: Schließlich resultiert für die Erziehungshilfepädagogik ein besonderes Problem aus der Ungeklärtheit und den Operationalisierungsproblemen des eigenen Objektbereichs, denn die Schwierigkeiten der Definition und Diagnostik von Verhaltensstörungen (vgl. z. B. Schlee 1989) kann natürlich nicht ohne Folgen für die Praxis der sonderpädagogischen Begutachtung und Förderplanung bleiben. Übertragen auf die Didaktik führen diese Schwierigkeiten zu der weitverbreiteten Annahme,

> dass es eine eigene, spezifische Didaktik für Kinder mit Verhaltensstörungen eigentlich nicht gibt und nicht geben kann. (...) Es müsste dann genau genommen eine eigene Didaktik für überängstliche, sozial unsichere und eine für impulsiv-ausagierende, aggressive Kinder geben, eine für Kinder mit autistischen Verhaltenstendenzen und eine für Kinder mit hyperaktiver Problematik. (Göppel 2002, S. 89; vgl. auch Hillenbrand 2003, S. 22f.)

Entsprechend könne es also nicht um die Entwicklung einer eigenen kategorialen E-Didaktik gehen, sondern um eine Betrachtung der Allgemeinen Didaktiken unter den spezifischen Fragestellungen für den Unterricht bei Verhaltensstörungen: Es wird „die Berücksichtigung der Störanfälligkeit von Unterricht als unabdingbarer Bestandteil einer jeden Didaktik gefordert" (Göppel 2002, S. 89; vgl. auch Bittner, Ertle & Schmid 1974).

2. Allgemeine Didaktik, Unterrichtsstörungen und Lern- und Verhaltensprobleme in der Schule

Folgen wir dieser Argumentation, müssen wir also die Frage nach einer speziellen E-Didaktik so reformulieren: *Welche Ansatzpunkte bietet uns die Allgemeine Didaktik für den Unterricht unter den erschwerten Ausgangslagen, die schulische Lernprozesse von Schülerinnen und Schüler mit so genannten Verhaltensstörungen kennzeichnen?*

Ich möchte dieser Umkehrung der Fragestellung folgen, indem ich anhand von zwei ausgewählten Ansätzen der Allgemeinen Didaktik kurz aufzeige, inwiefern diese anschlussfähig sind für spezifische Fragen des Unterrichts bei Verhaltensstörungen.

2.1 Kritisch-kommunikative Didaktik (Rainer Winkel)

In den 1970er Jahren wurde unter der Bezeichnung kritisch-kommunikative Didaktik eine ganze Reihe (teils sehr verschiedener) didaktischer Ansätze diskutiert, die in Anlehnung an die Kritische Theorie der Frankfurter Schule vor allem auf eine Ideologiekritik der etablierten didaktischen Modelle zielen und dem interaktionistischen Paradigma folgend Unterricht als kommunikative Interaktion beschreiben. Dass in der heutigen didaktischen Theoriebildung die Lehrer-Schüler-Beziehungen als wichtige Ingredienzien von Unterrichtsprozessen betrachtet werden, ist ein wesentliches Verdienst dieses Ansatzes.

> Unterricht, Lehren und Lernen usw. werden als ein *kommunikatives Geschehen* aufgefasst, als ein Geschehen, in dem verschiedene beteiligte Personen in eine Beziehung zueinander treten. Während die bis dahin übliche Didaktik sich mehr mit Fragen des Warum oder Worüber solcher Beziehung zugewandt hat, wendete sich kommunikative Didaktik verstärkt solcher Beziehung selbst zu, rückte diese Beziehung in den Vordergrund ihrer Betrachtung und nahm darüber hinaus das gesamte didaktische Geschehen vom *Beziehungsaspekt* her in den Blick. [...] Was in den Vordergrund rückt, ist die *unterrichtliche Interaktion*. [...] Lehren und Lernen werden nicht mehr ausschließlich als Information begriffen, sondern als ein interaktiver Vorgang, bei dem Menschen miteinander umgehen. (Peterßen 2001, S. 207f.)

Innerhalb dieses Ansatzes ist ein Modell vor dem Hintergrund unserer Fragestellung von besonderem Interesse: Rainer Winkel (2006) hat die kritisch-kommunikative Didaktik um einen wichtigen Aspekt erweitert, indem er die Kategorie der Unterrichtsstörungen einführt und von der prinzipiellen *Störfaktizität des Unterrichts* ausgeht. Dabei werden *Unterrichtsstörungen als didaktische Kategorie* diskutiert, die sich nur vom Unterrichtsprozess her definieren lässt:

> Eine Unterrichtsstörung liegt dann und nur dann vor, wenn der Lehr- und Lernprozess bedroht ist, abbricht oder in der Perversion endet. Alles andere sind zwar verständliche Kennzeichnungen persönlicher Meinungen, aber keine Unterrichtsstörungen. Und weil diese Kennzeichnungen weit verbreitet sind, haben wir es oft mit scheinbaren Unterrichtsstörungen zu tun, die nicht auftreten müssten, realiter aber zu beobachten sind und erst vor dem Hintergrund einer divergierenden Interpretation zu echten Unterrichtsstörungen werden, das heißt, die Lehr- und Lernarbeit beeinträchtigen. (Winkel 2006, S. 31)

Wenn, wie Winkel weiter argumentiert, die Interpretation von Schülerverhalten vor allem eine Frage der Perspektive, also des Beobachterstandpunktes ist, dann sind aus didaktischer Sicht

> die meisten Unterrichtsstörungen [...] Signale des Schülers, die etwas mitteilen wollen wie beispielsweise:
>
> – dass der Unterricht langweilig oder uninteressant ist;
> – dass man ganz andere (Lern-, Lebens- oder Beziehungs-)Probleme hat;
> – dass die Normen des Lehrers fragwürdig sind;
> – dass man zwar etwas lernen möchte, aber eben auf andere Weise;
> – dass einem der Sinn des schulischen Unterrichts fehlt usw.
> (Winkel 2006, S. 31f.)

Wird die Signalfunktion von Unterrichtsstörungen berücksichtigt, kommt dem Lehrer hier also die zentrale Aufgabe zu, seinen Unterricht zu überdenken und nach der Passung des aktuellen Lernarrangements für die betreffenden Schülerinnen und Schüler zu fragen. Gleichzeitig wird mit der Einführung der Störungskategorie der Illusion der totalen Planbarkeit von schulischen Unterrichts- und Lernprozessen der Boden entzogen.

Allerdings, so eine Kritik, bleibe an Winkels Ansatz unklar, welche Bedeutung der Störungskategorie in einer Planungstheorie des Unterrichtens zukommt, also wie sich die Störfaktizität planungsmethodisch operationalisieren lässt (vgl. Hillenbrand 2003). Ich glaube, dass diese Kritik nur bedingt zutrifft, da sie auf ein verengtes Verständnis von Didaktik als Planungstheorie des Unterrichthaltens zurückzuführen ist. Der eigentliche Gewinn durch den Ansatz liegt gerade in der für Lehrer wichtigen Erkenntnis der Grenzen des eigenen didaktischen Handelns, denn das Auftreten von Störungen wird als unterrichtsimmanentes Strukturmerkmal erkennbar.

2.2 Beziehungsdidaktik (Reinhold Miller)

Während im Ansatz der kritisch-kommunikativen Didaktik von Winkel die Beziehungsdimension vor dem Hintergrund der Störfaktizität betrachtet wird, stellt Reinhold Miller (1998) die dialogische Begegnung in den Mittelpunkt seiner „Beziehungsdidaktik". Miller stellt fest, dass diese Unterrichtsdimension in der didaktischen Diskussion marginalisiert wird:

Lehrerinnen und Lehrer haben gelernt, sich auf Bildungsinhalte (Allgemeine Didaktik), auf den Lernstoff (Fachdidaktik) und auf die Schülerinnen und Schüler (Entwicklungspsychologie) zu konzentrieren (Unterrichten und Erziehen). Diese Einseitigkeit hat den Verlust einer echten Beziehung zur Folge, weil das eigene Ich zu wenig wahrgenommen wird. Eine ‚Ich-Du-Beziehung' kann nicht gelingen, wenn das Ich übersehen wird. Deshalb ist die Wahrnehmung und gezielte Beobachtung der eigenen (Lehrer-) Person ein wesentlicher Bestandteil einer Beziehungsdidaktik in der Aus- und Fortbildung. (Miller 1998, S. 65f.)

Es ist daher erforderlich, die

Einstellungen und Haltungen und entsprechenden Verhaltensweisen *systematisch* zu thematisieren, zu reflektieren und das Augenmerk auf das ‚Beziehungs*lernen*' zu richten, also die zwischenmenschlichen Beziehungen unter *didaktischen* Gesichtspunkten und im *Gesamtzusammenhang* von Schule und Gesellschaft zu betrachten, was bisher in der Didaktik *(als Theorie und Praxis des Lehrens und Lernens)* vernachlässigt wurde. Allerdings kann man Beziehungen nicht ‚lernen' und schon gar nicht vermitteln oder ‚lehren'. Sie entstehen und ergeben sich aus zwischenmenschlichen Kontakten. (Miller, 1998, S. 13; Hervorhebung im Original)

„Beziehungslernen" stellt an Schule und Unterricht den Anspruch, dass in schulischen Lehr-Lern-Arrangements die Beziehungen (zwischen Schülern und Lehrern und zwischen den peers) nicht formalisiert abgehandelt werden, sondern dass sie als zwischenmenschliche Begegnungen erfahrbar werden.

Was macht nun die Beziehungsdidaktik interessant für die Frage des Unterrichts bei Verhaltensstörungen? Auch dieses scheint aus heutigem Verständnis eindeutig klar: Pädagogik ist in erster Linie Beziehungsarbeit und das gilt in besonderem Maße für den Bereich der schulischen Erziehungshilfe: Die Beziehungsgestaltung ist die Grundlage für die sonderpädagogische Förderung und zugleich das zentrale Thema des Unterrichts, daran lassen z.B. die KMK-Empfehlungen keinen Zweifel (vgl. KMK 2000). Es ist offensichtlich, dass bei vielen dieser Kinder und Jugendlichen gravierende Defizite gerade im Bereich des sozialen Bindungsverhaltens vorherrschen, die aus den negativen Sozialisationserfahrungen resultieren: fehlende Zuwendung, Geborgenheit und Verlässlichkeit der primären Bezugspersonen, kumulierte Erfahrungen von Bindungsabbrüchen, deprivierende Erziehungsmilieus und Armutsverhältnisse, Bindungsstörungen und

-traumata – die Liste der Risikofaktoren ist im wahrsten Sinne des Wortes deprimierend – dieses ist für einen Großteil dieser Kinder und Jugendlichen die Ausgangsposition für schulische Lernprozesse. Der Erziehungshilfepädagogik kommt daher die Aufgabe zu, korrigierende Beziehungserfahrungen mit verlässlichen Bezugspersonen zu ermöglichen; in diesem Sinne ist die Erziehungshilfepädagogik vor allem eine Beziehungspädagogik („Primat der Beziehung"; vgl. Hillenbrand 2008).

3. Zwischenfazit

Ich bin Vorschlägen aus der fachwissenschaftlichen Diskussion der Erziehungshilfepädagogik gefolgt und habe exemplarisch an zwei Modellen der Allgemeinen Didaktik gezeigt, welche Perspektiven sich hier für die didaktische Diskussion zum Unterricht bei Verhaltensstörungen erschließen lassen. Mit den beiden gewählten Ansätzen werden zwei sehr wichtige Aspekte beschrieben: Schulunterricht setzt Interaktionsprozesse voraus, Unterricht erfolgt also in zwischenmenschlichen Begegnungen bzw. Beziehungen (Miller) und nicht zuletzt gerade deswegen sind Unterrichtsprozesse, wie jede pädagogische bzw. wie jede zwischenmenschliche Beziehung, prinzipiell „störanfällig" und Unterrichtsstörungen eigentlich als Normalfall zu betrachten (Winkel).

Allerdings verbleiben wir mit diesen Überlegungen auf der Ebene der allgemeindidaktischen Diskussion und es schließt sich die berechtigte Frage an, welche praktischen Konsequenzen sich hieraus für den Unterricht bei Verhaltensstörungen ableiten lassen. Oder vielleicht lautet die Frage eher: ob sich überhaupt praktische Konsequenzen ergeben? Der Diskurs der Allgemeinen Didaktik erfolgt in weiten Teilen in einem eigenen Kosmos erziehungswissenschaftlicher Theorieproduktion und scheint seit jeher sehr weit entfernt von den Problemen und Fragen der Unterrichtspraxis.

4. Zur didaktischen Diskussion in der Erziehungshilfepädagogik

Didaktische Themen stehen in den einschlägigen Einführungs- und Handbüchern zum Fach (vgl. z.B. Gasteiger-Klicpera, Julius & Klicpera 2008; Goetze & Neukäter 1989; Goetze 2001; Hillenbrand 2008; Mutzeck, 2000; Myschker 2008) nicht im Mittelpunkt der Diskussion. Dieser Umstand lässt sich begründen mit der historischen Nähe zur Sozialpädagogik: Wie die Geschichte der Institutionen zeigt, ist die schulpädagogische Linie des Faches neueren Ursprungs, wohingegen sich die anderen historiographischen Linien zum Teil bis in das Mittelalter zurückverfolgen lassen (vgl. Myschker 2008).

Neben den genannten Überblickswerken finden sich vereinzelt Bücher, die sich explizit didaktischen Themen widmen; die beiden bekanntesten sind die Arbeiten von Stein und Stein (2006) und von Hillenbrand (2003), in denen jeweils ein Überblick zum Stand der didaktischen Diskussion in der Erziehungshilfepädagogik gegeben wird und verschiedene Ansätze für den Unterricht bei Verhaltensstörungen nach den unterschiedlichen theoretischen Grundlagen systematisiert und zusammengefasst werden.

Das Buch von Stein und Stein (2006) geht in seiner Zielsetzung allerdings über eine reine Überblicksarbeit hinaus, denn es wird ein eigenes „integratives didaktisches Modell" in Aussicht gestellt, das unter anderem Elemente der Gestaltpädagogik und der Themenzentrierten Interaktion aufgreift. Allerdings bleiben die Ausführungen auf einer so allgemeinen Ebene, dass es mir wenig einsichtig erscheint, inwiefern hier den besonderen Bedarfslagen unserer Schülerklientel Rechnung getragen würde. Eine eigene Kontur einer E-Didaktik wird in beiden Werken jedenfalls nicht erkennbar und scheint auch gar nicht intendiert zu sein.

4.1 Stand der Theoriebildung: Modelle und Konzepte für den Unterricht bei Verhaltensstörungen

Der von Bärbel Schön (2005) für die Pädagogik diagnostizierte Wechsel „vom erzieherischen zum therapeutischen Deutungsmuster" scheint gerade im Fach Erziehungshilfepädagogik besonders deutlich hervorzutreten (vgl. Göppel 2000): Therapeutische Paradigmen beherrschen die Fachdiskussion und die Adaption therapeutischer Applikationen für den schulischen Anwendungsbereich erfreuen sich ungebrochener Beliebtheit. Diese faktische Therapeutisierung spiegelt sich auch in der didaktischen Diskussion wider: In einem systematischen Literaturüberblick zu verschiedenen Unterrichtsmodellen und didaktischen Konzepten für den Unterricht im Bereich der schulischen Erziehungshilfe kam ich vor einiger Zeit (vgl. Willmann 2006) zu dem Ergebnis, dass einerseits ein Mangel an umfassenden didaktischen Theorien vorherrscht, obwohl andererseits eine Vielzahl an theoretischen Beiträgen zur Unterrichtsgestaltung bei Verhaltensstörungen vorliegt, von denen sich der Großteil bestimmten therapeutischen Theoriemodellen zuordnen lässt. Die Konzeptualisierung von Unterricht folgt damit den drei in der Sonderpädagogik gegenwärtig miteinander konkurrierenden wissenschaftlichen Paradigmen *(psychodynamische, lerntheoretische und systemisch-konstruktivistische Ansätze).* Es ist charakteristisch, dass die drei wissenschaftlichen Richtungen sich in erster Linie auf verschiedene *therapeutische Schulrichtungen* gründen.

4.2 Ergebnisse der Unterrichtsforschung

Bezeichnenderweise führen zwei Metaanalysen über einschlägige sonderpädagogische Fachzeitschriften im deutschsprachigen Raum zu dem Ergebnis, dass didaktische Themen in der fachwissenschaftlichen Diskussion sowohl der Sonderpädagogik (vgl. Weisser 2004) als auch der Pädagogik bei Verhaltensstörungen (vgl. Goetze & Gatzemeyer 1992) eher marginal behandelt werden. Das weitestgehende Fehlen einer aktuellen didaktischen Diskussion ist damit zugleich Spiegel eines großen Mangels an Unterrichtsforschung: So liegen für die meisten Unterrichtskonzepte keine Effektivitätsstudien vor oder aber die Aussagekraft bleibt sehr begrenzt und gleichzeitig mangelt es auch an allgemeinen Analysen zu den konkreten Unterrichtsprozessen im Sinne von Grundlagenforschung.

Eine Sichtung neuerer Studien zum Unterricht bei Verhaltensstörungen führt zu keinen gesicherten Erkenntnissen. Einige Beispiele: Die Ergebnisse der „Analyse des Unterrichts mit ‚schwierigen' Kindern" (vgl. die Studie von Textor 2007) bleiben recht unspezifisch mit Blick auf die untersuchungsleitende Fragestellung, wie denn verhaltensförderlicher Unterricht auszusehen habe. Auch die Untersuchung zum offenen Unterricht an einer Erziehungshilfeschule (6. Klasse) von Goetze und Jäger (1991) zeigt keine eindeutigen Ergebnisse zu der Frage, welche Sozialform für den Unterricht bei Verhaltensstörungen als vorteilhaft einzuschätzen ist. Und in einer Studie zur Frage der Differenzierung im sonderpädagogischen Unterricht (im Förderschwerpunkt Lernen) kommen Molkenthin, Kähler und Borchert (1992) zu der Feststellung, dass sich dieser methodisch-didaktisch kaum vom Unterricht im Regelschulsetting unterscheidet.

Einer der wenigen aktuellen Beiträge im Bereich Unterrichtsforschung bei Verhaltensstörungen kommt aus dem Projekt „Didaktische Innovationen in Förderschulen mit dem Förderschwerpunkt emotionale und soziale Entwicklung" (vgl. Ricking, Hillenbrand & Hennemann 2007). Ohne auf die aus forschungsmethodologischer Sicht problematische Anlage des Projekts weiter eingehen zu können (die quantitative Datenerhebung geht in dieser Studie der qualitativen voraus!), erweisen sich die ersten Auswertungsergebnisse als wenig hilfreich für die didaktische Theoriebildung, da sie lediglich die von den befragten Lehrern präferierten Sozialformen und Unterrichtsmethoden abfragen (vgl. Ricking & Hennemann 2008).

4.3 Zwischenfazit

In Ermangelung von gesicherten Forschungsdaten bleiben grundsätzliche Fragen empirisch unaufgeklärt und somit kann die Forschung bisher nicht dazu beitragen, die häufig anzutreffende Dichotomie zwischen bestimmten Konzepten und Formen des Unterrichts aufzuweichen (siehe exemplarisch die Endlosdebatte um strukturierte versus offene Ansätze als angemessene Sozialform des Unterrichts bei Verhaltensstörungen).

5. Der lebensweltorientierte Ansatz von Joachim Bröcher als Beitrag zu einer E-Didaktik

In seinen zahlreichen Beiträgen entwickelt Joachim Bröcher (z. B. 1997a; 2005) einen lebensweltorientierten Ansatz als spezielles didaktisches Modell für den Unterricht bei schulischen Lern- und Verhaltensschwierigkeiten. Die Theorieentwicklung erfolgt hierbei auf induktivem Weg: Die eigenen Unterrichtserfahrungen als Lehrer an Erziehungshilfe- und Lernhilfeschulen und im integrativen Unterricht führen zu einem Bruch mit den etablierten didaktischen Modellen, denen es nach Bröcher nicht hinreichend gelingt, Verbindungen zwischen dem curricular vorgegebenen Lehrstoff und den eigenen Erfahrungen und Interessen von Schülern in erschwerten Lebenslagen herzustellen.

Die fehlende Passung von Lehrplan und Schülerinteressen erweist sich gerade im Bereich der schulischen Erziehungs- und Lernhilfe als besonders schwerwiegend, denn hier kumulieren gescheiterte Schulkarrieren und psychosoziale Risikofaktoren. Die Erkenntnis Bröchers liegt in der einfachen Tatsache, dass gerade bei der hier betrachteten Schülerpopulation die Standardkonzepte von Schule und Unterricht die Schülerinnen und Schüler nicht erreichen, weil die Unterrichtsthemen an den Bedürfnissen, den existenziellen Themen und den individuellen Problemen der Kinder und Jugendlichen vorbeigehen. Die radikale Konsequenz des Ansatzes liegt genau hierin: Die Erfahrungen, Erlebnisse und Existenzbedingungen der Schüler werden zum Kern der didaktischen Überlegungen und stellen auch den Ausgangspunkt für die Unterrichtsplanung dar.

Axiomatisch geht die lebensweltorientierte Didaktik nach Bröcher davon aus, dass Lernmotivation und Unterrichtsdisziplin vor allem aus der Bereitstellung von aus Schülerperspektive persönlich unmittelbar relevanten Unterrichtsthemen resultieren:

> Wir brauchen also nicht zuerst eine ruhige Arbeitsatmosphäre – mit Hilfe welcher Methoden sollte man sie auch herstellen? – um dann mit einem Unterrichtsthema zu beginnen. Es ist genau umgekehrt. Echte – und nicht aufgezwungene – Disziplin ist nur durch das Bearbeiten motivierender, in der Lebenswelt verankerter Themen möglich. Handlungsorientierte und symbolische Zugänge sind hierin zwingend erforderlich, um dann zu stärker intellektuell-kognitiven Auseinandersetzungsformen überzuleiten. Das für das eigene Lebensschicksal als existentiell erfahrene Thema bindet die Schüler an den Lernprozess. (Bröcher 1997b, S. 100)

Die Lebensorientierung des Ansatzes führt zu einem veränderten Zugang zu den Problemen der Schüler:

> Fasst man Verhaltensauffälligkeiten als Ausdruck von Lebensweltproblemen auf […], dann ist von der unterrichtlichen Auseinandersetzung mit diesen Themen auch eine Verhaltensänderung zu erwarten. Es wird die These vertreten, dass sich diese Themen durch die Analyse der jeweiligen lebensweltlichen Strukturen auffinden lassen und dass sie zum Dreh- und Angelpunkt des Unterrichts und der sonstigen, ergänzenden didaktischen Aktivitäten gemacht werden müssen. Die Lebensweltanalyse kann sich in besonderer Weise auf die (alltags-)ästhetischen Prozesse stützen […]. Der thematisch vorstrukturierte Handlungsrahmen füllt sich im Zuge eines prozesshaften Geschehens mit Inhalten, Problemen usw., die sich aus der Analyse der Lebenswelten der Schüler ableiten. (Bröcher 1997b, S. 92)

Lebensweltorientierung in der Didaktik heißt, dass Unterricht sich direkt auf die soziokulturellen Kontexte bezieht, also auf Jugendszenen, Musik, Kleidung, Sprache etc. und Themen einbeziehen sollte wie Rechtsradikalismus, Gewalt, Sexualität, Fremdheits- und Zerrissenheitserfahrungen usw. (ebd., S. 94). Es geht also um die „Auseinandersetzung mit den Bruchstellen entlang der jugendlichen Biographie, d. h. um Themen wie

Gewalt, Sexualität, Identität, die Ablösung aus dem Elternhaus usw."
(ebd., S. 96)

Dabei zeigt der Ansatz eine in der didaktischen Diskussion ungewohnte Praxisnähe: Es werden vielfältige Zugangsmöglichkeiten zu den Schülern vorgestellt, die sich über expressive Ausdrucksformen (wie Zeichnen, Malen, Collagen, Skulpturen etc.) und über den direkten Einbezug alltagsästhetischer Erfahrungen (z. B. Interpretation von Songtexten, Graffiti, Kleidungsstilen usf.) anbahnen lassen.

Um die im schulischen Kontext entstandenen alltagsästhetischen Objektivationen und Produkte für pädagogisches Handeln nutzbar zu machen, greift Bröcher auf Ansätze der Kunsttherapie zurück, wodurch ein Zugang zu den Konfliktthemen der Kinder und Jugendlichen möglich wird:

> Vieles spricht dafür, dass die lebensgeschichtlichen, biographischen Prozesse durch die alltagsästhetischen Phänomene repräsentiert, verdichtet und ausgedrückt, transportiert werden, dass das Biographische sozusagen in das Alltagsästhetische eingeschmolzen wird. Die Bereiche des Bildhaften und Alltagsästhetischen führen im diagnostischen Sinn zu den eigentlichen Konfliktthemen und den auf diese gerichteten Bewältigungsmechanismen [...]. Ferner bieten sich hier in besonderer Weise Bearbeitungsmöglichkeiten für die sich einstellenden konflikthaften Themen [...] Liebe und Sexualität, Ablösung aus dem Elternhaus, berufliche Zukunft, ethnische und/oder geschlechtliche Identität, Entwurzelungs- und Zerrissenheitserfahrungen usw. Das Ziel ist, veränderte, entwicklungsfördernde Richtungen im Umgang mit diesen Themen auszuloten und darüber hinaus, soweit wie möglich, zu einer sachbezogenen Arbeitsweise am jeweiligen Themenzusammenhang überzuleiten. (Bröcher 1997b, S. 99)

6. Therapeutischer Unterricht an der Schule für Erziehungshilfe?

Der Ansatz der lebensweltorientierten Didaktik von Bröcher zeigt, dass die Problemlagen im Bereich der schulischen Erziehungshilfe unweigerlich auf einen Bedarf an pädagogisch-therapeutischer Arbeit verweisen, denn gerade bei E-Schülern findet sich eine Kumulation von Risikofaktoren.

6.1 Ausgangsdiagnose: E-Schüler als „Hochrisikopopulation"

Wie in verschiedenen empirischen Studien festgestellt wurde, lässt sich die Schülerpopulation an E-Schulen klinisch als „Hochrisikopopulation" (Schmid et al. 2007, S. 209) einschätzen: Eine Leipziger Längsschnittstudie an einer Schule für Erziehungshilfe führt zu dem Ergebnis, dass die Schüler dieser Stichprobe „in ihrer psychopathologischen Symptombelastung der Klientel kinderpsychiatrischer Einrichtungen entsprechen" (Ettrich, Herbst & Nürnberger 1999 S. 289) und die Häufigkeit von internalisierenden Störungen um ein Vierfaches und von externalisierenden Störungen um ein Zehnfaches über den Werten nicht-selektiver Stichproben liegt.

Ähnliche Ergebnisse zeigen sich in einer aktuellen Querschnittstudie (vgl. Schmid et al. 2007), in die N=573 Kinder und Jugendliche von acht E-Schulen in Baden-Württemberg einbezogen sind: Die Auswertung der standardisierten Fragebogenuntersuchung zeigt, dass 77-82 Prozent der Schüler dieser Stichprobe starke klinische Auffälligkeiten aufweisen und darüber hinaus bei 28 Prozent ein derart hoher TRF-Prozentrang vorliegt, wie es für weniger als zwei Prozent der Gesamtschülerpopulation geschätzt wird. Zudem belegt eine Studie von Julius (2001), dass ein Großteil der E-Schüler schwere Bindungsstörungen entwickelt hat.

Bei der hohen Belastungssymptomatik, die nach den Ergebnissen dieser Studien zum Ausdruck kommt, scheint es naheliegend, dass die Schule für Erziehungshilfe – neben anderen Funktionen – auch eine explizit therapeutische Funktion übernimmt. In der Literatur finden sich einige Beispiele, was unter einer „therapeutischen Schule" (Göppel 2002, S. 125) verstanden werden kann (vgl. etwa Hobbs 1982; Reinstein 2006). Kennzeichnend ist, dass therapeutische Angebote nicht als Additivum dem schulischen Angebot beigefügt, sondern als zentrales Moment des Schulbetriebs organisiert werden: Pädagogische und therapeutische Maßnahmen sind demnach in direkter Bezugnahme aufeinander zu konzeptionalisieren. Damit wird die Einlösung dessen gefordert, was Fritz Redl (1987) als therapeutisches Milieu beschrieben hat.

6.2 Therapeutisches Milieu

Das Konzept des therapeutischen Milieus zielt auf ein Ineinandergreifen von pädagogischen und therapeutischen Maßnahmen. Fritz Redl stellte die Forderung auf

> nach einem von therapeutischen Prinzipien durchdrungenen Erziehungsalltag für diese Kinder. Im Mittelpunkt dieser Überlegungen stand neben der grundlegenden Bedürfnisbefriedigung die Absicht, die Konflikthaftigkeit der alltäglichen Lebenswelten der Kinder zu reduzieren, ihnen Hilfe und Unterstützung bei der Bewältigung der alltäglichen Aufgaben des Zusammenlebens mit anderen zu gewähren. Krisen und Konflikte werden im Rahmen des therapeutischen Milieus als Lernanlass und potentieller Entwicklungsimpuls verstanden. (Budnik, Unger & Fingerle 2003, S. 178)

Die Umsetzung des therapeutischen Milieus als das Ineinandergreifen von pädagogischen und therapeutischen Maßnahmen wird von Reiser (1975) aus der Praxis des Sonderunterrichts an einer E-Schule beschrieben: In der Orientierung

> an einem umfassenden reflektierten Therapieplan (sind) alle Aktivitäten, die gemeinsam mit dem Kind unternommen werden, [...] dann Therapie, wenn sie in einem solchen Therapieplan Bedeutung haben. Umgekehrt ergibt eine Summe unverbundener ‚therapeutischer' Einzelaktivitäten noch keine Therapie [...] (Reiser 1975, S. 54), denn „der Therapieplan besteht nicht in der Festlegung der zeitlichen Abfolge bestimmter Maßnahmen, sondern in der Erarbeitung einer gemeinsamen Einstellung auf die Störung des Kindes. (Reiser 1975, S. 63)

Die Orientierung am Konzept des therapeutischen Milieus steht allerdings in einem starken Widerspruch zu aktuellen Tendenzen in der Schulwirklichkeit: Gefragt sind zusehends Einzelprogramme, die bestimmte, erwünschte Kompetenzen und Verhaltensweisen antrainieren bzw. andere, störende Verhaltensweisen abtrainieren. Damit werden therapeutische Angebote sozusagen modularisiert und es findet eine Verschiebung statt, bei der bestimmte Problembereiche des Schülerverhaltens partikularisiert werden. Mit dem Verweis auf das therapeutische Milieu soll ein Modell in Erinnerung gerufen werden, das sich nicht mit einer Betrachtung von Verhaltensweisen und der Behandlung von äußeren Symptomatiken begnügt, sondern versucht, einen verstehenden Zugang zu Verhaltensstörungen zu entwickeln. In der schnelllebigen Gegenwart erscheint diese Perspektive vielleicht als Anachronismus, aber nur über das Verstehen findet die Erziehungshilfepädagogik einen Zugang zur eigenen Klientel.

6.3 Psychoanalytische Pädagogik als Didaktik des therapeutischen Unterrichts?

Sonderpädagogen sind natürlich keine Therapeuten und trotzdem ist davon auszugehen, dass der Unterricht bei Verhaltensstörungen zwangsläufig therapeutische Wirkungen haben kann. Damit stellt sich die Frage, ob solche Wirkungen beabsichtigt sind und ob sie sich methodologisch absichern lassen oder ob es sich eher um unerwünschte Nebeneffekte handelt.

Die Psychoanalytische Pädagogik beschäftigt sich seit langer Zeit eingehend mit dieser Frage und es finden sich verschiedene Überlegungen zur Organisation von Unterrichtsprozessen. In das Zentrum der Diskussion ist dabei die Frage gerückt, inwieweit im Unterricht eine tiefergreifende Konfliktbearbeitung erfolgen kann und soll oder nicht. Konfliktverarbeitende Ansätze für den Unterricht wurden u. a. von Reiser (1975), Baulig (1982) und Bröcher (1997a) vorgelegt, kritische Einwände hat u. a. Neidhardt (1977) vorgebracht.

Auf der Ebene der didaktischen Diskussion lassen sich aus der Psychoanalytischen Pädagogik sogar Ansätze zu einer „analytischen Didaktik" entwerfen (vgl. Reiser 1972; Neidhardt 1985). Allerdings ist es bisher nicht gelungen, ein umfassendes Modell einer analytisch-orientierten Didaktik zu formulieren und es gibt zudem erhebliche Bedenken gegen die starke Betonung der therapeutischen Dimension des Unterrichtens (vgl. den Überblick bei Göppel 2000).

Auch im Therapeutischen Unterricht bleibt auf der Ebene des Rahmens eine wesentliche Differenz zwischen dem therapeutischen Setting einer psychoanalytischen Behandlung und dem pädagogischen Setting Unterricht und der jeweiligen Rolle des Therapeuten und des Sonderpädagogen bestehen: Während die Therapie einen künstlichen Raum konstruiert, in dem der Therapeut als passives Übertragungsobjekt fungiert, findet Unterricht im realen Raum statt, in den der Lehrer aktiv eingebunden ist (vgl. dazu ausführlich: Reiser 1972, S. 57ff.).

Die Orientierung an psychodynamischen Ansätzen macht den Sonderpädagogen nicht zu einem Therapeuten (und auch nicht, wie es dem Grundkonzept der Verhaltensmodifikation zugrunde liegt, zu einem „Hilfstherapeuten" (vgl. Kuhlen 1977), sondern verändert die eigene didaktische Perspektive:

Psychologisch-therapeutische Kompetenz heißt nicht, dass der Lehrer zum Mini-Therapeuten in der Schule werden soll. Es heißt vielmehr, dass die Kenntnis therapeutischer Grundkonzepte und deren pädagogische Umsetzung für den Sonderunterricht die didaktisch-methodische Kompetenz stark beeinflussen sollte. (Vernooij 1994, S. 43)

Um diese Differenz zu markieren, spricht Vernooij auch konsequent von einem „Therapeutisch-orientierten Sonderunterricht"; Bittner et al. (1974, S. 84) sprachen in ihrem Bildungsgutachten hingegen sogar von „sonderpädagogischer Therapie".

Die Orientierung an therapeutischen Ansätzen birgt allerdings eine große Gefahr, die bereits angedeutet wurde: Die um sich greifende und offensichtlich recht wahllos erfolgende Adaption therapeutischer Methoden und Techniken durch die Sonderpädagogik scheint in der Sehnsucht nach einer Ersatztechnologie begründet zu sein. Was aber bleibt von der Pädagogik, wenn wir sie durch und durch spicken mit verschiedenen, aus ihrem jeweiligen Behandlungsrahmen entrissenen therapeutischen Versatzstücken? Der gegenwärtige Boom von Trainingsprogrammen ist ein deutlicher Indikator und verdrängt zusehends nicht nur die Kultur pädagogischer Reflexionsprozesse (vgl. dazu Schad 2008), sondern atomisiert schulische Lernkulturen, indem Lern- und Verhaltensprobleme in alle möglichen Teilbereiche, z.B. des sozialen Verhaltens, des emotionalen Erlebens und kognitiven Lernens partikularisiert werden.

Genau diese Art von Transformationsprozessen ist mit Therapeutischem Unterricht nicht gemeint! Es geht vielmehr um eine kritische Selbstinformierung, auf welchen Wegen therapeutische Ansätze Zugänge zu den gleichen Problemlagen suchen, mit denen wir es im Unterricht bei Verhaltensstörungen zu tun haben.

Abschließend erfolgt ein kurzer Blick auf einige Beiträge, die pädagogisch-therapeutische Zugänge zu schweren emotionalen Verstörungen und manifesten schulischen Lernproblemen ermöglichen. Dabei geht es nicht um eine 1:1-Übernahme bestimmter Methoden und Techniken der therapeutischen Verfahren, sondern um Anregungen für einen Perspektivenwechsel auf den eigenen Unterricht mit schwierigen Schülern. Therapeutischer Unterricht beschreibt in diesem Sinne nichts anderes als die Umsetzung pädagogischer und therapeutischer Interventionen als ineinandergreifende (nicht additive!) Maßnahmen. Insofern meint Therapeutischer Unterricht die Umsetzung der Idee des therapeutischen Milieus von Fritz Redl in Anwendung auf das Setting des Schulunterrichts.

In der Psychoanalytischen Pädagogik finden sich einige grundlegende Ansätze, die Perspektiven für den Unterricht bei Verhaltensstörungen bieten:

- Bowlbys *Attachment Theory* verdeutlicht die Relevanz frühkindlicher Bindungserfahrungen für schulische Lernprozesse; Lernprobleme lassen sich vor diesem Hintergrund als Ergebnis von Bindungsstörungen betrachten (vgl. Salmon & Dover 2007).
- Winnicotts Theorie der Übergangsphänome ermöglicht es, Probleme der Ablösung von der dyadischen Beziehung zur primären Bezugsperson (i. d. R.: die Mutter als „gutes" oder „böses Objekt") zu beschreiben, wodurch individuelle Probleme bei der Bewältigung von Gruppensituationen (z. B. schulischen Lerngruppen) erklärbar werden (vgl. z.B. Becker 2001; Neidhardt 1977).
- Emotionale Verstörungen mit gravierenden Beeinträchtigungen des schulischen Lernens können durch „lernpsychotherapeutische" Konzepte bearbeitet werden, die sich auf Winnicotts Modell begründen: Der Ansatz der Educational Psychotherapy bietet auch gerade unter Rückgriff auf spieltherapeutische Verfahren hilfreiche Perspektiven, die Zugänge zu emotionalen Störungen in schulischen Lernprozessen gefunden werden können (vgl. Barret & Trevitt 1991; Geddes 2007; Salmon & Dover 2007).

7. Grenzen der Didaktik

Aufgrund der spezifischen psychosozialen Problemlagen der Kinder und Jugendlichen kommt in der Erziehungshilfepädagogik der therapeutischen Arbeit eine große Bedeutung zu. Für Schule und Unterricht bedeutet dieses, dass sich diese Problemlagen nicht mehr alleine mit den Bordmitteln der Didaktik lösen lassen. Selbst ein erweitertes Verständnis von Didaktik, das sich löst von der Engführung auf den Mikrokosmos des Unterrichts, kommt hier an seine Grenzen.

Die didaktische Diskussion im Bereich der Erziehungshilfepädagogik verdeutlicht zudem auch eine weitere Grenze: die der pädagogischen Machbarkeit. Pädagogik bei Verhaltensstörungen ist sozusagen der Kulminationspunkt eines antinomischen Grundproblems von Erziehung.

> Schon die normale Erziehung funktioniert offensichtlich alles andere als voraussetzungsfrei. Überhaupt scheint es eigentlich geradezu unwahrscheinlich, dass sich Kinder erziehen lassen [...]. Die jeder Erziehung inhärenten Schwierigkeiten von Kindern lassen sich bei den so genannten erziehungsschwierigen Kindern wie in einem Vergrößerungsglas beobachten. (Schleiffer 1995, S. 199)

Nach meiner Wahrnehmung lässt sich das Theorie-Praxis-Dilemma, wie es sich gerade auch im Verhältnis Didaktischer Theoriebildung zu Unterrichtspraxis ausdrückt nicht ganz unwesentlich auf ein unangemessenes Verständnis der Theorie-Praxis-Relation in der Pädagogik zurückführen. Wenn wir Didaktik nicht im Sinne einer Sozialtechnologie des Unterrichtens verstehen, sondern als ein Theorieinstrumentarium, das es ermöglicht, über konkrete Unterrichtsprozesse zu reflektieren, müsste es doch möglich sein, dass sich Unterrichtstheoretiker und Unterrichtspraktiker direkt aufeinander beziehen können.

Einen nicht unwesentlichen Anteil an den anhaltenden Verständigungsproblemen zwischen Didaktikern und Praktikern scheint mir in den gegenseitigen Erwartungshaltungen begründet zu liegen. Über die – aus handlungspragmatischer Sicht vollkommen berechtigten – Erwartungshaltungen von Lehrern nach einer direkten Verwertbarkeit didaktischer Theorien als Orientierungsvorgaben für die Unterrichtspraxis will ich mich hier nicht weiter auslassen. Wohl aber zur Seite der didaktischen Diskussion, der es mitunter immer noch schwer fällt, sich vom Mikrokosmos des Unterrichts zu lösen und den Makrokontext hinreichend zu berücksichtigen, denn was letztlich im Unterricht überhaupt möglich ist und was nicht, hängt ja entscheidend mit ab von den konkreten Rahmenbedingungen, unter denen der Unterricht stattfindet (von den spezifischen Merkmalen der einzelnen Schule wie Personalschlüssel, Raumangebot, materielle Ausstattung, Einzugsgebiet etc. bis hin zu lokalen und kommunalen Gegebenheiten, ministeriellen Erlassen und Rahmenplänen, gesetzlichen Grundlagen usf.).

Die praktische Relevanz des jeweiligen Makrokontextes zeigt sich im Unterricht bei Verhaltensstörungen beispielsweise bei der Frage, ob die konkreten Rahmenbedingungen es überhaupt ermöglichen, ein therapeutisches Milieu bereitzustellen (qualifiziertes Fachpersonal, schulischer Angebotsumfang als Halb- oder Ganztagsschule etc.; vgl. Willmann 2005).

8. Literatur

Barret, Muriel & Trevitt, Jane (1991). *Attachment Behaviour and the Schoolchild. An Introduction to Educational Therapy.* London: Routledge.

Baulig, Volkmar (1982). *Auffälliges Schülerverhalten. Pädagogische Maßnahmen auf ausagierendes Verhalten.* Weinheim: Beltz.

Becker, Ulrike (2001). Zur Integration und sonderpädagogischen Förderung von Schülern mit dem Förderschwerpunkt „emotionale und soziale Entwicklung". In: *Zeitschrift für Heilpädagogik, 52* (11), 13–21.

Bittner, Günther; Ertle, Christoph & Schmid, Volker (1974). Schule und Unterricht bei verhaltensgestörten Kindern. In: Deutscher Bildungsrat (Hrsg.), *Gutachten und Studien der Bildungskommission* (S. 13–102). Stuttgart: Klett.

Bröcher, Joachim (1997a). *Lebenswelt und Didaktik: Unterricht mit verhaltensauffälligen Jugendlichen auf der Basis ihrer (alltags-)ästhetischen Produktionen.* Heidelberg: Winter.

Bröcher, Joachim (1997b). Didaktik: Niemandsland oder Spielwiese der Verhaltensauffälligenpädagogik? Plädoyer für einen Unterricht als lebensweltorientieren Gesamtzusammenhang. In: *Sonderpädagogik, 27* (12), 92–103.

Bröcher, Joachim (2005). *Didaktische Variationen bei Schulverweigerung und Verhaltensproblemen.* Niebüll: Videel.

Budnik, Ines; Unger, Nicole & Fingerle, Michael (2003). Arbeitsfelder in der schulischen Erziehungshilfe. In: Günther Opp (Hrsg.), *Arbeitsbuch schulische Erziehungshilfe* (S. 145–199). Bad Heilbrunn: Klinkhardt.

Ettrich, Christine; Herbst, Monika & Nürnberger, Hannelore (1999). Förderschule für Erziehungshilfe – Ort integrativer Bemühungen von Pädagogik und Kinder- und Jugendpsychiatrie". In: *Zeitschrift für Heilpädagogik, 50* (6), 285–293.

Gasteiger-Klicpera, Barbara; Julius, Henri & Klicpera, Christian (Hrsg.) (2008). *Sonderpädagogik der sozialen und emotionalen Entwicklung.* Göttingen: Hogrefe.

Geddes, Heather (2007). *Attachment in the Classroom: The Links between Children's Early Experience, Emotional Well-Being and Performance in School.* London: Worth Publishing.

Goetze, Herbert (2001). *Grundriss der Verhaltensgestörtenpädagogik.* Berlin: Marhold.

Goetze, Herbert & Gatzemeyer, Uta (1992). Verhaltensgestörtenpädagogik im Spiegel der Fachzeitschriftenliteratur – Eine Inhaltsanalyse. In: *Heilpädagogische Forschung, XVIII* (1), 11–21.

Goetze, Herbert & Jäger, Walter (1991). Offenes Unterrichten von Schülern mit Verhaltensstörungen. Unterrichtsversuch in einer 6. Klasse der Schule für Verhaltensgestörte. In: *Sonderpädagogik, 2* (1), 29–39.

Goetze, Herbert & Neukäter, Heinz (Hrsg.) (1989). *Pädagogik bei Verhaltensstörungen.* Berlin: Marhold.

Göppel, Rolf (2000). Der Lehrer als Therapeut? Zum Verhältnis von Erziehung und Therapie im Bereich der Verhaltensgestörtenpädagogik. In: *Zeitschrift für Pädagogik, 46* (2), 215–234.

Göppel, Rolf (2002). *Wenn ich hasse, habe ich keine Angst mehr. Psychoanalytisch-pädagogische Beiträge zum Verständnis problematischer Entwicklungsverläufe und schwieriger Erziehungssituationen.* Donauwörth: Auer.

Hillenbrand, Clemens (2003). *Didaktik bei Unterrichts- und Verhaltensstörungen.* München: Reinhardt.

Hillenbrand, Clemens (2008). *Einführung in die Pädagogik bei Verhaltensstörungen.* München: Reinhardt.

Hobbs, Nicholas (1982). *The Troubled and Troubling Child.* San Francisco: Jossey-Bass.

Julius, Henri (2001). Die Bindungsorganisation von Kindern, die an Erziehungshilfeschulen unterrichtet werden. In: *Sonderpädagogik, 31* (2), 74–93.

KMK (2000). *Empfehlungen zum Förderschwerpunkt emotionale und soziale Entwicklung. Beschluss vom 10.03.2000.* Bonn: Kultusministerkonferenz.

Kuhlen, Vera (1977). *Verhaltenstherapie im Kindesalter: Grundlagen, Methoden und Forschungsergebnisse.* München: Juventa.

Miller, Reinhold (1998). *Beziehungsdidaktik.* Weinheim: Beltz.

Molkenthin, J.; Kähler, C. & Borchert, Johann (1992). Zur Theorie und Praxis der Differenzierung – Ergebnisse aus systematischen Unterrichtsbeobachtungen. In: *Sonderpädagogik, 22* (3), 124–131.

Mutzeck, Wolfgang (2000). *Verhaltensgestörtenpädagogik und Erziehungshilfe.* Bad Heilbrunn: Klinkhardt.

Myschker, Norbert (2008). *Verhaltensstörungen bei Kindern und Jugendlichen.* Stuttgart: Kohlhammer.

Neidhardt, Wolfgang (1977). *Kinder, Lehrer und Konflikte: Vom psychoanalytischen Verstehen zum pädagogischen Handeln.* München: Juventa.

Neidhardt, Wolfgang (1985). Psychoanalytische Didaktik? In: Günther Bittner & Christoph Ertle (Hrsg.), *Pädagogik und Psychoanalyse* (S. 95–116). Würzburg: Königshausen & Neumann.

Peterßen, Wilhelm H. (2001). *Lehrbuch Allgemeine Didaktik.* München: Oldenbourg.

Redl, Fritz (1987). *Erziehung schwieriger Kinder. Beiträge zu einer psychotherapeutisch orientierten Pädagogik.* München: Pieper.

Reinstein, Daniel K. (2006). *To Hold an Be Held. The Therapeutic School as a Holding Environment.* New York: Routledge.

Reiser, Helmut (1972). Grundzüge einer analytischen Didaktik. In: Helmut Reiser, *Identität und religiöse Einstellung. Grundlagen zu einem schülerorientierten Religionsunterricht* (S. 102–119). Hamburg: Furche.

Reiser, Helmut (1975). Zur Praxis der psychoanalytischen Erziehung in der Sonderschule. In: Aloys Leber & Helmut Reiser (Hrsg.), *Sozialpädagogik, Psychoanalyse und Sozialkritik. Perspektiven sozialer Berufe* (S. 53–86). Neuwied: Luchterhand.

Ricking, Heinrich & Hennemann, Thomas (2008). Stillstand oder Innovation? Tendenzen in der Didaktik und Methodik im Förderschwerpunkt emotionale und soziale Entwicklung. In: Gottfried Biewer, Mikael Luciak & Mirella Schwinge (Hrsg.), *Begegnung und Differenz: Menschen – Länder – Kulturen* (S. 361–370). Bad Heilbrunn: Klinkhardt.

Ricking, Heinrich; Hillenbrand, Clemens & Hennemann, Thomas (2007). Didaktisch-methodische Innovationen in der schulischen Erziehungshilfe – eine empirische Untersuchung. In: *Vierteljahresschrift für Heilpädagogik und ihre Nachbargebiete, 76* (4), 342–343.

Salmon, Gillian & Dover, Jenny (2007). *Reaching and Teaching through Educational Psychotherapy. A Case Study Approach.* Chichester: Wiley.

Schad, Gerd (2008). Vom Verschwinden der Pädagogik im Wissenschaftsbetrieb der Verhaltensgestörtenpädagogik. In: Helmut Reiser, Andrea Dlugosch & Marc Willmann (Hrsg.), *Professionelle Kooperation bei Gefühls- und Verhaltensstörungen. Pädagogische Hilfen an den Grenzen der Erziehung* (S. 29–41). Hamburg: Kovač.

Schlee, Jörg (1989). Zur Problematik der Terminologie in der Pädagogik bei Verhaltensstörungen. In: Herbert Goetze & Heinz Neukäter (Hrsg.), *Pädagogik bei Verhaltensstörungen* (S. 36–49). Berlin: Marhold.

Schleiffer, Roland (1995). Zur Unterscheidung von (Sonder)Erziehung und (Psycho)Therapie. In: *Sonderpädagogik, 25* (4), 193–204.

Schmid, Marc; Fegert, Jörg M.; Schmeck, Klaus & Kölch, Michael (2006). Psychische Belastungen von Kindern und Jugendlichen in Schulen für Erziehungshilfe. In: *Zeitschrift für Heilpädagogik, 57* (8), 282–290.

Schön, Bärbel (2005). *Therapie statt Erziehung? Chancen und Probleme der Therapeutisierung pädagogischer Arbeit.* Frankfurt am Main: VAS.

Schröder, Ulrich (2005). *Lernbehindertenpädagogik. Grundlagen und Perspektiven sonderpädagogischer Lernhilfe.* Stuttgart: Kohlhammer.

Seitz, Simone (2008). Leitlinien didaktischen Handelns. In: *Zeitschrift für Heilpädagogik, 59* (6), 226–233.

Stein, Roland & Stein, Alexandra (2006). *Unterricht bei Verhaltensstörungen. Ein integratives didaktisches Modell.* Bad Heilbrunn: Klinkhardt.

Textor, Annette (2007). *Analyse des Unterrichts mit „schwierigen" Kindern: Hintergründe, Untersuchungsergebnisse, Empfehlungen.* Bad Heilbrunn: Klinkhardt.

Vernooij, Monika (1994). Unterricht in der Schule für Erziehungshilfe nach dem Prinzip TOS. In: *Die Sonderschule, 39* (1), 38–49.

Weisser, Jan (2004). Die Themen der Sonderpädagogik in ihren Zeitschriften 1990-2003. Studien zum sonderpädagogischen Wissen. In: *Sonderpädagogik, 34* (3), 127–137.

Willmann, Marc (2005). Schulen für Erziehungshilfe – Survey 2004/05. Eine bundesweite Totalerhebung der Schule für Erziehungshilfe in Deutschland: Vergleich von Bundes- und Länderergebnissen. In: *Zeitschrift für Heilpädagogik, 56* (11), 442–455.

Willmann, Marc (2006). Pädagogisch-therapeutische Unterrichtsmodelle im Förderschwerpunkt emotionale und soziale Entwicklung – eine Literaturübersicht. In: *Heilpädagogische Forschung, XXXII* (2), 76–90.

Winkel, Rainer (2006). *Der gestörte Unterricht. Diagnostische und therapeutische Möglichkeiten.* Baltmannsweiler: Schneider-Verlag Hohengehren.

ix.

Vermessung des Verhaltens, Normierung zur Inklusion?

RTI als evidenzbasierte Pädagogik – eine Kritik

Response to Intervention (RTI) gilt weithin als Rahmenmodell einer evidenzbasierten Förderpädagogik bei sonderpädagogischen Fragestellungen. Im vorliegenden Beitrag werden die diagnostischen Methoden und die förderpädagogischen Implikationen von RTI mit Blick auf die Förderbereiche Lernen und Verhalten diskutiert.

Hinterfragt wird die Standardisierung von Fördermaßnahmen, der eine Normierung des Verhaltens zugrunde liegt, womit der inklusive Bildungsauftrag konterkariert wird. Den Ansätzen einer evidenzbasierten Interventionspädagogik, die sich vorrangig mit der Wirksamkeitsfrage beschäftigt, wird das Modell einer reflexiven Inklusion gegenübergestellt, das die professionelle Haltung der Pädagogen in den Mittelpunkt rückt.

1. „Schwierige" Kinder, erschwerte Inklusion?
– Herausforderungen für die inklusive Grundschule

Erziehung ist kein konfliktfreies Geschäft, das steht außer Frage, und die Herausforderungen des pädagogischen Umgangs mit Unterrichtsstörungen begleiten die Schule seit ihren Anfängen. Dabei haben sich die erzieherischen und didaktischen Methoden über die Zeit gewandelt, die Frage nach dem Umgang mit Disziplinschwierigkeiten bleibt indes hochaktuell: Nach den Ergebnissen einer demographischen Erhebung des Allensbach-Instituts im Jahr 2012 beispielsweise klagt rund die Hälfte der befragten Grundschullehrkräfte über mangelnde Disziplin der Schülerinnen und Schüler (Trautwein 2012, S. 22) und in aktuellen Prävalenzstudien zeigen sich bei knapp jedem fünften Kind im Alter von 3-17 Jahren psychische

Auffälligkeiten (Klasen et al. 2017), wobei die Prävalenz für das Grundschulalter bei 17,2 % (Altersstufe 3-6 Jahre) bzw. 23,1 % (Altersstufe 7-10 Jahre) liegt (Hölling et al. 2014).

Dem steht eine vergleichsweise geringe sonderpädagogische Förderquote[1] (1,12 %) im Bereich der emotional-sozialen Entwicklung gegenüber.[2] Bezogen auf den Bereich der Primarstufe wurden im Jahr 2014 insgesamt 16.995 Schüler mit emotional-sozialem Förderstatus inklusiv unterrichtet, das entspricht einem Anteil von mehr als 22 % aller Schüler mit sonderpädagogischem Förderbedarf in der Inklusion im Primarbereich. Auch wenn an den Grundschulen die Zahl der integrativ/inklusiv beschulten Schüler mit einem offiziellen Förderstatus im Bereich der emotional-sozialen Entwicklung in den letzten Jahren explosionsartig[3] und im Vergleich zur Entwicklung in der Gesamtheit aller sonderpädagogischen Förderschwerpunkte überproportional[4] angestiegen ist, liegt diese Quote mit einem Anteil von 0,61 % aller Grundschüler[5] vergleichsweise niedrig.

Die offenkundige Diskrepanz zwischen subjektivem Belastungserleben von Lehrkräften, klinischen Prävalenzschätzungen und den dokumentierten sonderpädagogischen Fallzahlen führt zu der Vermutung, dass die offizielle Förderquote im Bereich emotional-soziale Entwicklung nur die Spitze des Eisberges erkennen lässt und gerade im Grundschulbereich

---

[1] Die sonderpädagogische Förderquote gibt den Anteil der Schülerinnen und Schüler an, die in den Schulstatistiken mit dem Status eines „sonderpädagogischen Förderbedarfs" geführt werden, wobei die Fallzahlen für jeden einzelnen Förderschwerpunkt separat dokumentiert sind. Die Förderquote wird immer in Relation zur Gesamtpopulation aller Schülerinnen und Schüler in Vollzeitschulpflicht angegeben.

[2] Alle Zahlen zur Schulstatistik – soweit nicht anders ausgewiesen – nach KMK (2016).

[3] In den letzten knapp zehn Jahren hat sich der Anteil mehr als verdoppelt und in den letzten 18 Jahren beinahe vervierfacht (vgl. KMK 2005; 2016).

[4] Die Gesamtzahl aller Schülerinnen und Schüler mit sonderpädagogischem Förderbedarf an Grundschulen hat sich gegenüber 2005 knapp um das 1,8-fache erhöht und im Vergleich zu 1999 knapp verdoppelt (KMK 2005; 2016).

[5] Quotient berechnet auf die Grundgesamtheit von 2.789.246 Schülerinnen und Schüler im Primarbereich für das Schuljahr 2014/2015 (vgl. Statisches Bundesamt, Fachserie 11, Reihe 1, 2015/2016, S. 10).

die große Mehrzahl von nicht identifizierten Schülern mit Lern- und Verhaltensstörungen" unterrichtet werden, deren Störungen hinsichtlich „Schweregrad, Intensität und Komplexität [...] niedrigschwelliger sein [können] als die Störungen von Kindern, die im Schulsystem als verhaltensgestört oder lernbehindert klassifiziert werden. (Opp et al. 1999, S. 26)

Die unter der Zielsetzung des inklusiven Bildungsauftrags steigende Herausforderung an die Grundschulen, Lösungen für den pädagogischen Umgang mit Lern- und Verhaltensproblemen zu entwickeln, verweist auf die Frage nach den Gelingensbedingungen schulischer Inklusionsprozesse, die seitens der Bildungspolitik – und zusehends auch in der sonderpädagogischen Programmentwicklung – auf die Frage der Wirksamkeit spezifischer Methoden und Konzepte zur inklusiven Förderung reduziert wird, wie die aktuelle Diskussion um die Evidenzbasierung inklusions- und sonderpädagogischer Interventionen belegt (Koch 2016).

2. Response to Intervention (RTI): ein evidenzbasiertes Rahmenmodell für die inklusive Grundschule?

„Evidenzbasierung" erweist sich als neues universales Zauberwort, das alle humanwissenschaftlichen Disziplinen in der Forderung verbindet, im Sinne einer bestmöglichen professionellen Handlungspraxis bevorzugt auf solche Methoden und Konzepte zurückzugreifen, deren Wirksamkeit wissenschaftlich belegt ist. Das Konzept einer evidenzbasierten pädagogischen Praxis im Kontext der inklusiven schulischen Erziehung und Bildung bezieht sich entsprechend auf den Einsatz wissenschaftlich geprüfter und in der Wirksamkeit empirisch nachgewiesener Unterrichtstechniken und Fördermethoden, die bestmögliche Lernerfolge und Entwicklungsfortschritte versprechen (Coalition for Evidence-Based Policy 2002). Response to Intervention (RTI) gilt als ein solches evidenzbasiertes Fördermodell, das in den USA eine große Verbreitung gefunden hat (Brown-Chidsey & Steege 2005) und mittlerweile auch hierzulande als innovatives Förderparadigma diskutiert (Walter 2008) und zudem „als Grundlage für einen inklusiven Paradigmenwechsel in der Sonderpädagogik" (Huber & Grosche 2012) betrachtet wird.

3. Grundlagen des Ansatzes: Die RTI-Pyramide

RTI stellt ein Rahmenmodell zur datenbasierten sonderpädagogischen Diagnostik und Förderplanung dar, das auf eine frühzeitige Identifikation und Bearbeitung schulischer Lern- und Entwicklungsprobleme zielt. Das Modell wird häufig als ein mehrstufiges Interventionskonzept in der Form einer Pyramide dargestellt, bei der die Intensivität der Fördermaßnahmen auf den einzelnen Ebenen jeweils zunimmt (Bender 2009). Ausgehend von der Grundannahme, dass für rund 80 % der Schüler „guter Unterricht" ein adäquates universales Mittel der Primärprävention darstellt, wird der proaktive Einsatz evidenzbasierter Unterrichtsmethoden empfohlen, um der Genese von Lern- und Verhaltensproblemen vorzubeugen (Stufe 1). Für Schüler, deren Leistungsstand sich trotz des Einsatzes evidenzbasierter Unterrichtsmethoden nur unzureichend entwickelt, werden zielgerichtete evidenzbasierte Fördermaßnahmen angeboten, um die Lernrückstände abzubauen (Stufe 2). Es wird angenommen, dass auf dieser Stufe nahezu alle übrigen Schüler erreicht werden. Für Einzelfälle, in denen sich mittels der gezielten Fördermaßnahmen keine hinreichenden Lernerfolge erkennen lassen (geschätzte 2-5 % einer Schulkasse), werden auf der dritten Stufe intensive sonderpädagogische Fördermaßnahmen bereitgestellt (Brown-Chidsey & Steege 2005).

Der Diagnostik kommt auf den einzelnen Stufen der RTI-Pyramide eine besondere Bedeutung zu, wobei formative, d. h. den Prozessverlauf begleitende Verfahren im Mittelpunkt stehen.

3.1 Diagnostik im Bereich Lernen: Curriculumbasiertes Messen (CBM)

Das diagnostische Herzstück von RTI ist das sogenannte *curriculumbasierte Messen (CBM)*, das wie auch die Lernverlaufsdiagnostik (Klauer 2006) als prozessbegleitende Evaluation zu betrachten ist. Gegenüber traditionellen Testverfahren, die das Lernverhalten und die Schulleistungen nur punktuell messen, wird CBM charakterisiert durch „[...] die regelmässige Durchführung kurzer, standardisierter Aufgabensets. Diese zeichnen sich durch die Nähe zum aktuellen Curriculum aus, sind ökonomisch und leicht in den Unterricht integrierbar. Ein Beispiel sind einminütige Leseproben mit unterrichtsnahem Textmaterial, die über einen gewissen Zeitraum wiederholt eingesetzt werden, um kindliche Lesefortschritte auf Klassen- und Individualebene zu eruieren" (Hartmann & Müller 2009, S. 29).

Das praktische Vorgehen beim CBM wird von Klauer (2006, S. 18) am Beispiel der Lernfortschrittsmessung im Bereich Lesen und Schreiben geschildert:

> Für das Lesen hat man beispielsweise sehr gute Erfahrungen gemacht mit kurzen Textpassagen gleich schwerer Texte [...]. Man [...] lässt das (oder jedes) Kind für genau eine Minute laut lesen, um zu registrieren, wie viele Wörter es in der Zeit richtig und wie viele es falsch liest [...]. Der Fortschritt in der Rechtschreibung wird oftmals mittels Wortdiktaten erfasst. Die Lehrkraft diktiert beispielsweise 20 Wörter im Abstand von 7 Sekunden, so dass das Diktat nach zwei Minuten und 20 Sekunden beendet ist.

Die Messergebnisse werden regelmäßig und kontinuierlich dokumentiert und graphisch aufgearbeitet, um den Entwicklungstrend über das Schuljahr in Form einer Verlaufskurve darzustellen. Anhand der Messdaten zu den gezeigten Lernleistungen kann der Erfolg (oder Misserfolg) der gewählten Unterrichts- bzw. Fördermethoden abgelesen und somit unmittelbar didaktisch reagiert werden (Klauer 2006).

CBM ist programmatisch auf den Bereich schulischer Lernschwierigkeiten ausgerichtet; ein Großteil der aktuellen Beiträge bezieht sich auf die Prävention, Diagnostik und Intervention von Schwierigkeiten im Lesen, Schreiben und Rechnen sowie allgemein auf akademisches Lernen und Schulleistungen (exemplarisch: Walter 2008; Hartmann und Müller 2009). Ungeachtet der Frage, inwieweit das Modell im Bereich schulischer Lernförderung den hohen Erwartungen an die inklusive Wirksamkeit (Huber & Grosche 2012) tatsächlich entsprechen kann, stellt sich die grundlegende Frage der Adaptierbarkeit auf andere sonderpädagogische Förderbereiche, wie im Folgenden anhand des Förderschwerpunkts emotionalsoziale Entwicklung ausgeführt werden soll.

3.2 Diagnostik im Bereich Verhalten: Direkte Verhaltensbeurteilung (DVB)

Auch bei RTI im Verhaltensbereich kommt der engmaschigen Diagnostik eine zentrale Bedeutung zu. Im Vergleich zu der mehr als 40-jährigen Tradition der Lernverlaufsdiagnostik bei schulischen Lernschwierigkeiten (Fuchs 2004) finden sich allerdings erst in jüngerer Zeit Versuche zur Entwicklung einer speziellen Methode zur „Verhaltensverlaufsdiagnostik"

(Huber & Rietz 2015), die auf dem ebenfalls in den USA entwickelten Verfahren des *Direct Behavior Rating* (deutsch: *Direkte Verhaltensbeurteilung, DVB*) basiert, ein Ansatz, der die Unmittelbarkeit der systematischen direkten Verhaltensbeobachtung sowie die Effizienz von Verhaltensbeurteilungsskalen miteinander kombinieren soll. Analog zur Lernverlaufsdiagnostik durch CBM arbeitet die Verhaltensverlaufsdiagnostik durch DVB mit einer hohen Messfrequenz, um Entwicklungsverläufe fortlaufend dokumentieren und die Wirksamkeit des Lehrerhandelns bzw. die Effekte spezieller Interventionen überprüfen zu können (Casale et al. 2015).

Das Vorgehen wird von Casale et al. (2015, S. 329) exemplifiziert: festzulegen sei „ein interessierendes Verhaltensmerkmal (z. B. Melden, wenn es Fragen gibt) [...], welches durch eine Förderung (z. B. Verstärkerplan) in einer bestimmten Situation im Schulalltag (z. B. individuelle Stillarbeitsphase) verbessert werden soll." Die Beurteilung dieses Verhaltens durch die Lehrkraft mittels Ratingskala erfolge im direkten Anschluss an die Situation und ermögliche es so, „Rückschlüsse auf die Wirksamkeit der Förderung (in diesem Beispiel: des Verstärkerplans)" zu ziehen und die Interventionen bei Bedarf entsprechend zu modifizieren (ebd.).

3.3 RTI in der Grundschule: Implementation und praktische Applikation im Rügener Inklusionsmodell

Mittlerweile liegen mit dem Evaluationsbericht zum Rügener Inklusionsmodell der inklusiven Grundschule auch erste Ergebnisse zur Implementation von RTI in Deutschland vor (Voß et al. 2016). Die Projektleiter charakterisieren das Modell durch den Rückgriff auf evidenzbasierte Unterrichts- und Fördermethoden sowie eine datengetriebene Förderplanung im Kontext eines Mehrebenenmodells der Prävention. Als evidenzbasierte Methoden zur Prävention und Förderung in den Lernbereichen Deutsch und Mathematik wurde auf Trainingsprogramme in den Bereichen Lesen, Schreiben und Rechnen zurückgegriffen (S. 37 ff.). Im Bereich der emotional-sozialen Entwicklung kamen Verfahren des Classroom Management, Techniken der Verhaltensverstärkung sowie lernpsychologische Präventionsprogramme zum Einsatz (S. 45 ff.).

Die wissenschaftliche Evaluation erfolgte durch eine aufwändige Begleitforschung mit einem Kontrollgruppenvergleich[6], wenngleich mit bescheidenden Ergebnissen hinsichtlich des Erfolgs der untersuchten Effekte. Einerseits zeigten sich im Vergleich zur Gesamtgruppe zwar vorteilhafte emotionale und soziale Schulerfahrungen bei den Schülern in der Inklusionsgruppe, andererseits aber waren diese mit Blick auf Kinder mit erhöhten emotional-sozialen Entwicklungsrisiken nicht signifikant (S. 273). Während von einer grundsätzlichen Überlegenheit des Inklusionsmodells gegenüber den traditionellen Angebotsformen im separaten Sonderunterricht berichtet wird, relativiert sich dieser Vorteil jenseits des Förderschwerpunkts Lernen; für den Förderbereich emotional-soziale Entwicklung wird von signifikanten Vorteilen des Inklusionsmodells nur hinsichtlich der untersuchten Viertklässler berichtet (ebd.) und im Bereich Sprache zeigen sich keine Unterschiede im Vergleich mit den beiden Kontrollgruppen (S. 274).

Bemerkenswert sind in jedem Fall die unterschiedlichen Quoten an offiziellen sonderpädagogischen Förderfällen in den Untersuchungsgruppen. In der Stralsunder Kontrollgruppe liegt die Zahl der Förderfälle im Bereich emotional-soziale Entwicklung um ein Dreifaches über der Anzahl in der Rügener Treatment-Gruppe. Inwieweit diese Diskrepanz tatsächlich als ein Indikator für die präventive Wirksamkeit des Rügener Modells in diesem Förderbereich betrachtet werden kann, wie es die Evaluatoren ableiten (S. 276), lässt sich mittels der vorgelegten Forschungsdaten nicht beurteilen, da keine näheren Angaben zur Verteilung der regionalen Förderquoten über die Zeit gemacht werden. Zudem umfassen die beiden Zwillingsgruppen der Studie auch Schüler aus sonderpädagogischen Förderklassen, die per definitionem als Förderfälle zu zählen sind.

---

[6] Es wurden drei Vergleichsgruppen gebildet: die Schüler der Rügener Treatment-Gruppe (N = 441) wurden inklusiv nach dem RTI-Modell in der Grundschule unterrichtet. Die Schüler der Stralsunder Kontrollgruppe (N = 385) erhielten entweder eine Förderung in Grundschulklassen oder wurden in speziellen sonderpädagogischen Diagnose- und Förderklassen sowie Sprachheilklassen unterrichtet. Eine weitere Kontrollgruppe aus Rostock umfasste zudem zwei weitere Klassen mit insgesamt 22 Schülern eines sprachheilpädagogischen Förderzentrums (Voß et al. 2016, S. 54 ff.).

Aufschlussreich ist jedenfalls, dass jeweils nur rund die Hälfte der beteiligten Grundschullehrkräfte die angebotenen Materialien und evidenzbasierten Verfahren positiv einschätzen (ebd., S. 264) und trotz (oder gerade wegen?) der vierjährigen Erfahrungen im Inklusionsprojekt Zweifel hegen, „ob förderungsbedürftige Kinder integrativ angemessen gefördert werden können" (ebd., S. 265). Rund ein Drittel „möchte diese Aufgabe nicht übernehmen" und „zwei Drittel [...] möchte nicht dazu verpflichtet werden, förderungsbedürftige Kinder zu unterrichten" (ebd.) – bei einer grundsätzlichen Zustimmung zur Idee der inklusiven Erziehung bei mehr als 80 % (ebd.) der beteiligten Lehrkräfte!

4. RTI als Rahmenmodell einer evidenzbasierten Förderpraxis in der schulischen Inklusion?– ein skeptisches Fazit

Im Vergleich zum kritischen Diskurs in der Erziehungswissenschaft (z. B. Bellmann und Müller 2011; Terhart 2014) ist das Evidenzparadigma im Kontext der schulischen Inklusionsdiskussion hierzulande erst mit einiger Verzögerung aufgegriffen und insbesondere von der sonderpädagogischen Fachwissenschaft bis dato nur „relativ unkritisch und stark verkürzt mit dem Fokus auf der Bereitstellung von Wirkungswissen" diskutiert worden (Koch 2016, S. 10). Die im Folgenden vorgetragene Kritik argumentiert auf unterschiedlichen Ebenen: es werden erstens Probleme der internen Validität von RTI skizziert und zweitens Schwierigkeiten der Adaption des Modells der RTI-Lerndiagnostik (CBM) auf den Verhaltensbereich (DVB) erörtert. Schließlich wird der RTI-Ansatz drittens aus Sicht des inklusiven Bildungsauftrags kritisch hinterfragt.

4.1 Innere Inkonsistenzen des RTI-Rahmenmodells

Das RTI-Rahmenmodell betont ganz zu Recht die Bedeutung von proaktiven und präventiven gegenüber reaktiven und remedialen Strategien bei sonderpädagogischen Problemlagen, wobei allerdings nur evidenzbasierte Strategien zum Einsatz kommen sollen (z. B. Blumenthal et al. 2017, S. 124). Dabei ist das zugrundeliegende Verständnis von Wissenschaft und Pädagogik kritisch zu hinterfragen, denn es schließt kategorisch alle Ansätze und Verfahren aus, deren Wirkungsweise nach anderen als den im Evidenzparadigma aufgestellten Wirksamkeitskriterien zu beurteilen sind, wie Schad (2015, S. 337) kritisch resümiert. Zugleich beinhaltet die universelle Präventionsebene (erste RTI-Stufe) keine spezifisch sonderpädagogische, sondern vielmehr eine genuin allgemeinpädagogisch-didaktische Aufgabenstellung. Die in der Fachliteratur diskutierten Maßnahmen, die ab der zweiten RTI-Stufe zur Intervention bei emotional-sozialen Schwierigkeiten greifen sollen, bleiben indes eher unspezifisch, wobei sich die Konzepte mitunter auch widersprechen.[7] Umstritten ist zudem, ob bei RTI überhaupt und wenn ja ab welcher Stufe Assessmentverfahren zur Überprüfung auf sonderpädagogischen Förderbedarf zum Einsatz kommen sollten.

Zugleich scheint es mehr als fraglich, inwieweit RTI für ein neues Modell der sonderpädagogischen Förderung steht, wie häufig behauptet wird.[8] Die RTI-Pyramide weist eine wohl nicht ganz zufällige Ähnlichkeit mit dem sogenannten Kaskadenmodell auf (Reynolds 1962), in dem die sonderpädagogischen Hilfen entlang einer auf dem Kopf stehenden Pyramide nach Intensität und Restriktivität der einzelnen Maßnahmen angeordnet werden. In der Gestalt der dreistufigen Pyramide greift RTI zudem das ebenfalls aus dieser Zeit stammende Präventionsmodel der Mental Health Consultation von Caplan (1964) auf, das bereits Mitte der 1990er-Jahre in der US-amerikanischen Fachdiskussion als „Triangle of Behavior Support" adaptiert wurde (Merrell und Walker 2004).

4.2 Verhaltensverlaufsdiagnostik: Probleme der Adaption von CBM zu DVB

Ungeachtet der durchaus diskussionswürdigen Frage, inwieweit der CBM-Ansatz ein angemessenes Diagnostikum zur Absicherung einer evidenzbasierten Praxis im Bereich der Lernförderung sein mag, stellt sich ganz grundsätzlich die Frage, ob für den Bereich der emotional-sozialen Entwicklung eine analoge „Verhaltensverlaufsdiagnostik" sinnvoll erscheint.

---

[7] Vgl. etwa im Detail die bemerkenswerten Unterschiede zwischen der von Hennemann et al. (2015) beschriebenen dreistufigen RTI-Pyramide gegenüber dem Vier-Stufen-Modell von Blumenthal et al. (2017).

[8] So wird RTI als neuer Ansatz beschrieben, der das Aptitude-Treatment-Interaction (ATI)-Konzept (Walter 2008) und damit auch das „wait-to-fail"-Problem der traditionellen sonderpädagogischen Förderkonzepte überwinde (Huber und Grosche 2012). Nach Hinz (2016, S. 247) allerdings tendieren die RTI-Befürworter zu einer „ahistorischen Selbstüberhöhung", die zugleich von einer Diskreditierung der Integrationsforschung der letzten Jahrzehnte begleitet werde.

Das vorgestellte Verfahren der DVB misst das Oberflächenverhalten von Schülern im Unterricht. Dabei wird der soziale Aspekt fokussiert, nicht aber die inneren Motivlagen; der subjektive Sinn und die individuelle Bedeutung sowie die emotionalen Hintergründe des Verhaltens werden schlichtweg ausgeblendet. DVB führt also zu einer erheblichen und dem Gegenstand nicht angemessenen Reduktion einer an sich hochkomplexen Problemlage. Nicht ohne Grund ist für den Förderschwerpunkt die Bezeichnung „emotionale und soziale Entwicklung" gewählt worden (KMK 2000).

Es ist zudem nach Sinn und Zweck dieser Form der direkten Messung von Interventionswirkungen zu fragen, wenn doch erworbene maladaptive Verhaltensroutinen einer hohen Persistenz unterliegen (Ihle und Esser 2002) und sich also die emotional-sozialen Grundlagen des Verhaltens durch förderpädagogische oder therapeutische Interventionen nur langsam und in begrenzter Reichweite, wenn überhaupt, verändern lassen.[9] Sind also Verhaltensänderungen von Schülern, die sich mittels DVB als messbare Effekte sequenziell quantifizieren lassen (und beispielsweise in veränderten Frequenzen erwünschter oder unerwünschter Verhaltensweisen ausgedrückt werden, wie etwa in der Frequenz der Wortmeldungen pro Minute oder Anzahl der Dazwischenrufe ohne Wortmeldungen etc.) tatsächlich als Indikatoren für nachhaltige emotional-soziale Reifungsprozesse der betreffenden Kinder und Jugendlichen zu deuten? Oder zeigen die Messungen nicht vielmehr das Ausmaß der Adaption, also letztlich den Grad der Anpassung oder Nichtanpassung, der sich im beobachtbaren Schülerverhalten spiegelt? Die der Verhaltensverlaufsdiagnostik zugrundeliegende verhaltensmodifikatorische Erziehungstechnologie vermag jedenfalls die komplexen Hintergründe emotional-sozialer Schwierigkeiten in Schule und Unterricht nicht zu adressieren (Willmann 2012).

Es finden sich zudem bislang keine schlüssigen Antworten auf grundlegende Probleme der forschungsmethodischen Operationalisierung von DVB, etwa zu der Frage, welche Verhaltensindikatoren zu messen sind und in welcher Frequenz. Zudem ist auch die Aussagekraft der Messdaten hinsichtlich ihres Wirkungszusammenhangs mit den durchgeführten Maßnahmen und der prognostischen Qualität mit Blick auf zukünftige Interventionsstrategien weitgehend unklar (Chafouleas et al. 2009, S. 199).

---

[9] In der Ethologie wird dieser Umstand als „Verhaltensträgheit" beschrieben (Kanfer et al. 2012; ausführlich in der Behavioral Momentum Theory von Nevin und Grace 2000).

4.3 RTI – eine Kritik aus Sicht des inklusiven Bildungsauftrags

Die der evidenzbasierten Pädagogik und dem RTI-Ansatz zugrundeliegende Förderphilosophie setzt auf eine Standardisierung der Fördermaßnahmen, die zugleich eine Normierung der Lern- und Verhaltensprobleme bedingt. Der Ansatz führt zu einer Paradoxie, denn trotz des selbst proklamierten „inklusiven Paradigmenwechsel[s]" (Huber und Grosche 2012) steht RTI faktisch in einem diametralen Widerspruch zu den Zielen und dem Programm inklusiver Bildung. Die Normierung des Lern- und Sozialverhaltens widerspricht der Heterogenität und Individualität der Schüler (Uphoff 2009, S. 75) und „gerade die Forderung nach Standards von Inklusion [bildet] im Grunde eine Kontradiktion gegenüber dem, was einen inklusiven Unterricht ausmacht, nämlich einen Unterricht, der zwar Lernen entlang gemeinsamer Gegenstände organisiert, hierbei aber im Sinne der Individualisierung eine Vielfalt von Zugängen ermöglicht" (Rödler 2012, S. 33).

Mehr noch: Tatsächlich stehen CBM und DVB in der Tradition einer individualisierenden und defizitär ausgerichteten Diagnostik, die sich vorrangig am medizinischen Modell orientiert (Schumann 2016, S. 174). Die einseitige Fokussierung auf das Schülerverhalten führt zu einer erheblichen Komplexitätsreduktion und Entkontextualisierung schulischer Lernprozesse: „Mit RTI wird so getan, als entwickelten sich Kinder im gesellschaftsfreien Raum [...]. Andere Barrieren für Lern- und Partizipationsprozesse als die dem Lernenden innewohnende kommen [...] nicht vor" (Hinz 2016, S. 248). Eine inklusionsorientierte Diagnostik hingegen „zielt auf das Erkennen und Beseitigen von Inklusionsbarrieren. Nicht die Anpassung des Schülerverhaltens steht im Mittelpunkt der Interventionen, sondern ganz im Gegenteil: die Anpassung der Schul- und Unterrichtsorganisation an den Entwicklungsstand und die Bedürfnisse der einzelnen Schüler" (Willmann 2015, S. 428). Dabei ist das komplexe Wechselspiel der vielfältigen Faktoren zu berücksichtigen, die schulische Inklusions- und Exklusionsprozesse bedingen und die sich auf unterschiedlichen Systemebenen analysieren lassen. Parsons (1999) unterscheidet sozioökonomische und kulturelle Faktoren von institutionellen sowie individuellen Faktoren. Eine inklusionsorientierte Diagnostik hat alle genannten Ebenen in den Blick zu nehmen (Ondracek und Störmer 2011). Mit der Konstruktion des non-responsiven Schülers wird bei RTI allerdings der diagnostische Blick einseitig beschränkt auf die personale Ebene der individuellen Faktoren. Dabei werden traditionelle Normalitätsvorstellungen aufrechterhalten, mit deren Hilfe sich die Sonderpädagogik zugleich ihre alleinige Zuständigkeit für die „schwierigen Fälle" sichert (Hinz 2016, S. 149).

5. Wissenschaftspolitische Folgewirkungen und förderpädagogische Langzeitschäden des Evidenzparadigmas

Im vorliegenden Beitrag wurde der RTI-Ansatz als ein Rahmenmodell zur Förderung bei schulischen Lern- und Verhaltensproblemen vor dem Hintergrund des inklusiven Bildungsauftrags kritisch betrachtet. Dabei ist die zunehmende Verbreitung des Ansatzes im Gesamtzusammenhang aktueller bildungspolitischer Entwicklungen zu diskutieren, in deren Kern eine Politik der Evidenzbasierung steht, deren Ausmaß und Folgen in ihren Konsequenzen bislang nur zu erahnen sind. Ein gewichtiger und grundlegender Aspekt betrifft die Verschmelzung von Politik und Wissenschaft, oder genauer: die Gängelung der Erziehungswissenschaft durch die Bildungspolitik (Herzog 2010), mit radikalen Konsequenzen für das zukünftige, politisch indoktrinierte Verständnis von Erziehung und Bildung. Die evidenzbasierte Bildungsforschung reduziert Pädagogik auf die Frage der Wirksamkeit; eine kritische kulturwissenschaftliche Pädagogik hingegen müsse „mehr können als nur Effekte messen und sich den Modellen der pädagogischen Psychologie verpflichten [...]." (Tenorth 2014, S. 17)

Gleichzeitig geht mit der Hierarchisierung der Forschungsmethoden nach einem Goldstandard, bei dem randomisierte kontrollierte Studien (RCT) als das Forschungsdesign mit der höchsten Erkenntnisqualität angesehen werden, eine wissenschaftsmethodische Engführung einher, die in der Verkopplung mit staatlicher Forschungsförderung eher mittel- denn langfristig zu einer Monokultur in der erziehungswissenschaftlichen Forschungslandschaft beitragen dürfte (Schad 2015); eine Entwicklung, die sich hierzulande mit Blick auf die Besetzungspolitik an den Hochschulen und Universitäten im Fachgebiet der Sonder- und Inklusionspädagogik bereits ablesen lässt (vgl. Koch 2016, S. 27).

Im Evidenzparadigma findet zugleich eine Deautonomisierung der pädagogischen Praxis statt, die als willfährige Abnehmerin der mit dem wissenschaftlichen Gütesiegel ausgezeichneten Programmentwürfe und Handlungsansätze adressiert und an deren professionelle Verantwortung appelliert wird, die bestmögliche didaktische und förderpädagogische Technologie zum Einsatz zu bringen. Die Güte dieser Technologien soll dabei ausschließlich nach dem forschungsmethodischen Goldstandard beurteilt werden (Coalition for Evidence-Based Policy 2002).

Das vorgestellte Beispiel einer evidenzbasierten Förderpädagogik nach RTI verdeutlicht schließlich einen weiteren grundlegenden Aspekt, nämlich die dringliche Frage nach den Zielsetzungen von Erziehung und Bildung. Es geht schlichtweg darum: *Welche Pädagogik wollen wir?* – Im RTI-Modell werden gemäß den Gütekriterien nach dem RCT-Goldstandard fast ausschließlich kognitiv-behaviorale Unterrichts- und Fördermethoden als wissenschaftlich wirksame Verfahren propagiert (Hinz 2016; Rödler 2016). Das ist wenig überraschend, denn das mit dem Evidenzparadigma verbundene Verständnis von empirischer Wirkungsforschung folgt im Wesentlichen einem naturwissenschaftlichen Forschungsverständnis, das ja gerade auch der Verhaltenstherapie zugrunde liegt. Mit dieser eindimensionalen Perspektive bleibt allerdings die beispielsweise in der psychotherapeutischen Treatmentforschung bis heute andauernde Kontroverse um die Methodiken der Interventionsforschung und die Interpretation ihrer Ergebnisse (exemplarisch: Seidler 2006) vollkommen unbeachtet.

Der Schwerpunkt der als evidenzbasiert ausgezeichneten Programme und Methoden liegt in lernpsychologischer Tradition auf einer verhaltensmodifikatorischen Erziehungstechnologie, die im Kern auf ein Abtrainieren unerwünschter und ein Antrainieren erwünschter Verhaltensweisen zielt. Störungen im Unterricht sollen durch den Einsatz von Techniken der Klassenführung präventiv vermieden bzw. bei ihrem Auftreten unterbunden werden.[10] Systematisch ausgeblendet werden somit zugleich alle Ansätze und Pädagogiken, die sich auf ein anderes Wissenschafts- und Pädagogikverständnis berufen. Die Gleichsetzung von Wissenschaftlichkeit

---

[10] Die monistische Engführung der evidenzbasierten Sonderpädagogik auf behaviorale Interventionstechniken und verhaltensmodifikatorische Förderprogramme ist für die US-amerikanische Fachdiskussion offenkundig – vgl. exemplarisch hierzu: Bakken et al. (2012). Auch in der deutschsprachigen Fachliteratur werden unter den evidenzbasierten Fördermethoden in erster Linie lernpsychologische Konzepte diskutiert, so etwa im Präventionsansatz von Hennemann et al. (2015); vgl. auch insbesondere den dritten Teil der vierbändigen Schriftenreihe „Lernen nachhaltig fördern" von Mahlau et al. (2016), in dem die konzeptionell-programmatischen Bausteine des Rügener Inklusionsmodells für den Förderbereich emotional-soziale Entwicklung vorgestellt werden.

mit Evidenzbasierung diskreditiert insbesondere die in der geisteswissenschaftlich-hermeneutischen und humanistischen Erziehungsphilosophie verwurzelten Ansätze der Sonder- und Integrationspädagogik, deren reflexiv-interpretativer Zugang einen wichtigen Beitrag leistet zum subjektlogischen Verstehen erschwerter Erziehungs- und Bildungsprozesse, bei dem die Innenperspektive der Akteure als wichtige Ingredienz in die Analyse einbezogen wird (Willmann 2015). Die in der deutschsprachigen Sonderpädagogik etablierte Tradition einer kulturkritischen Erziehungswissenschaft wird durch die Politik der Evidenzbasierung gegenwärtig in Frage gestellt. Als aufgeklärte Reflexionswissenschaft sollte sie die Herausforderung annehmen und sich gegenüber der evidenzbasierten Interventionspädagogik gleichsam als Korrektiv positionieren.

6. Inklusion als reflexiver Prozess

Die gegenwärtigen Tendenzen einer Interventionspädagogik, die einseitig den Wirksamkeitsnachweis spezifischer Fördermethoden und -ansätze in den Blick nimmt, trägt zu einer „Entkulturierung des Lernens" (Rödler 2016) bei, denn sie be- und verhindert bedeutungsvolle Lernprozesse, die sich sensu Rogers (1974) nur unter der Voraussetzung der Selbstbestimmung einstellen können. Autonomie und Mündigkeit als Ziele schulischer Erziehung und Bildung setzen ein „Lernen in Freiheit" (ebd.) voraus, wobei der pädagogischen Beziehungsgestaltung in Schule und Unterricht eine große Bedeutung zukommt (Miller 2011; Fleischer 2016). Schulische Lern- und Verhaltensprobleme sind in der Folge nicht primärer Ausdruck individueller Fehlanpassungen von Schülern, die es zu beseitigen gilt. Vielmehr verweisen sie auf Irritationen und Verstörungen in der Beziehungsgestaltung, in der pädagogischen Interaktion und Kommunikation, deren Sinn und Bedeutung sich durch einen subjektlogischen Zugang im pädagogischen Fallverstehen erschließen lässt. Entgegen aller auf das Schülersubjekt bezogenen Interventionsmentalität gründet sich das Programm der inklusiven Grundschule auf einer kooperativen Schulkultur (Idol 2002), in deren Mittelpunkt kooperatives Lernen im gemeinsamen Unterricht steht (Feuser 1989).

Dabei spitzen sich die strukturellen Paradoxien und Unsicherheiten des erzieherischen Handelns (Wimmer 1996; Winkler 2006) sowie die Überkomplexität schulischer Lehr-Lern-Prozesse (Doyle 1986), die auf die prinzipielle Störanfälligkeit des Unterrichts verweisen (Winkel 2011), in der inklusiven Schule aufgrund der Heterogenität der Schülerschaft noch einmal zu. Die Forderung nach Standardisierung (Schuck 2014) ist im Sinne einer reflexiven Inklusion zurückzuweisen, denn der inklusive Bildungsauftrag stellt Schulen und Lehrkräfte nicht vorrangig vor die Aufgabe, neue Didaktiken und Methodiken oder spezielle Interventionskonzepte zu entwickeln bzw. einzusetzen, sondern fordert eine kritische professionelle Selbstvergewisserung ein (Budde & Hummrich 2015).

Insbesondere die Problemwahrnehmungen sowie die Einstellungen von Lehrkräften zur Inklusion gelten als ein gewichtiger Prädiktor für das Gelingen schulischer Inklusionsprozesse (Reiser et al. 1995; Avramidis & Norwich 2002; Gasterstädt & Urban 2016). Inklusion ist also nicht zuletzt eine Frage der Haltung aller Beteiligten (de Boer 2012) und ihre Umsetzung setzt die Entwicklung einer inklusiven Schulkultur voraus (Booth & Ainscow 2017). Wie sich allerdings anhand der Evaluationsergebnisse zum Rügener Inklusionsmodell an Grundschulen exemplarisch zeigen lässt, führt – selbst bei grundsätzlich positiver Zustimmung zur Inklusion – die bloße Implementation evidenzbasierter didaktischer Methoden bei den beteiligten Grundschullehrkräften nicht notwendigerweise zu einer veränderten Einstellung hinsichtlich der eigenen Zuständigkeiten und Kompetenzen.

Zudem ist das Gelingen schulischer Inklusion auch nicht allein mit dem Mikrokosmos des gemeinsamen Unterrichts verschränkt, wie die gegenwärtige Diskussion um evidenzbasierte inklusive Fördermaßnahmen suggeriert. Sie umfasst vielmehr unterschiedliche Ebenen (Parsons 1999) und ist ein Ergebnis gemeinsamer Aushandlungsprozesse aller Beteiligten (Reiser et al. 1986). Der inklusive Erziehungsauftrag der Schule appelliert daher an die professionelle Verantwortung zur reflexiven Bearbeitung pädagogischer Paradoxien unter den Bedingungen der Inklusion und verweist somit zugleich auf die Notwendigkeit der Weiterentwicklung einer reflexiven Professionskultur im Lehrerberuf.

7. Literatur

Avramidis, Elias & Norwich, Brahm (2002). Teachers' attitudes towards integration/inclusion: a review of literature. In: *European Journal of Special Education, 17* (2), 129–147.

Bakken, Jeffrey P.; Obiakor, Festus. E., & Rotatori, Anthony F. (2012). *Behavioral Disorders. Practice Concerns and Students with EBD.* Bingley: Emerald.

Bellmann, Johannes & Müller, Thomas (Hrsg.). (2011). *Wissen, was wirkt. Kritik evidenzbasierter Pädagogik.* Wiesbaden: VS Sozialwisssenschaften.

Bender, William N. (2009). *Beyond the RTI Pyramid. Solutions for the First Year of Implementation.* Bloomington: Solution Tree.

Blumenthal, Yvonn; Hartke, Bodo, & Vrban, Robert (2017). Schulbasierte Interventionen bei Verhaltensproblemen in der Sekundarstufe nach dem Response-to-Intervention-Ansatz. In: Andreas Methner, Kerstin Popp & Barbara Seebach (Hrsg.), *Verhaltensprobleme in der Sekundarstufe. Unterricht – Förderung – Intervention* (S. 123–146). Stuttgart: Kohlhammer.

de Boer, Anke A. (2012). *Inclusion: A Question of Attitudes? A Study on Those Directly Involved in the Primary Education of Students with Special Educational Needs and Their Social Participation.* Groningen: Stichting Kinderstudies.

Booth, Tony & Ainscow, Mel (2017). *Index für Inklusion. Ein Leitfaden für Schulentwicklung.* Weinheim: Beltz.

Brown-Chidsey, Rachel & Steege, Mark W. (2005). *Response to Intervention. Principles and Strategies for Effective Practice.* New York: Guilford.

Budde, Jürgen & Hummrich, Merle (2015). Inklusion aus erziehungswissenschaftlicher Perspektive. In: *Erziehungswissenschaft, 26* (51), 33–41.

Caplan, Gerald (1964). *Principles of Preventive Psychiatry.* New York: Basic Books.

Casale, Gino; Hennemann, Thomas & Grosche, Michael (2015). Zum Beitrag der Verlaufsdiagnostik für eine evidenzbasierte sonderpädagogische Praxis am Beispiel des Förderschwerpunktes der emotionalen und sozialen Entwicklung. In: *Zeitschrift für Heilpädagogik, 66* (7), 325–344.

Chafouleas, Sandra M.; Riley-Tillman, T. Chris & Christ, Theodore J. (2009). Direct Behavior Rating (DBR). An emerging method for assessing social behavior within a tiered intervention system. In: *Assessment for Effective Intervention, 34* (4), 195–200.

Coalition for Evidence-Based Policy (2002). *Bringing Evidence-Driven Progress to Education.* Washington: Coalition for Evidence-Based Policy.

Doyle, Walter (1986). Classroom Organization and Management. In: Merlin C. Wittrock (ed.), *Handbook of Research on Teaching.* 3rd ed. (pp. 392–431). New York: Macmillan.

Feuser, Georg (1989). Allgemeine integrative Pädagogik und entwicklungslogische Didaktik. In: *Behindertenpädagogik, 28* (1), 4–48.

Fleischer, Thomas (2016). *Schule personzentriert gestalten.* Stuttgart: Kohlhammer.

Fuchs, Lynn S. (2004). The past, present, and future of curriculum-based measurement research. In: *School Psychology Review, 33* (2), 188–192.
Gasterstädt, Julia & Urban, Michael (2016). Einstellung zu Inklusion? Implikationen aus Sicht qualitativer Forschung im Kontext der Entwicklung inklusiver Schulen. In: *Empirische Sonderpädagogik, 8* (1), 54–66.
Hartmann, Erich & Müller, Christoph Michael (2009). Schulweite Prävention von Lernproblemen im RTI-Modell. In: *Schweizerische Zeitschrift für Heilpädagogik, 15* (9), 25–33.
Hennemann, Thomas; Hövel, Dennis; Casale, Gino; Hagen, Tobias & Fitting-Dahlmann, Klaus (2015). *Schulische Prävention im Bereich Verhalten.* Stuttgart: Kohlhammer.
Herzog, Walter (2010). Die Erziehungswissenschaft am Gängelband der Bildungspolitik. In: *Zeitschrift für pädagogische Historiographie, 16* (2), 103–105.
Hinz, Andreas (2016). Response-to-Intervention – eine Scheinlösung für die Herausforderung inklusionsorientierter Diagnostik?! In: Bettina Amrhein (Hrsg.), *Diagnostik im Kontext inklusiver Bildung* (S. 243–257). Bad Heilbrunn: Klinkhardt.
Hölling, Heike; Schlack, Robert; Petermann, Franz; Ravens-Sieberer, Ulrike & Mauz, Elvira (2014). Psychische Auffälligkeiten und psychosoziale Beeinträchtigungen bei Kindern und Jugendlichen im Alter von 3 bis 17 Jahren in Deutschland. In: *Bundesgesundheitsblatt – Gesundheitsforschung – Gesundheitsschutz, 57* (7), 807–819.
Huber, Christian & Grosche, Michael (2012). Das response-to-intervention-Modell als Grundlage für einen inklusiven Paradigmenwechsel in der Sonderpädagogik. In: *Zeitschrift für Heilpädagogik, 62* (8), 312–322.
Huber, Christian & Rietz, Christian (2015). Direct Behavior Rating als Methode zur Verhaltensverlaufsdiagnostik in der Schule: Ein systematisches Review von Methodenstudien. In: *Empirische Sonderpädagogik, 7* (2), 75–98.
Idol, Lorna (2002). *Creating Collaborative and Inclusive Schools.* Austin: Pro-Ed.
Ihle, Wolfgang & Esser, Günter (2002). Epidemiologie psychischer Störungen im Kindes- und Jugendalter: Prävalenz, Verlauf, Komorbidität und Geschlechtsunterschiede. In: *Psychologische Rundschau, 53* (4), 159–169.
Kanfer, Frederick H.; Reinecker, Hans & Schmelzer, Dieter (2012). *Selbstmanagement-Therapie. Ein Lehrbuch für die klinische Praxis* (4. Aufl.). Berlin, Heidelberg: Springer.
Klasen, Fionna; Meyrose, Ann-Katrin; Otto, Christiane; Reiß, Franziska & Ravens-Sieberer, Ulrike (2017). Psychische Auffälligkeiten von Kindern und

Jugendlichen in Deutschland. Ergebnisse der BELLA-Studie. In: *Monatsschrift Kinderheilkunde, 165* (5), 402–407.

Klauer, Karl Josef (2006). Erfassung des Lernfortschritts durch curriculumbasierte Messung. In: *Heilpädagogische Forschung, 32* (1), 16–26.

KMK (2000). *Empfehlungen zum Förderschwerpunkt emotionale und soziale Entwicklung.* Bonn: Sekretariat der Ständigen Konferenz der Kultusminister der Länder in der Bundesrepublik Deutschland.

KMK (2005). *Sonderpädagogische Förderung in Schulen 1994 bis 2003. Dokumentation Nr. 177.* Bonn: Sekretariat der Ständigen Konferenz der Kultusminister der Länder in der Bundesrepublik Deutschland.

KMK (2016). *Sonderpädagogische Förderung in Schulen 2005 bis 2014. Dokumentation Nr. 210.* Bonn: Sekretariat der Ständigen Konferenz der Kultusminister der Länder in der Bundesrepublik Deutschland.

Koch, Katja (2016). Ankunft im Alltag – Evidenzbasierte Pädagogik in der Sonderpädagogik. In: Bernd Ahrbeck, Stehan Ellinger, Oliver Hechler, Katja Koch & Gerhard Schad (Hrsg.), *Evidenzbasierte Pädagogik. Sonderpädagogische Einwände (*S. 9–41). Stuttgart: Kohlhammer.

Mahlau, Kathrin; Voß, Stefan & Hartke, Bodo (Hrsg.). (2016). *Grundlagen und Förderung im Bereich der emotionalen und sozialen Entwicklung. Fortbildungseinheiten, -methoden und -materialien.* Hamburg: Kovač.

Merrell, Kenneth W. & Walker, Hill M. (2004). Deconstructing a definition: Social maladjustment versus emotional disturbance and moving the EBD field forward. In: *Psychology in the Schools, 41* (8), 899–910.

Miller, Reinhold (2011). *Beziehungsdidaktik.* Weinheim: Beltz.

Nevin, John A., & Grace, Randolph C. (2000). Behavioral momentum and the law of effect. In: *Behavioral and Brain Sciences, 23* (1), 73–130.

Ondracek, Petr & Störmer, Norbert (Hrsg.). (2011). *Diagnostik und Planung.* Berlin: Frank & Timme.

Opp, Günther; Helbig, Paul & Speck-Hamdan, Angelika (1999). *Problemkinder in der Grundschule.* Bad Heilbrunn: Klinkhardt.

Parsons, Carl (1999). *Education, Exclusion and Citizenship.* London: Routledge.

Reiser, Helmut; Klein, Gabriele; Kreie, Gisela & Kron, Maria (1986). Integration als Prozeß. In: *Sonderpädagogik, 16* (3), 115–122 und *16* (4), 154–160.

Reiser, Helmut; Loeken, Hiltrud & Dlugosch, Andrea (1995). *Bedingungen der Problemwahrnehmung von Leistungsversagen in der Grundschule am Beispiel zweier hessischer Landkreise.* Frankfurt am Main: Forschungsstelle Integration, Institut für Sonder- und Heilpädagogik am Fachbereich Erziehungswissenschaften der Johann Wolfgang Goethe-Universität.

Reynolds, Maynard C. (1962). A framework for considering some issues in special education. In: *Exceptional Children, 28* (7), 367–370.

Rödler, Peter (2012). Inklusion und Standards – eine verständliche, aber paradoxe Forderung. In: *Gemeinsam Leben, 20* (1), 33–40.

Rödler, Peter (2016). RTI – ein Konzept der Entkulturierung von Lernen. In: Bettina Amrhein (Hrsg.), *Diagnostik im Kontext inklusiver Bildung. Theorien, Ambivalenzen, Akteure, Konzepte* (S. 232–241). Bad Heilbrunn: Klinkhardt.

Rogers, Carl R. (1974). *Lernen in Freiheit. Zur Bildungsreform in Schule und Universität.* München: Kösel.

Schad, Gerhard (2015). Evidenzbasierte Erziehung? In: *Zeitschrift für Heilpädagogik, 66* (7), 335–344.

Schuck, Karl Dieter (2014). Individualisierung und Standardisierung in der inklusiven Schule – ein unauflösbarer Widerspruch? In: *Die Deutsche Schule, 106* (2), 162–174.

Schumann, Brigitte (2016). „Auf dem Weg zur Inklusion" oder zur „Sonderpädagogisierung" der allgemeinen Schule? In: Bettina Amrhein (Hrsg.), *Diagnostik im Kontext inklusiver Bildung. Theorien, Ambivalenzen, Akteure, Konzepte* (S. 168–177). Bad Heilbrunn: Klinkhardt.

Seidler, Klaus-Peter (2006). Geburt, Tod und Wiedergeburt des Dodo-Vogels: Mythen der Psychotherapie und Psychotherapieforschung. In: *Psychotherapie Forum, 14* (3), 146–152.

Tenorth, Heinz-Elmar (2014). Evidenzbasierte Bildungsforschung vs. Pädagogik als Kulturwissenschaft – Über einen neuerlichen Paradigmenstreit in der wissenschaftlichen Pädagogik. Vortrag Universität Budapest. In: *Nevelestudomany, 3,* 5-21. Online verfügbar unter: https://real-j.mtak.hu/13955/3/nevelestudomany_2014_3.pdf.

Terhart, Ewald (Hrsg.). (2014). *Die Hattie-Studie in der Diskussion: Probleme sichtbar machen.* Seelze: Klett Kallmeyer.

Trautwein, Ulrich (2012). *Lehre(r) in Zeiten der Bildungspanik. Eine Studie zum Prestige des Lehrerberufs und zur Situation an den Schulen in Deutschland.* Düsseldorf: Vodafone Stiftung Deutschland.

Uphoff, Ina K. (2009). Die Professionalisierung des Lehrerberufs – oder: Vom pädagogischen Umgang mit Auffälligkeiten. In: Andreas Nießeler & Ina K. Uphoff (Hrsg.), *Pädagogische Auffälligkeiten: Deutungsmuster von Verhaltensstörungen und Verhaltensauffälligkeiten kritisch betrachtet* (S. 63–76). Würzburg: Königshausen & Neumann.

Voß, Stefan; Blumenthal, Yvonne, Mahlau, Kathrin; Marten, Katharina; Diehl, Kirsten; Sikora, Simon & Hartke, Bodo (2016). *Der Response-to-Intervention-*

Ansatz in der Praxis. Evaluationsergebnisse zum Rügener Inklusionsmodell. Münster: Waxmann.

Walter, Jürgen (2008). Adaptiver Unterricht erneut betrachtet: Über die Notwendigkeit systematischer formativer Evaluation von Lehr- und Lernprozessen und die daraus resultierende Diagnostik und Neudefinition von Lernstörungen nach dem RTI-Paradigma. In: *Zeitschrift für Heilpädagogik, 59* (6), 202–215.

Willmann, Marc (2012). *De-Psychologisierung und Professionalisierung der Sonderpädagogik. Kritik und Perspektiven einer Pädagogik für „schwierige" Kinder.* München: Reinhardt.

Willmann, Marc (2015). Emotional-soziale Schwierigkeiten und Verhaltensstörungen: Diagnostik und Assessment in der inklusiven Schule. In: Holger Schäfer & Christel Rittmeyer (Hrsg.), *Handbuch Inklusive Diagnostik* (S. 419–432). Weinheim, Basel: Beltz.

Wimmer, Michael (1996). Zerfall des Allgemeinen – Wiederkehr des Singulären. Pädagogische Professionalität und der Wert des Wissens. In: Arno Combe & Werner Helsper (Hrsg.), *Pädagogische Professionalität. Untersuchungen zum Typus pädagogischen Handelns* (S. 404–447). Frankfurt am Main: Suhrkamp.

Winkel, Rainer (2011). *Der gestörte Unterricht. Diagnostische und therapeutische Möglichkeiten.* 10. Aufl. Baltmannsweiler: Schneider-Verlag Hohengehren.

Winkler, Michael (2006). *Kritik der Pädagogik. Der Sinn der Erziehung.* Stuttgart: Kohlhammer.

X.

Verhaltensmanagement oder Reflexionshilfe?

*Perspektiven der Professionalisierung
für den Förderschwerpunkt esE*

Die pädagogische Professionalisierungsdiskussion dreht sich um ein weites Wortfeld, dessen Kernbegriffe (*Profession, Professionalisierung, Professionalität, Professionalismus*) nicht durchgängig voneinander abgegrenzt werden und das durch eine Vielzahl unterschiedlicher theoretischer und empirischer Zugangsweisen geprägt ist (z.B. Helsper 2021).

Der Begriff der Profession kann sich zum einen auf eine Berufsgruppe in ihrer Gesamtheit beziehen und zum anderen aber auch die konkrete berufliche Praxis der einzelnen Professionellen thematisieren. Hiervon abgeleitet meint Professionalisierung „sowohl eine kollektive (Professionwerdung) als auch eine individuelle (Professionellwerden) Entwicklung" (Horn 2016, S. 155), Professionalismus hingegen bezieht sich auf das Selbstverständnis der Berufsgruppe (ebd.).

Der folgende Beitrag geht der Frage nach, inwieweit sich innerhalb der Sonderpädagogik als Profession und Disziplin eine Vorstellung davon entwickelt hat, worin die Professionalität im Bereich des Förderschwerpunktes emotional-soziale Entwicklung liegt.

Der damit angesprochene Zusammenhang zwischen dem Professionswissen und den Fachwissenschaften, die in die Generierung dieses Wissens involviert sind, vor allem aber auch die Frage nach der Art und Weise, wie dieses Wissen erzeugt wird, ist in der pädagogischen Professionalisierungsdiskussion lange eher als beiläufiges Thema behandelt worden. Dabei gehen Profession und Disziplin bei der Herstellung des Professionswissens Hand in Hand – es handelt sich um „geteiltes Wissen" (Köttig, Kubisch & Spatscheck 2023).

1. Sonderpädagogische Professionalität und Professionalisierung

Die Frage nach der pädagogischen Professionalität und Professionalisierung setzt im deutschen Sprachraum ab Mitte der 1980er ein und erreicht die Sonderpädagogik erst mit einigem Zeitverzug rund zwanzig Jahre später (vgl. etwa Horster, Hoyningen-Süess & Liesen 2005).

Der Gang der pädagogischen Professionalisierungsdiskussion und ihre sonderpädagogische Rezeption und Respezifizierung sollen an dieser Stelle nicht weiter skizziert werden (vgl. dazu ausführlich Willmann 2025a). Vielmehr wird ein Teilaspekt der sonderpädagogischen Professionalisierungsfrage einer näheren Betrachtung unterzogen; es geht um die Perspektive einer förderschwerpunktspezifischen Professionalisierung.

Allerdings droht in dieser Perspektivierung ein Grunddilemma der Sonderpädagogik kaschiert zu werden, denn die fachkategoriale Zergliederung führt zu der brisanten Frage, worin das Gemeinsame und Verbindende zwischen diesen verschiedenen „Sonderpädagogiken" liegt.

Wenn sonderpädagogische Professionalisierung auf eine Spezialisierung verweist, die sich von einer pädagogischen Professionalität unterscheidet – und diese Vermutung liegt nahe, da die Sonderpädagogik in Theorie und Forschung als pädagogische Subdisziplin etabliert ist und in eigenständigen Studiengängen unter anderem spezialisierte Lehrkräfte produziert – dann stellt sich zwangsläufig die Frage nach dem Kern der sonderpädagogischen Professionalität und dem sonderpädagogischen Grundgedanken (vgl. Willmann 2024a).

Die naheliegenden Antworten auf diese Frage führen allerdings in verschiedene Richtungen, die allesamt gleichermaßen Gültigkeit und Relevanz beanspruchen können, und das verkompliziert die Sache, zumal, das kommt erschwerend hinzu, die Sonderpädagogik in ihrem Selbstverständnis und Geltungsanspruch längst nicht mehr nur als schulische Akteurin auftritt, sondern zunehmend dazu tendiert, auch außerschulische Felder in den eigenen Zuständigkeitsbereich zu assimilieren.

Begrenzen wir die Frage auf den *schulischen Bereich*, dann zeigt sich eine dreifache Selbstlegitimationsanzeige der Sonderpädagogik, und zwar in Richtung
1) eines gemeinsamen Verständnisses über den eigenen Gegenstandsbereich im Sinne einer allgemein-behindertenpädagogischen Expertise;

2) einer fachkategorialen Spezialisierung in Ausrichtung auf die sonderpädagogischen Förderschwerpunkte;
3) einer Expertise zur Unterstützung schulischer Inklusion.

Die beiden erstgenannten Aspekte stehen in einem bemerkenswerten Antagonismus zueinander, denn die historiographische Rekonstruktion führt zu der Erkenntnis, dass die Sonderpädagogik sich seit ihrer disziplinären Konstitution als Heilpädagogik auf einem äußerst fragwürdigen Konstrukt von „Seelenschwäche", später „Behinderung" und „sonderpädagogischer Förderbedarf" gründet (vgl. Moser 2012).

Das Problem spiegelt sich bis in die Gegenwart wider. Der Allgemeinen Sonderpädagogik fällt es äußerst schwer eine Fachsystematik zu entfalten, die der fachkategorialen Zergliederung entgegenwirken könnte. Die Zielsetzung schulischer Inklusion könnte hier zumindest in der Theoriebildung insofern eine Einigungsformel darstellen, als sich hierin eine Rücküberführung des Sonderpädagogischen in das Pädagogische abbilden lässt; Sonderpädagogik kann in diesem Sinne als Vertiefung des Pädagogischen gedacht werden (vgl. Willmann 2024a).

Für die Praxis der schulischen Inklusion – und damit auch aus Sicht der sie begleitenden sonderpädagogischen Fachrichtungen – wird dieses theoretische Potenzial, das in der Inklusionsformel liegt, mehrfach gebrochen, denn das System Sonderpädagogik und die etablierten sonderpädagogischen Praktiken fokussieren nach wie vor auf eine fach- und förderschwerpunktspezifische Diagnostik und Förderplanung. Aufgrund dieser Dominanz der fachkategorialen Logik in der Sonderpädagogik scheint es zunächst naheliegender, nicht von einer allgemeinen sonderpädagogischen und/oder inklusionspädagogischen Professionalität zu sprechen, sondern von einer förderschwerpunktspezifischen.

Damit steht zugleich die Frage im Raum, ob auf dieser Ebene ein fachrichtungsspezifisches Professionalisierungsprofil erstellt werden kann. Dieser Frage soll im Folgenden anhand des Förderschwerpunktes emotional-soziale Entwicklung nachgegangen werden.

2. Fragmente und Desiderata einer Professionalisierungsdiskussion rund um den Förderschwerpunkt emotional-soziale Entwicklung

Mit Blick auf den Förderschwerpunkt emotional-soziale Entwicklung ist die Frage der Professionalisierung bis dato kaum diskutiert worden und die wenigen Antwortversuche aus der für den Bereich hauptamtlich zuständigen Fachwissenschaft bleiben erstaunlich konturlos. Obwohl der Professionalisierungsbegriff (ähnlich wie der Inklusionsbegriff) in der Fachdiskussion längst aufgegriffen wird und bisweilen eine inflationäre Anwendung findet, mangelt es vor allem an theoriebegründeten Systematisierungsversuchen.

Woran es indes nicht mangelt, ist die schiere Menge an Einzelbeiträgen, die sich im Fachdiskurs verstreut finden und die zum Teil auch in Sammelbänden unter dem Professionalisierungsbegriff in einer inhaltsleeren semantischen Klammer aneinandergereiht werden (exemplarisch: Zimmermann et al. 2019). Es entsteht der Eindruck, dass sich alle fachrelevanten Themen – irgendwie – auch professionalisierungsperspektivisch adressieren lassen, ohne aber die eigentliche Frage anzugehen, worin das Gemeinsame einer „verhaltensgestörtenpädagogischen" respektive „emotional-sozial-förderpädagogischen" Professionalität liegen möge.

Von daher ist es selbsterklärend, dass infolge der theoretischen Desiderata auch der empirische Zugang kaum mehr als blitzlichtartig einzelne Aspekte anzuleuchten vermag, denn letztlich bleibt die Professionsforschung blind ohne einen Theoriefokus, der die empirisch zu klärenden Fragen begründen könnte.

2.1 Disziplinäres Selbstverständnis: Schulische Erziehungshilfe als Lehr- und Handbuchwissenschaft

Die für das Fachgebiet andernorts herausgearbeiteten Versäumnisse hinsichtlich einer *pädagogischen* Grundlegung des eigenen Gegenstandsbereichs (vgl. dazu Willmann 2012; 2018) stellen für die Frage nach der Professionalisierung in der schulischen Erziehungshilfe eine belastende Hypothek. Wie auch sollte Professionalität definiert werden, wenn es im Fach an einem gemeinsamen Grundverständnis dazu mangelt, auf welches Problemfeld der Erziehung und Bildung es sich eigentlich bezieht (etwa auf eine klinische Population der „Verhaltensgestörten" oder auf schulische „Erziehungsschwierigkeiten" als Ausdruck gestörter Erziehungs- und

Lernsituationen im Unterricht?) und worin also dann die fachliche Expertise der Professionellen liegen müsste.

Es ist in jedem Fall bemerkenswert, dass in den einschlägigen Lehr- und Handbüchern des Fachs (Überblick: Willmann 2019) die Professionalisierungsfrage bislang gar nicht verhandelt wird. Erst mit dem aktuellen Handbuch zum Förderschwerpunkt (Casale et al. 2024) wird das Thema prominent aufgegriffen. Der Professionalisierungsbegriff findet hier nicht nur Eingang in den Untertitel des Werkes, sondern das Handbuch widmet dem Thema gar ein eigenes Hauptkapitel.[1] In dem Umstand, dass sich hier nun aber tatsächlich 21 (sic!) Einzelbeiträge finden, drückt sich wiederum die bereits angezeigte Theorie- und Konzeptlosigkeit in der fachrichtungsspezifischen Bearbeitung des Professionalisierungsthemas aus, denn die Aneinanderreihung der Fachartikel, die jeweils sehr unterschiedliche Bezüge zur Professionalisierung herzustellen versuchen[2], bilden einen bunten Strauß an Möglichkeiten, aber keinen gemeinsamen Bezugspunkt einer Erziehungshilfespezifik unter Professionalisierungsgesichtspunkten. Das alles führt in der Gesamtschau gerade nicht hin zu einer Idee des Gemeinsamen einer Erziehungshilfepädagogik, sondern es treibt ganz im Gegenteil die Zergliederung weiter voran und es stellt sich die Frage, ob die Professionalität im Bereich einer Pädagogik der emotional-sozialen Entwicklungsförderung etwa vom institutionalisierten Kontext abhängig gemacht wird und sich professionelles Handeln also jeweils unterschiedlich gestaltet, je nachdem, ob es beispielsweise in Schule oder Jugendhilfe, Kinderpsychiatrie oder Gefängnis erfolgt.

---

[1] Das zitierte Handbuch ist bei Drucklegung des vorliegenden Textes noch nicht erschienen, sodass sich die Darstellung an dieser Stelle auf das dem Autor vorliegende Gliederungskonzept bezieht.

[2] In den Einzelbeiträgen werden inhaltliche und methodische Fragen der Professionalisierung ebenso diskutiert wie Fragen der Vermittlung im Lehramtsstudium und die weitergehende Spezialisierung im Kontext spezifischer Problemlagen, etwa Flucht/Migration, sowie in speziellen institutionellen Zusammenhängen.

2.2 Desiderata einer Professionalisierungstheorie der schulischen Erziehungshilfe

In Anbetracht des Fehlens einer ausgearbeiteten Theorie der schulischen Erziehungshilfe ist es kaum verwunderlich, wenn auch zur Professionalisierungsfrage kaum gehaltvolle Theoriearbeiten vorliegen.

Zu den wenigen Ansätzen zählen die Beiträge zur sonderpädagogischen Konsultation als reflexive Praxisberatung (Willmann 2007; 2022a) und sonderpädagogischen Fallkoordination (Willmann 2015a) sowie zur Diagnostik und zum Fallverstehen in der schulischen Erziehungshilfe (Dlugosch 2004; 2008; Willmann 2015b; 2021), in denen aus strukturtheoretischer Perspektive der Fallbezug sonderpädagogischen Handelns in die Figur des sonderpädagogischen Fallverstehens überführt wird, wobei für den Kontext der schulischen Erziehungshilfe die Biographiearbeit als wichtiger Baustein abgeleitet wird (Dlugosch 1999; 2003). Damit bietet der Ansatz eine mögliche Perspektive, um mit den von Opp (2007) herausgearbeiteten Handlungsparadoxien in der schulischen Erziehungshilfe produktiv umzugehen.

Die Parallelen, die sich in dieser Sichtweise zur Professionalisierungsdiskussion in der Sozialen Arbeit und insbesondere der Sozialpädagogik (Opp 1998) unschwer erkennen lassen, verweisen auf Gemeinsamkeiten zwischen Sonderpädagogik, insbesondere im Förderschwerpunkt emotional-soziale Entwicklung, und Sozialpädagogik, die sich in der semantischen Klammer einer Erziehungshilfepädagogik gut abbilden lassen (vgl. Willmann 2025b).

2.3 Professionsforschung: empirische Zugänge

Eine empirische Bearbeitung der Professionalisierungsfrage kann nur theoriegeleitet sinnvolle Daten generieren. Notwendig ist etwa eine Klärung, wie sich theoretisches Wissen zur Handlungspraxis verhält, also wie sich aus professionstheoretischer Sicht eine pädagogische Theorie der Erziehungshilfe zu den konkreten Erziehungs- und Bildungspraktiken im Unterricht relationiert. Ohne eine solche theoretische Vorarbeit bleibt ungeklärt, wie Professionalität in der Erziehungshilfe empirisch untersucht werden kann und ob der Forschungszugang zur Praxis darauf abzielt, das praktische Handeln der Professionellen entlang fachwissenschaftlicher Normierungen zu „überprüfen" – oder aber andersherum: ob die Theorie professionellen Handelns aus den gegebenen Erziehungs- und Förderpraktiken abzuleiten ist. Diese theoretische Vorklärung ist in der Professionalisierungsforschung zur schulischen Erziehungshilfe bislang nicht geleistet worden und so bleibt das Theorie-Praxis-Verhältnis weitgehend ungeklärt.

Das Problem lässt sich anhand exemplarischer Forschungsarbeiten verdeutlichen: In einem aufwendigen Forschungsprogramm zur Anforderungsanalyse für den Lehrer:innenberuf wurden an der LMU München die Profile verschiedener Lehramtstypen untersucht (Weiß, Kollmannsberger & Kiel 2013a; b). Mittels standardisierter Befragung von Lehrer:innen und Ausbildungspersonen wurde ein Anforderungsprofil für Lehrkräfte der verschiedenen Schulformen erstellt. Die Studie kommt mit Blick auf das Lehramt mit dem sonderpädagogischen Förderschwerpunkt emotional-soziale Entwicklung zu dem Ergebnis, dass sich das Anforderungsprofil von den anderen Lehramtstypen und auch von den anderen sonderpädagogischen Lehrämtern vor allem darin unterscheidet, dass der pädagogischen Haltung (Empathie) sowie der Kommunikations- und Reflexionsfähigkeit ein besonderer Stellenwert beigemessen wird.

Vordergründig scheint die Studie einen Beitrag zu der Frage zu leisten, worin die professionelle Expertise der Lehrkräfte im Bereich der schulischen Erziehungshilfe gesehen werden kann. Allerdings bietet das Design der Forschungsanlage keinen Zugang zur realen Erziehungs- und Förderpraxis. Stattdessen werden ausschließlich die Erwartungshaltungen von Ausbildungspersonen zu den fachwissenschaftlichen Standards sowie die Selbstbeschreibungen von Lehrkräften rekonstruiert, die über ihre eigene Unterrichtspraxis Auskunft geben. Direkte Unterrichtsbeobachtungen waren kein Teil der Studie.

Die Untersuchung liefert somit keine Antwort auf professionstheoretisch spannende Fragen, etwa in welchem Verhältnis das jeweilige Verständnis professioneller Expertise von Ausbildungspersonen und Lehrkräften zueinandersteht und auf welche Wissensformen im Praxisvollzug zurückgegriffen wird.

Die Münchner Ergebnisse scheinen die Forschungsergebnisse einer älteren Studie von Benkmann und Ostermann (1991) zu stützen, in der die pädagogischen Leitideen an Erziehungshilfeschulen rekonstruiert wurden mit dem Ergebnis, dass die Lehrkräfte soziales Lernen und einen erziehenden Unterricht gegenüber einem rein auf Wissensvermittlung ausgerichteten Unterricht priorisieren.

Scheinbar im Widerspruch hierzu stehen allerdings die Ergebnisse einer Forschungsarbeit von Hennemann, Ricking und Hillenbrand (2003), die eine deutliche Lehrer:innenzentrierung im Bereich der schulischen Erziehungshilfe rekonstruieren. Die in dieser Studie zu ihrer Unterrichtspraxis befragten Lehrkräfte greifen verstärkt auf Methoden des Frontalunterrichts und der Einzelarbeit zurück und weniger auf Gruppen- oder Freiarbeit. Gleichzeitig lässt sich aus den Antworten ein Widerspruch zwischen dem eigenen Selbstanspruch an die Fachexpertise und deren Relativierung durch die Gegebenheiten in der realen Unterrichtspraxis rekonstruieren.

Die zitierten Forschungsarbeiten stehen exemplarisch für die Schwierigkeiten einer rein empirischen Beantwortung der Frage nach der Professionalität in der schulischen Erziehungshilfe. Ihnen fehlt eine (professions-) theoretische Grundlegung des empirischen Zugriffs und zugleich bietet keine dieser drei Studien einen Zugang zur konkreten Unterrichtspraxis, denn die Daten rekurrieren ausschließlich auf Fremdbeschreibungen der Erwartungshaltungen an die Praxis seitens der Ausbildungspersonen sowie auf den Selbstauskünften der befragten Lehrkräfte über den eigenen Praxisvollzug.

Die genannten Schwierigkeiten der empirischen Operationalisierung mangels Theoriearbeit werden auch in aktuellen Studien zur Professionalisierung im Bereich der schulischen Erziehungshilfe nicht gemildert (z.B. Leidig et al. 2021; Amrhein et al. 2022; Menke, Haupenthal & Schramm 2023). Insgesamt ist der empirischen Forschung zur sonderpädagogischen Professionalisierung hierzulande eine zunehmende Tendenz in Richtung einer *theorielosen Empirie* zu attestieren, wie sie gerade für den nordamerikanischen Raum charakteristisch erscheint (exemplarisch: Kauffmann & Wong 1991; van Acker 1993; Quinn et al. 2000; Blake & Monahan 2007; State et al. 2018).

3. Professionalismus im Feld der schulischen Erziehungshilfe

Was andernorts bereits über den sonderpädagogischen Professionalismus im Allgemeinen festgestellt wurde (vgl. Willmann 2025a), gilt grundsätzlich auch für das Feld der schulischen Erziehungshilfe: Die Wissensordnung der Sonderpädagogik als Trias von Institutionen, Profession und Disziplin erweist sich als ein Konglomerat, in dem berufsständische sowie bildungs- und disziplinpolitischen Interessen ineinander diffundieren.

3.1 Bildungspolitische und schuladministrative Rahmenvorgaben

Auf bildungspolitischer Ebene wird das Feld der schulischen Erziehungshilfe von der Kultusministerkonferenz als Förderschwerpunkt emotionale und soziale Entwicklung[3] geführt (vgl. KMK 1994). Mit der förderschwerpunktspezifischen Konkretisierung (vgl. KMK 2000) werden die Empfehlungen für den Unterricht in der „Schule für Verhaltensgestörte" (KMK 1977) aufgehoben.

Die Empfehlungen aus dem Jahr 2000 zielen zum einen auf eine Einordnung des Förderschwerpunktes in ein gestuftes Gesamtsystem sonderpädagogischer Hilfen (Abschnitt 5: Formen und Orte sonderpädagogischer Förderung) sowie auf grundlegende formale Fragen (etwa hinsichtlich der Feststellung des Sonderpädagogischen Förderbedarfs in Abschnitt 3), zum anderen wird versucht, eine inhaltliche Füllung im Sinne eines speziellen emotional-sozialen Förderbedarfs auszuformulieren sowie die (förder-)pädagogischen Antwort hierauf zu skizzieren (insbesondere Abschnitt 1.2: Pädagogische Ausgangslage und Abschnitt 4: Erziehung und Unterricht).

Allerdings sind die Ausführungen in den Empfehlungen zu diesen beiden Zielebenen nicht nur hinsichtlich ihrer mangelnden Aktualität kritikwürdig, sondern auch und gerade aufgrund der inhaltlich wenig greifbaren Füllungen zum pädagogischen Selbstverständnis des Förderschwerpunkts.

Die Empfehlungen der KMK (2000) beziehen sich auf ein Zeitfenster von vor rund 25 Jahren[4] und berücksichtigen daher nicht die bedeutsamen Transformationen, die seither gerade im Bereich der schulischen Erziehungshilfe stattgefunden haben (z.B. der Umbau von Förderschulen zu Ambulanz- und Beratungszentren, die Ausweitung alternativer und auch integrativer respektive inklusiver Beschulungsformen; vgl. etwa: Opp 2002; Reiser, Willmann & Urban 2007; Herz 2013).[5]

---

[3] In der 1994er KMK-Empfehlung war die pluralische Rede von „Förderschwerpunkten", zu denen unter der emotional-sozialen Entwicklung auch die Bereiche „des Erlebens und der Selbststeuerung, des Umgehen-Könnens mit Störungen des Erlebens und Verhaltens" (KMK 1994, S. 11) gezählt wurden.

[4] Die von der KMK eingesetzte Arbeitsgruppe nahm die Arbeit an den 1994er Empfehlungen ab Mai 1990 auf (vgl. Drave, Rumpler & Wachtel 2000, S. 18). Bis zur Veröffentlichung der förderschwerpunktspezifischen Empfehlungen sind dann allerdings noch einmal zehn Jahre vergangen.

[5] Eine Überarbeitung der Empfehlungen – wie sie unlängst für die Förderschwerpunkte Lernen (vgl. KMK 2019) und Geistige Entwicklung (KMK 2021) vorgelegt wurden – ist bislang noch nicht erfolgt.

Gegenüber den vorherigen Empfehlungen (vgl. KMK 1977) können die 2000er Empfehlungen durchaus als wichtiger Fortschritt gerade in terminologischer Hinsicht („Förderbedarf" anstatt „Behinderung" und „Verhaltensstörungen") betrachtet werden. Auch wird ein systemisches Grundverständnis erkennbar, das emotionale und soziale Förderbedarfe nicht nur auf das Kind zuschreibt, sondern die Wechselwirkungen mit dem Umfeld und die Interaktionszusammenhänge anerkennt. Zugleich aber lässt sich das Konstrukt des Förderbedarfs auch weiterhin als eine defizitäre Eigenschaftszuschreibung (das Kind hat einen speziellen Bedarf) lesen.[6]

Vor allem aber bleibt die inhaltliche Ausrichtung erstaunlich konturlos, denn einerseits sind die Empfehlungen sehr allgemein gehalten und andererseits lassen die genannten Aspekte einen Bezug auf theoretische Fundierung und eine empirische Beweisführung vermissen. Die Empfehlungen erweisen sich als eine bildungspolitische Kompromissformel, in der verschiedene Zugangsweisen eher oberflächlich aneinandergereiht sind.[7] In dieser Form einer additiven Sammlung können sie nicht zu einem vertiefenden Verständnis emotionaler und sozialer Schwierigkeiten und deren schulischer Bedeutung beitragen, und sie bieten auch keinen hinreichenden Orientierungsrahmen für die Ausrichtung institutionell-organisatorischer und pädagogisch-didaktischer Praktiken.

---

[6] Diese Zuschreibung wird beispielsweise bei Arnold (2013) gut erkennbar, der aus diagnostischem Blickwinkel den Fortschritt der Empfehlungen auf drei Ebenen beschreibt (systemisches, dynamisches und syndromatisches Verständnis von Verhaltensauffälligkeiten), dabei aber weiterhin von Merkmalen spricht.

[7] Walter Spiess (2000, S. 375) sieht in den Empfehlungen eine „Sammlung und Kombination im Sinne eines theoretischen und methodischen Eklektizismus", von der nicht erwartbar sei, „dass die einzelnen Elemente, welche den Gesamttext ausmachen, in sich theoretisch konsistent oder praktisch miteinander kompatibel sind" (ebd.).

Aus diesem Dokument lässt sich daher kein spezifisches fachliches Professionalisierungsprofil ableiten, auch wenn hierzu Empfehlungen ausgesprochen werden (vgl. Abschnitt 8: Einsatz und Qualifikation des Personals).[8]

Die schuladministrativen Rahmenvorgaben für den Förderschwerpunkt sind in den Schulgesetzen und Ausführungsbestimmungen auf Landesebene geregelt (Kulturhoheit der Bundesländer). Systematische Vergleichsstudien zu den landesspezifischen Regelungen im Förderschwerpunkt liegen für die gesamte Bundesrepublik bislang nicht vor[9], wären aber ein interessanter Forschungsgegenstand.

3.2 Berufsverbände und Fachgesellschaften

Die im Feld der schulischen Erziehungshilfe tätigen sonderpädagogischen Lehrkräfte sind *verbandspolitisch* über den bereits erwähnten Fachverband Sonderpädagogik/vds in Form eines eigenen Bundesreferats sowie einzelner Landesverbände zum Förderschwerpunkt emotional-soziale

---

[8] Das ist umso mehr erstaunlich eingedenk des Umstandes, dass die Spezifität der emotional-sozialen Entwicklung anscheinend ausschlaggebend war für eine Abgrenzung von anderen Förderschwerpunkten. In der zuständigen Arbeitsgruppe der KMK wurde zunächst eine gemeinsame Untergruppe für die Förderschwerpunkte Lernen, Sprache und emotional-soziale Entwicklung mit dem Auftrag gebildet, „eine gemeinsame Grundlage für alle drei Förderschwerpunkte zu bearbeiten und daran anschließend in drei eigenen Kapiteln nur noch auf Besonderheiten der einzelnen Förderschwerpunkte einzugehen. Die Untergruppe hat diese Frage dem Plenum der KMK-Arbeitsgruppe vorgelegt. Diese entschied, es bei drei eigenen Förderschwerpunkten zu belassen. Ausschlaggebend war vor allem die Tatsache, dass es in allen Bundesländern eine formale Trennung dieser drei Sonderschultypen gibt. Inhaltlich wurde aber auch darauf verwiesen, dass gerade der Förderschwerpunkt emotionale und soziale Entwicklung ein außerordentlich breites Spektrum unterschiedlichster Förderansätze erfordert. Man könne diesem Förderschwerpunkt nicht durch einen allgemeinen Grundlagentext gerecht werden. Andernfalls würde die Beschreibung der Besonderheiten dieses Förderschwerpunktes weit umfangreicher als die beiden andern werden. Außerdem wurde eine Entfachlichung zu Lasten der spezifischen Förderung befürchtet" (Asmussen & Heidenreich 2000, S. 368).

[9] Zu verweisen ist aber auf einzelne Untersuchungen, die eine Bestandsaufnahme für einzelnen Bundesländern vorgenommen haben (vgl. exemplarisch für NRW: Benzel & Kluge 1974).

Entwicklung vertreten (vgl. exemplarisch das Positionspapier Förderschwerpunkt Emotionale und soziale Entwicklung, vds 2018). Auch im Mitteilungsorgan des Verbandes, der Zeitschrift für Heilpädagogik, werden regelmäßig Themen der schulischen Erziehungshilfe verhandelt. *Disziplinpolitisch* hat sich das Fach seit 2007 neu aufgestellt;[10] seitdem finden einmal im Jahr bundesweite Fachkonferenzen der im Fachgebiet schulische Erziehungshilfe Forschenden und Lehrenden statt. Die Fachbeiträge zu den Konferenzthemen werden in der 2019 gegründeten *wissenschaftlichen Jahreszeitschrift* mit dem Titel „Emotionale und soziale Entwicklung" veröffentlicht.[11]

Die Gründung einer eigenen Fachgesellschaft im deutschsprachigen Raum findet im internationalen Vergleichsmaßstab betrachtet recht spät statt. Bereits 1923 wurde der nordamerikanische Sonderpädagogikverband *Council for Exceptional Children (CEC)* gegründet, der sich in 18 Sektionen gliedert, von denen eine, die *Division for Emotional and Behavioral Health* (*DEBH;* vormals Council for Children with Behavior Disorders, CCBD) mit Sitz in Louisville, Kentucky, den Bereich der Pädagogik bei Verhaltensstörungen vertritt. Die Sektion wurde 1964 gegründet (vgl. Bullock & Menendez 1999) und versteht sich nicht nur als berufsständische Interessenvertretung, sondern auch als Forum zur Unterstützung und Veröffentlichung wissenschaftlicher Forschung zur Programmentwicklung für die pädagogische Praxis sowie zur Professionalisierung (vgl. DEBH 2024). Konsequenterweise ist die Sektion ist vor allem im Publikationssektor sehr aktiv und nicht zuletzt durch die praxisbezogene Mitgliederzeitschrift *Beyond Behavior* sowie das quartalsweise erscheinende renommierte Fachjournal *Behavioral Disorders* international einflussreich.

---

[10] Im Nachgang zur „I. Konferenz der Lehrenden im Bereich Pädagogik bei Verhaltensstörungen/Erziehungshilfe" am Institut für Sonderpädagogik der Universität Würzburg am 12. und 13. Oktober 2007 wurde im Jahr 2008 die „Ständige Konferenz der Dozent/innen an sonderpädagogischen Studienstätten im Förderschwerpunkt der emotionalen und sozialen Entwicklung/Fachdisziplin der Pädagogik bei Verhaltensstörungen" ins Leben gerufen.

[11] An dem etwas sperrigen Titel der Fachzeitschrift („Emotionale und Soziale Entwicklung in der Pädagogik der Erziehungshilfe und bei Verhaltensstörungen") wird bereits das Grundproblem erkennbar, wie sehr umstritten bereits die Frage der disziplinären Leitkategorie ist.

In England und Großbritannien haben sich ebenfalls vergleichsweise früh berufs- und disziplinpolitische Verbandsstrukturen entwickelt. Bereits 1951 wurde die *Association of Workers for Maladjusted Children* (vgl. Maxwell 1966), die Vorläuferorganisation der heutigen *Social, Emotional and Behavioural Difficulties Association (SEBDA)*, gegründet.[12]

Im Gegensatz zu den Sonderpädagogikverbänden in Deutschland und in den USA versteht sich der englische Verband nicht als Agent einer sonderpädagogischen Interessenvertretung, sondern als ein multiprofessionelles Organ, das dem weiten Feld der pädagogischen und psychosozialen Hilfen der schulischen und außerschulischen Erziehungshilfe ein wissenschaftliches Forum bietet.[13] Die SEBDA organisiert regelmäßig internationale Fachkongresse und gibt unter dem Titel *Emotional and Behavioural Difficulties* viermal im Jahr eine eigene Verbandszeitschrift heraus, die sich als renommiertes internationales Fachjournal etabliert hat.

3.3 Vermischung von Bildungs-, Professions- und Disziplinpolitik

Im Bildungswesen prallen unterschiedliche Interessenlagen aufeinander. Hierin kann ein wesentlicher Grund dafür gesehen werden, dass gerade auch die Lehrer:innenbildung ein politisch aufgeladenes Feld ist. Das zeigt sich gerade auch im Inklusionsthema, mit dem nicht nur die Frage nach Ort und Methoden der sonderpädagogischen Förderung oder der fachlichen Qualifikation der Lehrkräfte aufgeworfen wird. Vielmehr hinter-

---

[12] Die Association of Workers for Maladjusted Children (AWMC) wurde 1981 mit der Association of Therapeutic Education (ATE) zusammengeführt zur Association of Workers for Children with Emotional and Behavioural Difficulties, die 2003 umbenannt wurde zur Social, Emotional and Behavioural Difficulties Association, SEBDA (vgl. Bennathan, Rimmer & Cole 2004).

[13] Der Verband versteht sich als Forum für den fachlichen Austausch von Professionellen nicht nur aus dem schulischen Bereich (Lehrkräfte, Sonderpädagog:innen, Schulsozialarbeiter:innen, Unterrichtsassistent:innen), sondern adressiert hiermit explizit auch andere Berufsgruppen wie Psycholog:innen, Heimerzieher:innen, Sozialpädagog:innen sowie Professionelle in der Jugendarbeit, der psychiatrischen Versorgung und im Bereich von Wohlfahrt und Fürsorge. Vor dem Hintergrund dieser multidisziplinären Ausrichtung auf das weite Feld der schulischen und außerschulischen Erziehungshilfe ist bei der SEBDA die Gefahr einer Vermischung von berufsständischen mit disziplinpolitischen Interessen weitaus geringer ausgeprägt, da der Verband nicht als Standesvertretung einzelner Berufsgruppen organisiert ist.

fragt Inklusion das *System Sonderpädagogik*, das ich andernorts als die Trias der sonderpädagogischen Institutionen sowie ihrer Profession und der wissenschaftlichen Disziplin beschrieben hatte (vgl. Willmann 2024a). Ein gewichtiger Faktor, der zur Stabilisierung des Systems Sonderpädagogik beiträgt, liegt – auch in Zeiten einer inklusiven Schulreform – in dem gemeinsamen Interesse an einer Aufrechterhaltung des Status Quo, in dem sich Bildungspolitik, Berufsverband und Fachgesellschaft miteinander vereint sehen. Bildungspolitische Planungsinteressen und Steuerungslogiken gehen Hand in Hand mit der Lobbyarbeit verbandsständischer Interessensvertretungen und disziplinpolitisch motivierten fachwissenschaftlichen Deutungsansprüchen, drei Ebenen, die sich in gemeinsamen Immunisierungsstrategien gegen Systemkritiken vereinen und dabei ideologieanfällig argumentieren.

Der Fachverband Sonderpädagogik/vds hat im Jahr 2007 die Standards der sonderpädagogischen Förderung verabschiedet (vgl. vds 2008), die in einen allgemeinen Teil (A: Standards als Maßstab für Praxis) und einen speziellen Teil (B: Standards in den sonderpädagogischen Förderschwerpunkten) gegliedert sind.

In den förderschwerpunktspezifischen Standards wird die Orientierung an einem „[s]onderpädagogische[n] Curriculum zur individuellen Förderung emotionaler und sozialer Kompetenz" (S. 49) als pädagogische Zielsetzung formuliert, worunter dann sehr unterschiedliche „Prozessmerkmale" verstanden werden wie unter anderem der „Aufbau einer positiven Lehrer-Schüler-Beziehung auf der Grundlage von Akzeptanz und Wertschätzung bei gleichzeitiger Grenzsetzung und unterstützender Intervention" (S. 50), aber auch „(k)lare räumliche Strukturierung des Klassenzimmers und des schulischen Lernumfelds, (k)lare zeitliche Strukturierung der Unterrichtsabläufe in der Klassengruppe und der Abläufe im schulischen Alltag insgesamt, (k)lare Strukturierung des Medieneinsatzes und der Unterrichtsmaterialien" sowie „Training individueller Konfliktlösungsstrategien und deren Umsetzung im schulischen Alltag" (ebd.).

Die genannten und weitere Einzelaspekte der förderpädagogischen Optionen stehen unvermittelt und zueinander nicht widerspruchsfrei nebeneinander. Die vds-Standards erweisen sich – analog zu den förderschwerpunktspezifischen Empfehlungen der Kultusministerkonferenz (KMK 2000) – als ein Katalog, in dem verschiedene Interventionsstrategien aufgelistet sind, deren bloße Aneinanderreihung kein zusammenhängendes fachliches Profil erkennbar werden lässt.

Theoretischer Bezugspunkt für die vds-Standards ist eine Vorstellung von Qualitätssicherung, die sich aus der Logik empirischer Evaluationsforschung ableitet (siehe Wember 2007). Damit ist also ein spezifisches Verständnis pädagogischer Qualität axiomatisch gesetzt, das vor allem die Wirksamkeitsfrage des pädagogischen Handelns in den Blick nimmt und andere Perspektiven ausblendet (vgl. dazu Harvey & Green 2000). Die vds-Standards sind am Gedanken der Standardisierung der Pädagogik ausgerichtet.[14]

Dass sich aber die Qualität des professionellen sonderpädagogischen Handelns auch in anderer Betrachtungsweise reflektieren lässt, zeigt etwa Walter Spiess (2009), der auf Grundlage einer Befragung von Fachpersonal ein „Kompetenzraster für die schulische Erziehungshilfe" entwickelt hat, das sich praxisbezogen und situationsspezifisch auf die konkreten Aufgabenbereiche und Tätigkeitsfelder von sonderpädagogischen Lehrkräften im Förderschwerpunkt emotional-soziale Entwicklung bezieht.

Der Vergleich dieser beiden exemplarisch ausgewählten Perspektiven verweist auf grundsätzlich unterschiedliche Zugangsweisen zur Frage der sonderpädagogischen Professionalität im Bereich der schulischen Erziehungshilfe: Während das Modell von Spiess (2009) ein Instrumentarium zur Reflexion der eigenen konkreten Praxis zur Verfügung stellt, skizzieren die vds-Standards sehr allgemeinen einen Möglichkeitsraum sonderpädagogischer Maßnahmen. Dabei entfalten sich diese beiden Perspektiven jeweils vor dem Hintergrund verschiedener Forschungslogiken, die sich im ersten Fall (Spiess) auf einer empirisch verankerten Rekonstruktion der schulischen Förderpraxis gründet, wohingegen im zweiten Fall

---

[14] Was in den vds-Standards unter sonderpädagogischer Qualität und Professionalität verstanden wird, folgt der Idee der Standardisierung sonderpädagogischer Förderung und läuft konsequenterweise auf eine Empfehlung bestimmter Ansätze und Konzepte hinaus. Diese Richtung deutet sich bereits in der Kommentierung der förderschwerpunktspezifischen Standards durch Clemens Hillenbrand (2009) an, der sich an dieser Stelle (noch) sichtlich bemüht, die vielfältigen fachwissenschaftlichen Zugangsweisen und Perspektiven der schulischen Erziehungshilfe abzubilden, dann aber dennoch beispielsweise in der Übersicht zu den Präventionsprogrammen die Frage der Wirksamkeitsevaluation als Entscheidungskriterium vertritt. Damit deutet sich bereits eine Vereinseitigung der fachwissenschaftlichen Perspektivenvielfalt an, die in späteren Arbeiten noch deutlicher aufscheint (exemplarisch: Hillenbrand 2015; Wember 2017).

(vds-Standards) ein nicht näher exemplifiziertes Konstrukt von „guter" sonderpädagogischer Förderung an die Förderpraxis herangetragen wird.

Wissenschaftlicher Diskurs lebt von unterschiedlichen Perspektiven, die in bildungspolitischen Dokumenten nicht oder nur sehr begrenzt Ausdruck finden können – insofern ist eine vielperspektivische Katalogisierung von Einzelaspekten, die unterschiedliche fachwissenschaftliche Theorien und Konzepte aneinanderreiht, vielleicht noch als eine legitime Kompromissformel zu verstehen (vgl. Spiess 2000).

Im vorliegenden Fall kommt erschwerend hinzu, dass die Fachwissenschaft gleichzeitig in zwei verschiedene Richtungen strebt: Einerseits folgt sie einem eigenen disziplinpolitischen Interesse (nach Außen soll die Legitimität und der Geltungsanspruch des Fachs eindeutig kommuniziert werden), andererseits tobt der innerfachliche Kampf um die Deutungshoheit mit Blick auf den eigenen Gegenstandsbereich (vgl. etwa Willmann 2022b).

Es ist also grundsätzlich schwierig, wenn in bildungsadministrativen Zusammenhängen nicht auf eine klare und gemeinsame Positionierung der Fachwissenschaft zurückgegriffen werden kann – und eine solche scheint im vorliegenden Fall nicht gegeben.[15]

> Die Vielfalt und mitunter auch Beliebigkeit von Erklärungsansätzen sowie pädagogischen und therapeutischen Interventionen ist ein Ausdruck davon, dass es an einer einigenden Leitidee fehlt, mit der sich die Kernthematik des Faches formulieren lässt. (Ahrbeck & Willmann 2010, S. 9)

Trotz dieser disziplinseitig zu verortenden Positionierungsschwierigkeiten gibt es in den letzten rund zehn Jahren eine bemerkenswerte Annäherung zwischen bildungspolitischen und fachwissenschaftlichen Argumentationsrichtungen und Positionen, denn im Bann des sogenannten Evidenzparadigmas haben nun (evidenzbasierte) Politik und (evidenzbasierte) Sonderpädagogik offenbar eine gemeinsame Sprache gefunden.

---

[15] Das zeigt sich bereits an der Uneinheitlichkeit der disziplinären Selbstbenennung als „Pädagogik bei Verhaltensstörungen" resp. „Emotional-soziale Förderpädagogik" resp. „Erziehungshilfepädagogik", die ja auch im Positionspapier der Fachgesellschaft (vgl. Bleher & Gingelmaier 2019) keine Auflösung erfährt.

Und die Sprache der Evidenzbasierung ist die der *Technologisierung von Erziehung und Bildung*. Worauf sich eine evidenzbasierte Bildungsplanung gründet (die Idee einer evidenzbasierten Steuerung), kann durch eine evidenzbasierte (Sonder-)Pädagogik in Wissenschaft und Praxis geliefert werden: es geht um nach standardisierten Methoden wissenschaftlich vermessene Erziehungs- und Förderungstechnologien.

Nun sind evidenzbasierte Konzepte in der (Sonder-)Pädagogik durchaus umstritten (vgl. Bellmann & Müller 2011; Ahrbeck et al. 2016). Gerade für den Bereich der schulischen Erziehungshilfe ist die Engführung auf die what-works-Mentalität dieser Forschungsausrichtung problematisiert worden (vgl. dazu Willmann 2018; 2020) und das dem Evidenzparadigma unterliegende Verständnis von Inklusion und Pädagogik sollte Anlass für Sorge bereiten (Willmann 2021; 2024b).

An der Evidenzbasierung zeigt sich aber zugleich auch eine neue Qualität von *Verwischung der Grenzen zwischen Politik und Wissenschaft*, die den technologischen und naturwissenschaftlichen Disziplinen so neu nicht erscheinen mag[16], die Pädagogik aber mit veränderten Erwartungen einer Mitwirkung an dem in jüngster Zeit so viel beschworenen Technologie- und Praxistransfer konfrontiert.

Diese Entwicklung steht hierzulande noch an ihrem Anfang, aber die folgenschwere Zuspitzung der Grenzdiffusion kann in den USA seit längerem beobachtet werden. Die öffentliche Finanzierung sonderpädagogischer Hilfen ist in den USA zentralstaatlich organisiert. In der Bundesgesetzgebung wird die Mittelzuteilung vom Nachweis des Einsatzes evidenzbasierter sonderpädagogischer Fördermaßnahmen abhängig gemacht. Gleichermaßen wird auch die öffentliche Forschungsförderung an die Entwicklung evidenzbasierter Studiendesigns gekoppelt. Das politische Instrument zur Lenkung der Ausrichtung (sonder-)pädagogischer Programmentwicklung in Forschung und Praxis ist eine staatlich eingerichtete Prüfstelle („What Works Clearinghouse"), der die Deutungshoheit obliegt, die Einhaltung evidenzorientierter Gütekriterien zu attestieren (vgl. dazu Herzog 2011; Koch 2016).

Diese Entwicklungen werden tatkräftig durch den sonderpädagogischen Berufsverband begleitet. In den professionellen Standard und ethischen Richtlinien des Council for Exceptional Children sind zwölf

---

[16] Rolf Kreibich (1986, S. 162) hat die „wechselseitige Durchdringung von Wissenschaft, Technik und Industrialisierung" als „Wissenschaft-Technologie-Industrialismus-Paradigma" ganz vortrefflich herausgearbeitet.

grundlegende Prinzipien professioneller Praxis fixiert (vgl. CEC 1983; 1995; 2015), zu denen auch explizit der Rückgriff auf evidenzbasierte Unterrichtskonzepte gezählt wird (CEC 2015, S. 7).

Die professionellen sonderpädagogischen Standards werden in neun Bereichen definiert (Unterrichten und Diagnostizieren, Qualifikation und Beschäftigungsverhältnisse, Fortbildung und professionelle Entwicklung, Kollegialität/kollegiale Zusammenarbeit, Kooperation mit Eltern und Familien, Kenntnis des Forschungsstandes, Fallarbeit/Case Management, Abgrenzung zu nichtpädagogischen Dienstleistungen; ebd., S. 11f.). Fachrichtungsspezifische Kompetenzen werden unterschieden in sieben Basiskompetenzbereiche (Lernentwicklung und individuelle Abweichungen, Lernumgebungen, Orientierung am Lehrplan, Diagnostik, Unterrichtsplanung und Unterrichtsstrategien, professionelle Weiterentwicklung und ethische Praxis, Kollaboration; ebd., S. 66ff.). Hochspezialisiertes Wissen und Handlungskompetenzen werden schließlich in der sonderpädagogischen Expertise als Spezialisten für Verhaltensmanagement („Special Education Behavior Intervention Specialist") beschrieben (CEC 2015, S. 103ff.).

Die einseitige Ausrichtung staatlicher Forschungsförderung auf evidenzbasierte Untersuchungsdesigns führt zu einer ausgeprägten *Monokultur in der (sonder-)pädagogischen Forschung und Praxis* (Willmann 2020), die allerdings im nordamerikanischen Raum zugleich auch auf eine andere Fachkultur im Sinne einer dominant positivistisch-empirisch ausgerichteten Theorie- und Forschungstradition zurückgeführt werden kann (vgl. Willmann 2024c).

Eine derart enge Verzahnung zwischen disziplin- und berufsständisch motivierten Profilierungsbestrebungen einerseits sowie bildungsadministrativen und legistischen Vorgaben andererseits ist hierzulande bislang (noch) nicht zu beobachten.[17] – Ganz im Gegenteil hat die disziplinpolitische Vereinigung der Dozierenden ein eigenes Positionspapier zum Förderschwerpunkt entwickelt (Bleher & Gingelmaier 2019), das sich über eine ethisch-normativen Axiomatik herleitet und in welchem gerade die Vielfalt der Theorieperspektiven und Forschungszugänge im Fachge-

---

[17] Allerdings deuten sich auch hierzulande vergleichbare Entwicklungen allmählich an. So führt beispielsweise der Landespräventionsrat Niedersachsen eine Empfehlungsliste evaluierter Präventionsprogramme („Grüne Liste Prävention"), in der Interventionsansätze hinsichtlich ihrer Wirksamkeitsnachweise aufgeführt werden (vgl. LPR Niedersachsen 2024).

biet wertgeschätzt wird. Es droht hierzulande also – zumindest nicht unmittelbar – eine empirische Monokultivierung der Fachwissenschaft, wie sie für den nordamerikanischen Raum festgestellt werden kann. Gleichwohl ist auch das disziplinpolitische Positionspapier kritisch zu betrachten, denn mit dem Versuch einer Zielgruppenbestimmung („Kinder/Jugendliche in belastenden Lebenssituationen"; S. 95) besteht auch trotz Betonung system- und situationsorientierter Sichtweisen („Beeinträchtigungen des Erlebens und Verhaltens als Störungen des Person-Umfeld-Bezuges", S. 96) zumindest latent die Gefahr einer Stigmatisierung der indizierten Gruppe („hoch belastete Kinder und Jugendliche [...] mit erhöhtem Förderbedarf im emotionalen Erleben und sozialen Handeln"; S. 97f.).

Diese in der Fachdiskussion vorherrschenden Versuche einer Populationsbestimmung von Kindern und Jugendlichen mit besonderem emotional-sozialen Förderbedarf konstruieren eine „Hochrisikogruppe" (Schmid et al. 2007) der „gefährdeten" und von einer solchen Gefährdung bedrohten Schüler:innen (Gresham 2014; Lane & Wehby 2015), für die spezielle Präventionsmaßnahmen (Hennemann et al. 2012) und mitunter auch „intensivpädagogische" Hilfen notwendig erscheinen (Stein 2011).

Der disziplinäre Stellevertretungsanspruch („die Ständige Konferenz [übernimmt] die Anwaltschaft für psycho-sozial hoch belastete Kinder und Jugendliche"; Bleher & Gingelmaier 2019, S. 98) für diese Gruppe erweist sich als ambivalent, denn mit dem Versuch der Populationsbestimmung geht immer auch die Gefahr einer „Ausweitung der Behinderungszone" einher (vgl. Felkendorff 2000).

Auch wenn es aus pädagogischer Perspektive positiv einzuschätzen ist, dass die neueren Versuche der Zielgruppenbestimmung von einem Begriffswechsel gekennzeichnet sind, der vom klinischen („Verhaltensstörungen") zu einem pädagogischen Konstrukt („emotional-sozialer Förderbedarf") führt, bleibt das Problem der Homogenisierung und Stigmatisierung durch die Konstruktion einer Gruppe als Zielpopulation bestehen und vermeintlich entstigmatisierende Begriffsneuschöpfungen zur Charakterisierung der Population wie beispielsweise die Rede von der Gruppe der „Systemsprenger:innen" (exemplarisch: Baumann 2014; vgl. kritisch dazu: Peters 2022) sind vor diesem Hintergrund kritisch zu betrachten.

4. Theorieperspektiven als Orientierungshilfe für eine fachkategoriale Professionalisierungsforschung

Wie sich in den bisherigen Ausführungen bereits andeutet, kann die Frage nach einer förderschwerpunktspezifischen Professionalisierung – hier für den Förderschwerpunkt emotional-soziale Entwicklung – nicht losgelöst verhandelt werden von den übergeordneten Grundfragen der Professionalisierungsdiskussion in der Pädagogik und im Lehrer:innenberuf.

Im vorliegenden Abschnitt werden zentrale Aspekte einer möglichen Fachspezifik herausgearbeitet und Desiderata sowie Entwicklungsperspektiven für die Professionalisierung im Förderschwerpunkt emotionalsoziale Entwicklung abgeleitet.

4.1 Grundfragen (Gegenstandsbestimmung, Definitionen)

Die Fachdiskussion ist durch zwei unterschiedliche Perspektiven gekennzeichnet: ein klinisches und ein sonderpädagogisches Deutungsmuster, von denen ersteres über das Konstrukt „Verhaltensstörungen" und zweiteres über einen „emotional-sozialen Förderbedarf" operationalisiert wird. Beiden Begriffskonzepten, die Anleihen an den internationalen Sprachgebrauch („behavioral disorders" und „social, emotional, and behavioral difficulties") finden, liegt eine tendenziell individualisierende und störungsorientierte Ausrichtung zu Grunde. Mit dem *Erziehungshilfebegriff* hat sich im deutschsprachigen Raum eine sprachliche Alternative etabliert, die unmittelbar auf eine *pädagogische* Handlungsperspektive (Bereitstellung von Hilfen zur Erziehung) verweist.

In der Frage nach den Definitionen und Begriffskonzepten liegt die Achillesferse des fachlichen Zugangs. Die fehlende Einigkeit über die korrekten Bezeichnungen führt zu erheblichen Folgeproblemen in der Forschung, Theoriebildung und auch in der pädagogischen Praxis.

Die Komplexität der Problemlagen im Bereich der emotional-sozialen Entwicklung verweist auf die Notwendigkeit multiperspektivischer und interdisziplinärer Zugangsweisen. Gegenüber dem klinischen Deutungsmuster („Verhaltensstörungen") bleibt die genuin pädagogische Perspektive deutlich theoretisch und empirisch unterbestimmt. Insbesondere das weitgehende Fehlen systematischer pädagogischer Problembeschreibungen sowie erziehungstheoretisch und gegenstandsbegründeter phänomenologisch-deskriptiver Klassifikationen erschwert die pädagogische Theoriebildung.

4.2 Wissenschaftliche Theorien, Modelle, Erklärungsansätze

Das große Desiderat in Forschung und Theoriebildung zum Förderschwerpunkt emotional-soziale Entwicklung liegt in dem anhaltenden Versäumnis, keinen wesentlichen Beitrag zu einer *genuin pädagogischen Gegenstandsbegründung* geleistet zu haben. Das gilt insbesondere für die Pädagogik bei Verhaltensstörungen, die an den Universitäten seit Ende der 1960er Jahre als Fachwissenschaft etabliert ist (vgl. Willmann 2019). Grundlegende Konzepte wie das sogenannte „Primat der Erziehung", der „pädagogisch-therapeutische Ansatz" und das „Durchgangsprinzip" bleiben aus pädagogischer Sicht bemerkenswert inhaltsleer. Reflexionen über Theorien zum Erziehungs- und Bildungsbegriff sind in den fachwissenschaftlichen Lehr- und Handbüchern ebenso unterrepräsentiert wie soziologische Betrachtungen des Systems Sonderpädagogik im Kontext von Gesellschaft und Kultur. Nicht einmal zum Emotionsbegriff liegen systematische Ausarbeitungen vor (Ausnahme: Bundschuh 2003). Im Fokus der Fachdiskussion stehen klinische Störungsmodelle und förderpädagogische Interventionskonzepte in enger Anlehnung an therapeutische Ansätze. Kritische Selbstreflexionen sind faktisch kaum vertreten. Das Selbstverständnis der Disziplin bleibt das einer Interventionspädagogik (Willmann 2012).

4.3 Institutionen und Handlungsfelder (Transformation, Inklusion)

Der Förderschwerpunkt emotional-soziale Entwicklung hat sich zu einem komplexen System schulischer und außerschulischer Erziehungshilfen ausdifferenziert, in dem sich Schnittstellen mit anderen Helfersystemen des psychosozialen Versorgungssystems ausbilden. Die Vernetzung und Kooperation mit den Institutionen und Berufsgruppen aus der Kinder- und Jugendhilfe, Kinder- und Jugendpsychiatrie und -psychotherapie sowie dem Jugendstrafvollzug markiert daher einen notwendigen professionellen Auftrag.

Im Bereich der schulischen Erziehungshilfe können drei Organisationsformen unterschieden werden: die Schule für Erziehungshilfe als Sonder-/Förderschule, die ambulante/mobile Erziehungshilfe und die integrierte schulische Erziehungshilfe. Dabei zeigen sich zum Teil erhebliche Disparitäten in den konkreten rechtlichen Rahmenbedingungen sowie institutionelle und konzeptionelle Unterschiede in den verschiedenen Organisationsformen.

Über die Zeit sind Transformationsprozesse zu beobachten, in der sich die schulische Erziehungshilfe stärker in Richtung integrativer Organisationsformen entwickelt hat (Reiser, Willmann & Urban 2007). Der Umbau der schulischen Erziehungshilfe durch einen Ausbau ambulanter/mobiler und integrierter Formen stagniert in den letzten Jahren allerdings deutlich.

4.4 Sonderpädagogische Tätigkeitsfelder und professionelle Arbeitsprofile

Sonderpädagogische Unterstützungsleistungen bewegen sich in einem weiten Spektrum an Tätigkeiten, die sich in zwei Richtungen unterscheiden lassen: auf der einen Seite geht es um *direkten Fördermaßnahmen* (Diagnostik, Unterricht/Didaktik, Förderung, Therapie) und auf der anderen Seite um *indirekte Unterstützungsformen* (Beratung, Kooperation, Fallarbeit, Vernetzung). Wie die empirische Forschung belegt, variieren die konkreten Aufgaben und Tätigkeiten je nach dem institutionellen Kontext, in dem die sonderpädagogischen Hilfen angeboten werden. Die Verschiebung sonderpädagogischer Tätigkeitsschwerpunkte, also die Herausbildung spezifischer Arbeitsprofile, ist daher nicht zuletzt eine Frage des sonderpädagogischen Förderortes (vgl. Willmann 2012).

So steht in den Erziehungshilfeschulen die Unterrichtstätigkeit im Vordergrund, während in ambulanten und mobilen Diensten Beratungsaufgaben einen Schwerpunkt der professionellen Tätigkeiten darstellen. Analog sind die Rahmenbedingungen für das Unterrichten im Kontext der außerschulischen Erziehungshilfe äußerst different zu jenen im Kontext der Erziehungshilfeschulen oder der integrierten schulischen Erziehungshilfe. Schule und Unterricht im Rahmen kinderpsychiatrischer Einrichtungen, im Strafvollzug oder in Jugendhilfemaßnahmen folgt anderen Spielregeln, die in Didaktik und Methodik zu berücksichtigen sind.

In Anlehnung an Walter Spiess (2009) lassen sich aus den konkreten Aufgaben, die sich in der professionellen Praxis des Förderschwerpunktes einstellen, verschiedene Aufgabenbereiche und Tätigkeitsschwerpunkte rekonstruieren, mit denen unterschiedliche Anforderungen an die Professionellen einhergehen. Dabei lassen sich zwei Hauptrichtungen sonderpädagogischer Arbeitsprofile erkennen, die in verschiedenen Gewichtungen zueinander auf professionelle Handlungs- und Reflexionskompetenzen verweisen.

In den Handlungsfeldern von Diagnostik, Unterricht/Didaktik, Förderung und Therapie steht das professionelle Wissen und Können zu förderpädagogischen Ansätzen im Vordergrund; in den Tätigkeitsbereichen von Beratung, Kooperation, Fallarbeit und Vernetzung werden zusätzlich auch reflexive Kompetenzen zum fachspezifischen Wissensbestand aufgerufen.

4.5 Professionelle Ansätze und Konzepte

Die erziehungstheoretische und methodisch-didaktische Diskussion ist im Fachgebiet wenig ausgeprägt. Im Mittelpunkt der Fachdiskussion steht die Förderprogrammentwicklung, wobei sonderpädagogische Interventionskonzepte häufig direkte Anleihen bei therapeutischen Verfahren suchen (kritisch dazu: Bröcher 1997).

Neben der Entwicklung von Präventions- und Förderprogrammen (z.B. Klassenführung, soziale Trainingsprogramme, emotionale Förderprogramme, sonderpädagogische Beratung und Kooperation) wird die Notwendigkeit reflexiver Ansätze (psychodynamische und systemische Supervision, kollegiale Fallberatung) betont.

Als eine Leerstelle in Theorie und Forschung ist die Funktion der schulischen Erziehungshilfe unter der Zielsetzung des inklusiven Erziehungs- und Bildungsauftrags zu markieren. Theoretisch ausgearbeitete Konzepte zum Inklusionsmanagement und zur sonderpädagogischen Fallkoordination sind bis dato unterentwickelt (vgl. dazu Willmann 2015a; 2022a). Dem steht eine wachsende Fülle an Praxisleitfäden und Ratgeberliteratur zur Inklusion im Förderschwerpunkt emotional-soziale Entwicklung gegenüber (exemplarisch: Bornebusch 2017; Hartke et al. 2022).

4.6 Ethische Richtlinien und professionelle Standards

Die Entwicklung von professionellen und ethischen Richtlinien setzt einen spezifischen inhaltlichen Orientierungsrahmen für die Berufsgruppe. Im Gegensatz zum angloamerikanischen Raum ist die Ausdifferenzierung auf berufsständischer Ebene in Form spezieller Fachgesellschaften hierzulande weniger vorangeschritten und professionelle sowie ethische Standards sind vergleichsweise unterentwickelt.

Professionelle Standards für den Förderschwerpunkt esE werden auf drei Ebenen (bildungsadministrativ, verbandspolitisch und fachwissenschaftlich) verhandelt. Vor dem Hintergrund der im vorliegenden Beitrag diagnostizierten Konturschwäche des Fachgebiets erweisen sich alle bisherigen Versuche der Entwicklung professioneller Standards und ethischer Richtlinien für den Förderschwerpunkt als inhaltlich wenig konturiert.

5. Ausblick: Idealtypen der Professionalisierung im Förderschwerpunkt emotional-soziale Entwicklung

Ungeachtet der zuvor skizzierten grundlegenden Schwierigkeiten im Fachgebiet, einen Konsens zu disziplinären Grundsatzfragen zu erzielen, scheinen im disziplinären Diskursfeld dennoch unterschiedliche Richtungen auf, in denen die Professionalisierungsfrage im Förderschwerpunkt emotional-soziale Entwicklung zu denken ist.

Legt man die in den Lehr- und Handbüchern der Disziplin diskutierten pädagogischen Handlungskonzepte zugrunde, dann lassen sich die sonderpädagogischen Beiträge zur Theorie und Forschung im Förderschwerpunkt emotional-soziale Entwicklung in zwei Professionalisierungslinien beschreiben, die an einem jeweils konträren Grundsatzverständnis zum Gegenstandsbereich ausgerichtet sind. In einer diskursanalytischen Untersuchung hatte ich den Fachdiskurs entlang zweier paradigmatischer Orientierungen (*Interventionspädagogik versus reflexive Sonderpädagogik*) rekonstruiert (vgl. Willmann 2012; 2018; 2020; 2022b).

Das diesen Paradigmen jeweils unterliegende Fachverständnis kann im Sinne einer soziologischen Typenbildung in Form von Idealtypen der Professionalisierung im Förderschwerpunkt emotional-soziale Entwicklung kontrastiert werden (vgl. Tab. 1).

	Typ I: Verhaltensmanagement	Typ II: Reflexionspädagogik
Paradigma	Evidenzbasierte Förderpädagogik	Reflexive Sonderpädagogik
wissenschaftstheoretische Grundlegung	empirisch-positivistisch	empirisch-hermeneutisch, ideologiekritisch
pädagogische Ausrichtung	technologisch („behandeln")	hermeneutisch („verstehen")
Interventionsfokus	schüler:innenzentriert	system- und kontextorientiert
professionelle Expertise	Anleitung zur pädagogischen Verhaltensmodifikation und emotional-sozialen Förderplanung	Begleitung pädagogisch-didaktischer Reflexionsprozesse

Tab 1. Idealtypen des Professionalisierungsprofils im Förderschwerpunkt esE

Auch wenn die Sonderpädagogik sich als soziale Praxis mit beiden Herausforderungen konfrontiert sieht – Intervention und Reflexion sind vom Praxisstandpunkt aus betrachtet keine sich widersprechenden Handlungsmodalitäten – kann die Überzeichnung der Merkmalseigenschaften in der Idealtypenbildung zur Verdeutlichung der unterschiedlichen Erwartungshaltungen und Anforderungen dazu dienen, die Gegensätzlichkeit und das Spannungsverhältnis zwischen diesen beiden Professionalisierungsrichtungen aufzuzeigen.

Typ 1: Verhaltensmanagement: Als Verhaltensmanagement wird jener Professionalisierungstyp bezeichnet, der durch eine primäre Ausrichtung auf schülerzentrierte Fördermaßnahmen gekennzeichnet ist. Eine diagnosegeleitete Förderplanung und -pogrammentwicklung sind zentraler Bestandteil dieses Typus, Fragen der Behandlungstechniken („Fördermethoden") sind vorgängig.

Dieser Typ leitet sich ab aus dem Paradigma einer sogenannten evidenzbasierten Praxis, das zunehmend in der Sonderpädagogik Zuspruch erhält. Die dominante Ausrichtung an der Wirksamkeitsfrage sonderpädagogischer Fördermaßnahmen, die für den Evidenzansatz charakteristisch ist, führt zu einer einseitigen Überbetonung der sonderpädagogischen Methodenfrage (vgl. ausführlich hierzu: Willmann 2012).

Typ 2: Reflexionspädagogik: Kennzeichnend für diesen Professionalisierungstyp ist eine Ausrichtung an einem Modell reflexiver Professionalität (vgl. Dewe 2009; Berndt, Häcker & Leonhard 2017). Zentrale Bestandteile in dieser Professionalisierungsrichtung sind Handlungskonzepte wie Beratung und Kooperation, Vernetzung und sonderpädagogische Fallkoordination. Diagnostische Perspektiven richten sich dabei nicht vorrangig auf die Entwicklung und Evaluation spezifischer Fördermaßnahmen, sondern beziehen sich auf System-Umfeld-Analysen und multiperspektivisches sonderpädagogisches Fallverstehen.

In dieser Professionalisierungsrichtung erweitert sich die kompetenz- und wissensorientierte Perspektive (was müssen Professionelle können und welche Interventionsmethoden sind zielführend) und es geraten berufsbiographische Aspekte und der professionelle Habitus in den Blick (Kramer & Pallesen 2019; Bohnsack 2020). Die Perspektive der reflexiven Professionalisierung wirft die Akteur:innen letztlich auf die Hinterfragung der eigenen persönlichen Haltung und die zugrundeliegenden pädagogischen Wert- und Normvorstellungen zurück.

Im Licht dieser idealtypisch skizzierten Kontrastierung erscheinen diese Professionalisierungsrichtungen unvereinbar, nicht zuletzt, da sich die ihnen zugrundeliegenden Pädagogiken konträr gegenüberstehen. Theorie und Praxis der (Sonder-)Pädagogik folgen allerdings unterschiedlichen Spielregeln und die Erziehungswirklichkeit lässt sich grundsätzlich nicht allumfänglich in der theoretischen Modellierung abbilden.

In Schule und Unterricht ist der artikulierte Bedarf an speziellen Fördermaßnahmen nach wie vor dominant. Zugleich zeigt sich mit der Ausweitung schulischer Inklusion die Notwendigkeit der Etablierung und Verstetigung kooperativer und reflexiver Strukturen und Prozesse. Mit Blick auf die hier skizzierten Professionalisierungstypen stellt sich vom Standpunkt der Praxis weniger die Frage, ob, sondern vielmehr wie diese Typen miteinander in Korrespondenz zu bringen sind.

6. Literatur

van Acker, Richard (1993). Dealing with conflict and aggression in the classroom: What skills do teachers need? In: *Teacher Education and Special Education, 16* (1), 23–33.

Ahrbeck, Bernd; Ellinger, Stephan; Hechler, Oliver; Koch, Katja & Schad, Gerhard (2016). *Evidenzbasierte Pädagogik. Sonderpädagogische Einwände.* Stuttgart: Kohlhammer.

Ahrbeck, Bernd & Willmann, Marc (2010). Einführung. In: Bernd Ahrbeck & Marc Willmann (Hrsg.), *Pädagogik bei Verhaltensstörungen. Ein Handbuch* (S. 9–10). Stuttgart: Kohlhammer.

Amrhein, Bettina; Badstieber, Benjamin; Weber, Constanze & Vereenooghe, Leen (2022). Wenn die Lehrkräfte sich ändern, ändert sich alles?! Lehrer:innen lernen neue Wege im Umgang mit dem Förderschwerpunkt emotionale und soziale Entwicklung & Konflikten in der Schule. In: Deborah Lutz, Jonas Becker, Felix Buchhaupt, Dieter Katzenbach, Alica Strecker & Michael Urban (Hrsg.), *Qualifizierung für Inklusion. Sekundarstufe* (S. 219–232). Münster: Waxmann.

Arnold, Karl-Heinz (2013). Von den Schwierigkeiten der Diagnostik „verhaltensgestörter" Schülerinnen und Schüler. In: Ulf Preuss-Lausitz (Hrsg.), *Schwierige Kinder – schwierige Schule.* 2. Aufl. (S. 26–38). Weinheim: Beltz.

Asmussen, Sönke & Heidenreich, Ruppert (2000). Kommentar zu den Empfehlungen zum Förderschwerpunkt emotionale und soziale Entwicklung. In: Wolfgang Drave, Franz Rumpler & Peter & Wachtel (Hrsg.), *Empfehlungen zur sonderpädagogischen Förderung. Allgemeine Grundlagen und Förderschwerpunkte (KMK). Mit Kommentaren* (S. 367–372). Würzburg: Ed. Bentheim.

Baumann, Menno (2014). Jugendliche Systemsprenger – zwischen Jugendhilfe und Justiz (und Psychiatrie). In: *Zeitschrift für Jugendkriminalrecht und Jugendhilfe, 25* (2), 162–167.

Bellmann, Johannes & Müller, Thomas (2011). *Wissen, was wirkt. Kritik evidenzbasierter Pädagogik.* Wiesbaden: VS Sozialwissenschaften.

Benkmann, Karl-Heinz & Ostermann, Jürgen (1991). Zur Beschreibung pädagogischer Leitideen von Lehrern im Bereich schulischer Erziehungshilfe. In: *Zeitschrift für Heilpädagogik, 42* (12), 809–821.

Bennathan, Marion; Rimmer, Allan & Cole, Ted (2004). *SEBDA – The History of the Association.* Online verfügbar unter: https://sebda.org.

Benzel, Willi & Kluge, Karl-Josef (1974). *Schulen für Verhaltensauffällige.* Berlin: Marhold.

Berndt, Constanze; Häcker, Thomas & Leonhard, Tobias (Hrsg.) (2017). *Reflexive Lehrerbildung revisited. Traditionen – Zugänge – Perspektiven.* Bad Heilbrunn: Klinkhardt.

Blake, Christopher & Monahan, Elizabeth (2007). Rethinking teacher preparation for EBD students: towards a partnership model. In: *Support for Learning, 22* (2), 60–65.

Bleher, Werner & Gingelmaier, Stephan (2019). Zum Selbstverständnis einer sonderpädagogischen Fachdisziplin: Das Positionspapier der Forschenden und Lehrenden der „Pädagogik bei Verhaltensstörungen"/des Förderschwerpunkts „emotionale und soziale Entwicklung" an bundesdeutschen Hochschulen. In: *Emotionale und Soziale Entwicklung in der Pädagogik der Erziehungshilfe und bei Verhaltensstörungen, 1* (1), S. 92–100.

Bohnsack, Ralf (2020). *Professionalisierung in praxeologischer Perspektive. Zur Eigenlogik der Praxis in Lehramt, Sozialer Arbeit und Frühpädagogik.* Opladen: Budrich.

Bornebusch, Kathrin (2017). *Praxishelfer Inklusion – Förderschwerpunkt emotional-soziale Entwicklung.* Berlin: Cornelsen.

Bröcher, Joachim (1997). Didaktik: Niemandsland oder Spielwiese der Verhaltensauffälligenpädagogik? Plädoyer für einen Unterricht als lebensweltorientierten Gesamtzusammenhang. In: *Sonderpädagogik, 27* (2), 92–103.

Bullock, Lyndal M. & Menendez, Anthony L. (1999). *Historical Chronology of the Council for Children With Behavioral Disorder: 1964-1999.* Arlington: Council for Exceptional Children. Online verfügbar unter: http://files.eric.ed.gov/fulltext/ED435160.pdf

Bundschuh, Konrad (2003). *Emotionalität, Lernen und Verhalten. Ein heilpädagogisches Lehrbuch.* Bad Heilbrunn: Klinkhardt.

Casale, Gino; Hennemann, Thomas; Hövel, Dennis & Markowetz, Reinhard (Hrsg.) (2024, i. Dr.). *Handbuch Förderschwerpunkt emotionale und soziale Entwicklung. Grundlagen – Spezifika – Handlungswissen – Arbeitsbereiche – Lernfelder – Fachdidaktik – Professionalisierung – Forschung.* Weinheim: Beltz.

CEC (1983). CEC Professional Standards: Retrospect and Prospect. In: *Exceptional Children, 50* (3), 226–229.

CEC (1995). *What Every Special Educator Must Know: The International Standards for the Preparation and Certification of Special Education Teachers.* Reston: Council for Exceptional Children.

CEC (2015). *What Every Special Educator Must Know. Professional Ethics & Standards.* 7. ed. Arlington: Council for Exceptional Children.

DEBH (2024). *About CCBD: Vision, Mission, & History.* Online verfügbar unter: https://debh.exceptionalchildren.org/about-ccbd-vision-mission-history.

Dewe, Bernd (2009). Reflexive Professionalität: Maßgabe für Wissenstransfer und Theorie-Praxis-Relationierung im Studium der Sozialarbeit. In: Anna Riegler, Sylvia Hojnik & Klaus Posch (Hrsg.), *Soziale Arbeit zwischen Profession und Wissenschaft. Vermittlungsmöglichkeiten in der Fachhochschulausbildung* (S. 47–63). Wiesbaden: VS Sozialwissenschaften.

Dlugosch, Andrea (1999). Der biographische Blick. Eine Perspektive zur Entwicklung pädagogischer Professionalität im Rahmen der Erziehungshilfe. In: Ditmar Schmetz & Peter Wachtel (Hrsg.), *Entwicklungen, Standorte, Perspektiven. Sonderpädagogischer Kongress 1998* (S. 406–414). Würzbug: Vds/Fachverband für Behindertenpädagogik.

Dlugosch, Andrea (2003). *Professionelle Entwicklung und Biografie. Impulse für universitäre Bildungsprozesse im Kontext schulischer Erziehungshilfe.* Bad Heilbrunn: Klinkhardt.

Dlugosch, Andrea (2004). Sonderpädagogisches Fallverstehen als Baustein pädagogischer Professionalität? In: *Sonderpädagogische Förderung, 49* (3), S. 285–300.

Dlugosch, Andrea (2008). Thematische Kompetenz – professionelle Erweiterungen für den Unterricht in der schulischen Erziehungshilfe. In: Helmut Reiser,

Andrea Dlugosch & Marc Willmann (Hrsg.), *Professionelle Kooperation bei Gefühls- und Verhaltensstörungen. Pädagogische Hilfen an den Grenzen der Erziehung* (S. 237–258). Hamburg: Kovač.

Drave, Wolfgang; Rumpler, Franz & Wachtel, Peter (2000). Die Kultusministerkonferenz, die Entwicklung sonderpädagogischer Förderung und der Verband Deutscher Sonderschulen. In: Wolfgang Drave, Franz Rumpler & Peter & Wachtel (Hrsg.), *Empfehlungen zur sonderpädagogischen Förderung. Allgemeine Grundlagen und Förderschwerpunkte (KMK). Mit Kommentaren* (S. 9–23). Würzburg: Ed. Bentheim.

Felkendorff, Kai (2000). Ausweitung der Behinderungszone: Neuere Behinderungsbegriffe und ihre Folgen. In: Günther Cloerkes (Hrsg.), *Wie man behindert wird. Texte zur Konstruktion einer sozialen Rolle und zur Lebenssituation betroffener Menschen* (S. 25–52). Heidelberg: Winter.

Gresham, Frank (2014). Evidence-Based Social Skills Interventions for Students at Risk for EBD. In: *Remedial and Special Education, 36* (2), 100–104.

Hartke, Bodo; Blumenthal, Yvonne; Carnein, Oliver & Vrban, Robert (2022). *Schwierige Kinder fördern und integrieren. Handlungsmöglichkeiten zur Stärkung der sozial-emotionalen, kognitiven und kommunikativen Kompetenz.* Hamburg: Persen.

Harvey, Lee & Green, Diana (2000). Qualität definieren. Fünf unterschiedliche Ansätze. In: Andreas Helmke, Walter Hornstein & Ewald Terhart (Hrsg.), *Qualität und Qualitätssicherung im Bildungsbereich. Schule, Sozialpädagogik, Hochschule. 41. Beiheft der Zeitschrift für Pädagogik* (S. 17–39). Weinheim: Beltz.

Helsper, Werner (2021). *Professionalität und Professionalisierung pädagogischen Handelns. Eine Einführung.* Opladen: Budrich.

Hennemann, Thomas; Hillenbrand, Clemens; Franke, Sebastian; Hens, Sonja; Grosche, Michael; Pütz, Kathrin (2012). Kinder unter erhöhten emotional-sozialen und kognitiven Risiken als Herausforderung für die Inklusion. Evaluation einer selektiven Präventionsmaßnahme in der schulischen Eingangsstufe: In: *Empirische Sonderpädagogik 4* (2), 129–146.

Hennemann, Thomas; Ricking, Heinrich & Hillenbrand, Clemens (2003). Didaktik in der schulischen Erziehungshilfe: Wie arbeiten Lehrkräfte im Förderschwerpunkt Emotionale und Soziale Entwicklung? In: *Zeitschrift für Heilpädagogik, 60* (4), 131–138.

Herz, Birgit (Hrsg.) (2013). *Schulische und außerschulische Erziehungshilfe. Ein Werkbuch zu Arbeitsfeldern und Lösungsansätzen.* Bad Heilbrunn: Klinkhardt.

Herzog, Walter (2011). Eingeklammerte Praxis – ausgeklammerte Profession. Eine Kritik der evidenzbasierten Pädagogik. In: Johannes Bellmann & Thomas Müller (Hrsg.), *Wissen, was wirkt. Kritik evidenzbasierter Pädagogik* (S. 123–145). Wiesbaden: VS Verlag.

Hillenbrand, Clemens (2009). Förderschwerpunkt Emotionale und Soziale Entwicklung: Standards ermöglichen Förderung! In: Franz B. Wember & Stephan Prändl (Hrsg.), *Standards der sonderpädagogischen Förderung* (S. 133–155). München: Reinhardt.

Hillenbrand, Clemens (2015). Evidenzbasierte Praxis im Förderschwerpunkt emotional-soziale Entwicklung. In: Roland Stein & Thomas Müller (Hrsg.), *Inklusion im Förderschwerpunkt emotional-soziale Entwicklung* (S. 170–215). Stuttgart: Kohlhammer.

Horn, Klaus-Peter (2016). Profession, Professionalisierung, Professionalität, Professionalismus – Historische und systematische Anmerkungen am Beispiel der deutschen Lehrerausbildung. In: *Zeitschrift für Pädagogik und Theologie, 68* (2), 153–164.

Horster, Detlef; Hoyningen-Süess, Ursula & Liesen, Christian (Hrsg.) (2005). *Sonderpädagogische Professionalität. Beiträge zur Entwicklung der Sonderpädagogik als Disziplin und Profession.* Wiesbaden: Springer.

Kauffmann, James M. & Wong, Kathleen L. (1991). Effective teachers of students with behavioral disorders: Are generic teaching skills enough? In: *Behavioral Disorders, 16* (3), 225–237.

KMK (1977). *Empfehlungen für den Unterricht in der Schule für Verhaltensgestörte (Sonderschule). Beschluss der Kultusministerkonferenz vom 17.11.1977.* Bonn: Kultusministerkonferenz.

KMK (1994). *Empfehlungen zur sonderpädagogischen Förderung in den Schulen der Bundesrepublik Deutschland. Beschluss der Kultusministerkonferenz vom 06.05.1994.* Bonn: Kultusministerkonferenz.

KMK (2000). *Empfehlungen zum Förderschwerpunkt Emotionale und soziale Entwicklung. Beschluss der Kultusministerkonferenz vom 10.03.2000.* Bonn: Kultusministerkonferenz.

KMK (2019*). Empfehlungen zur schulischen Bildung, Beratung und Unterstützung von Kindern und Jugendlichen im sonderpädagogischen Schwerpunkt LERNEN. Beschluss der Kultusministerkonferenz vom 14.03.2019.* Berlin: Kultusministerkonferenz.

Koch, Katja (2016). Ankunft im Alltag – Evidenzbasierte Pädagogik in der Sonderpädagogik. In: Bernd Ahrbeck, Stephan Ellinger, Oliver Hechler, Katja

Koch & Gerhard Schad, *Evidenzbasierte Pädagogik. Sonderpädagogische Einwände* (S. 9–41). Stuttgart: Kohlhammer.

Köttig, Michaela; Kubisch, Sonja & Spatscheck, Christian (Hrsg.) (2023). *Geteiltes Wissen – Wissensentwicklung in Disziplin und Profession Sozialer Arbeit.* Opladen: Budrich.

Kramer, Rolf-Torsten & Pallesen, Hilke (Hrsg.) (2019). *Lehrerhabitus. Theoretische und empirische Beiträge zu einer Praxeologie des Lehrerberufs.* Bad Heilbrunn: Klinkhardt.

Kreibich, Rolf (1986). *Die Wissenschaftsgesellschaft. Von Galilei zur High-Tech-Revolution.* Frankfurt am Main: Suhrkamp.

Lane, Kathleen Lynne & Wehby, Joseph (2015). Students with and at risk for emotional and behavioral disorders: Meeting their social and academic needs. In: *Preventing School Failure, 49* (2), 6–9.

Leidig, Tatjana; Hanisch, Charlotte; Vögele, Ulrike; Niemeier, Émilie; Gerlach, Silke & Hennemann, Thomas (2021). Professionalisierung im Kontext externalisierender Verhaltensprobleme – Entwicklung eines Qualifizierungs- und Begleitkonzepts für Lehrkräfte an Förderschulen mit dem Förderschwerpunkt Emotionale und soziale Entwicklung. In: *Emotionale und soziale Entwicklung in der Pädagogik der Erziehungshilfe und bei Verhaltensstörungen, 3* (3), 88–98.

LPR, Landespräventionsrat Niedersachsen (2024). *Grüne Liste Prävention – die Empfehlungsliste evaluierter Präventionsprogramme.* Online verfügbar unter: https://www.gruene-liste-praevention.de/nano.cms/datenbank/information.

Maxwell, S. M. (ed.) (1965). *Emotionally Disturbed Childen. Proceedings of the Annual Study Conference of the Association of Workers for Maladjusted Children, Edinburgh, August 1965.* Oxford: Pergamon Press.

Menke, Anne; Haupenthal, Anna & Schramm, Satyam Antonio (2023). Professionalisierung von angehenden Lehrkräften im sonderpädagogischen Schwerpunkt emotionale und soziale Entwicklung. Ein Kompetenzmodell und Praktikumskonzept mit Fokus auf Beziehungs- und Reflexionskompetenzen. In: Jolanda Hermanns (Hrsg.), *PSI-Potsdam. Ergebnisbericht zu den Aktivitäten im Rahmen der Qualitätsoffensive Lehrerbildung 2019–2023* (S. 309–327). Potsdam: Universitätsverlag.

Moser, Vera (2012). Gründungsmythen der Heilpädagogik. In: *Zeitschrift für Pädagogik, 58* (2), 262–274.

Opp, Günther (1998). Reflexive Professionalität. Neue Professionalisierungstendenzen im Arbeitsfeld der Kinder- und Jugendhilfe. In: *Zeitschrift für Heilpädagogik, 49* (4), 148–158.

Opp, Günther (2002) Heilpädagogische Institutionen in Transformationsprozessen – moderne Arbeitsprofile von Förderschulen und Förderzentren. In: *Zeitschrift für Heilpädagogik, 53* (9), 362–367.

Opp, Günther (2007). Machtlos oder hilflos? Provokante Gedanken zur Professionalität von Lehrerinnen und Lehrern im Arbeitsfeld schulischer Erziehungshilfe. In: Wolfgang Mutzeck & Kerstin Popp (Hrsg.), *Professionalisierung von Sonderpädagogen. Standards, Kompetenzen und Methoden* (S. 180–191). Weinheim: Beltz.

Peters, Friedhelm (2022). Der Konstruktionsprozess der „Schwierigen" – das Beispiel der sogenannten „Systemsprenger*innen". In: *Forum Erziehungshilfen, 26* (2), 113–116.

Quinn, Mary Magee; Osher, David; Warger, Cynthia L.; Hanley, Tom V.; Bader, Beth DeHaven & Hoffman, Catherine C. (2000). *Teaching and Working with Children Who Have Emotional and Behavioral Challenges.* Washington: Center for Effective Collaboration and Practice.

Reiser, Helmut; Willmann, Marc & Urban, Michael (2007). *Sonderpädagogische Unterstützungssysteme bei Verhaltensproblemen in der Schule. Innovationen im Förderschwerpunkt Emotionale und Soziale Entwicklung.* Bad Heilbrunn: Klinkhardt.

Schmid, Marc; Fegert, Jörg M.; Schmeck, Klaus & Kölch, Michael (2007). Psychische Belastung von Kindern und Jugendlichen in Schulen für Erziehungshilfe. In: *Zeitschrift für Heilpädagogik, 58* (8), 282–290.

Spiess, Walter (2000). Kommentar zu den Empfehlungen zum Förderschwerpunkt emotionale und soziale Entwicklung. In: Wolfgang Drave; Franz Rumpler & Peter & Wachtel (Hrsg.), *Empfehlungen zur sonderpädagogischen Förderung. Allgemeine Grundlagen und Förderschwerpunkte (KMK). Mit Kommentaren* (S. 373–379). Würzburg: Ed. Bentheim.

Spiess, Walter (2009). Alles, was Sie können sollten – und was Sie schon können! Ein Kompetenzraster für die schulische Erziehungshilfe. In: *Zeitschrift für Heilpädagogik, 60* (9), 347–351.

State, Talida M.; Simonsen, Brandi, Hirn, Regina G. & Wills, Howard (2018). Bridging the research-to-practice gap through effective professional development for teachers working with students with emotional and behavioral disorders. In: *Behavioral Disorders, 44* (2), 107–116.

Stein, Roland (2011). Pädagogik bei Verhaltensstörungen – zwischen Inklusion und Intensivangeboten. In: *Zeitschrift für Heilpädagogik, 62* (9), 324–336.

vds (2008). Standards der sonderpädagogischen Förderung. Verabschiedet auf der Hauptversammlung 2007 in Potsdam. In: *Zeitschrift für Heipädagogik, 59* (2), 52–74.

vds (2018). *Positionspapier Förderschwerpunkt Emotionale und soziale Entwicklung, Stand: 2018.* Würzburg: Fachverband Sonderpädagogik/vds.

Weiß, Sabine; Kollmannsberger, Markus & Kiel, Ewald (2013a). Lehrerin/Lehrer im Förderschwerpunkt Emotionale und soziale Entwicklung – Ein Anforderungsprofil aus Sicht von Lehrkräften und Ausbildungspersonen. In: *Heilpädagogische Forschung, 34* (4), 199–209.

Weiß, Sabine; Kollmannsberger, Markus & Kiel, Ewald (2013b). Wie sollen Lehrer im Förderschwerpunkt emotionale und soziale Entwicklung sein? Ein Anforderungsprofil. Spuren. In: *Sonderpädagogik in Bayern, 56* (4), 7–12.

Wember, Franz B. (2007). Qualitätsanalyse und Standards der sonderpädagogischen Förderung. In: *Zeitschrift für Heilpädagogik, 58* (10), 417–426.

Wember, Franz B. (2017). Sonderpädagogische Förderung als evidenzbasierte Praxis. In: *Zeitschrift für Heilpädagogik, 68* (10), 444–459.

Willmann, Marc (2007). Steigerung der erzieherischen Kompetenzen von Lehrern durch sonderpädagogische Konsultation. In: *Zeitschrift für Heilpädagogik, 58* (6), 214–222.

Willmann, Marc (2012). *De-Psychologisierung und Professionalisierung der Sonderpädagogik. Kritik und Perspektiven einer Pädagogik für „schwierige" Kinder.* München: Reinhardt.

Willmann, Marc (2015a). Sonderpädagogische Fallkoordination als Professionalisierungsprofil in der inklusiven schulischen Erziehungshilfe. In: Birgit Herz, David Zimmermann & Matthias Meyer (Hrsg.), *„... und raus bist du." – Pädagogische und institutionelle Herausforderungen in der schulischen und außerschulischen Erziehungshilfe* (S. 147–161). Bad Heilbrunn: Klinkhardt.

Willmann, Marc (2015b). „Was hinter dem Verhalten steht" – Pädagogische Beziehungsgestaltung und ihre Reflexion im Unterricht mit „schwierigen" Kindern. In: Margret Dörr & Johannes Gstach (Hrsg.), *Trauma und schwere Störung. Pädagogische Arbeit mit psychiatrisch diagnostizierten Kindern und Erwachsenen* (S. 127–142). Gießen: Psychosozial-Verlag.

Willmann, Marc (2018). Erziehungsschwierigkeiten im Fokus der Disziplin: der Fachdiskurs an den Universitätslehrstühlen in Deutschland von der Gründung bis in die Gegenwart. In: Thomas Müller & Roland Stein (Hrsg.), *Erziehung als Herausforderung. Grundlagen für die Pädagogik bei Verhaltensstörungen* (S. 193–208). Bad Heilbrunn: Klinkhardt.

Willmann, Marc (2019). 50 Jahre „Pädagogik bei Verhaltensstörungen" – eine Geburtstagslaudatio mit kritischem Blick auf das Selbstverständnis der Disziplin. In: *Emotionale und Soziale Entwicklung in der Pädagogik der Erziehungshilfe und bei Verhaltensstörungen, 1* (1), 74–91.
Willmann, Marc (2020). Deutungsmacht der Forschung, Ohnmacht in der Praxis?– Evidenzbasierte Sonderpädagogik als Exklusionsrisiko. In: *Emotionale und Soziale Entwicklung in der Pädagogik der Erziehungshilfe und bei Verhaltensstörungen,2* (2), 74–91.
Willmann, Marc (2021). Emotional-soziale Schwierigkeiten und Verhaltensstörungen: Diagnostik und Assessment in der inklusiven Schule. In: Holger Schäfer & Christel Rittmeyer (Hrsg.), *Handbuch Inklusive Diagnostik. Kompetenzen feststellen – Entwicklungsbedarfe identifizieren – Förderplanung umsetzen.* 2. Aufl. (S. 492–505). Weinheim: Beltz.
Willmann, Marc (2022a). Sonderpädagogische Konsultation als reflexive Praxisberatung von Lehrkräften in der schulischen Inklusion. In: *PraxisForschungLehrer*innenBildung, 4* (3), 24–47.
Willmann, Marc (2022b). verstehen? – behandeln? – partizipieren! Theorie-Praxis-Relationierungen in der Pädagogik und ihre Implikationen für die schulische Inklusionsforschung und sonderpädagogische Theoriebildung. In: Tanja Sturm, Nicole Balzer, Jürgen Budde & Anja Hackbarth (Hrsg.), *Erziehungswissenschaftliche Grundbegriffe im Spiegel der Inklusionsforschung* (S. 185–217). Opladen: Budrich.
Willmann, Marc (2024a, im Druck). „Zeitenwende Inklusion" – Steht die Allgemeine Sonderpädagogik am Ausgang ihrer Epoche? In: Sven Bärmig & Marc Willmann (Hrsg.), *(Sonder-)Pädagogik oder Inklusion? Erziehungswissenschaftliche Verhältnisbestimmungen.* Bielefeld: transcript.
Willmann, Marc (2024b). Die Ordnung des Sonderpädagogischen: Hegemoniale Erzählungen und subversive Geschichten. Erscheint in: Jens Geldner-Belli, Tanja Kinne, Mirko Moll, Anne Weidermann & Stephanie Winter (Hrsg.), *Widerstreitendes Erzählen. Ambivalenzen der Sicht- und Sagbarkeit im Kontext inklusionspädagogischer Ansprüche* (S. 23-34). Wiesbaden: Springer VS.
Willmann, Marc (2024c, im Druck). Fachkulturen im internationalen Vergleich: Theorie und Forschung zur emotional-sozialen Entwicklungsförderung in Deutschland, England und den USA. Erscheint in: Gino Casale, Thomas Hennemann, Dennis Hövel & Reinhard Markowetz (Hrsg.), *Handbuch Förderschwerpunkt emotionale und soziale Entwicklung.* Weinheim: Beltz.
Willmann, Marc (2025a) *[Arbeitstitel:* Sonderpädagogik zwischen Professionalisierung und Professionalismus; in Vorbereitung].

Willmann, Marc (2025b; im Druck). *Pädagogik in der schulischen Erziehungshilfe (Arbeitstitel)*. Stuttgart: Kohlhammer.

Zimmermann, David; Fickler-Stang, Ulrike; Dietrich, Lars & Weiland, Katharina (Hrsg.) (2019). *Professionalisierung für Unterricht und Beziehungsarbeit mit psychosozial beeinträchtigten Kindern und Jugendlichen*. Bad Heilbrunn: Klinkhardt.

Nachweise

i. Originalbeitrag.
ii. zuerst erschienen in: Thomas Müller & Roland Stein (Hrsg.), *Erziehung als Herausforderung. Grundlagen für die Pädagogik bei Verhaltensstörungen* (S. 193–208). Bad Heilbrunn: Klinkhardt.
iii. zuerst erschienen in: *Sonderpädagogische Förderung heute, 59* (3), 260–271.
iv. Originalbeitrag.
v. zuerst erschienen in: *Emotionale und Soziale Entwicklung in der Pädagogik der Erziehungshilfe und bei Verhaltensstörungen, 1* (1), 74–91.
vi. zuerst erschienen in: Bernd Ahrbeck & Marc Willmann (Hrsg.), *Pädagogik bei Verhaltensstörungen. Ein Handbuch* (S. 205–214). Stuttgart: Kohlhammer.
vii. zuerst erschienen in: Margret Dörr & Johannes Gstach (Hrsg.), *Trauma und schwere Störung. Pädagogische Arbeit mit psychiatrisch diagnostizierten Kindern und Erwachsenen. Jahrbuch Psychoanalytische Pädagogik, Band 23* (S. 127–142), Gießen: Psychosozial-Verlag.
viii. zuerst erschienen in: *Evangelische Jugendhilfe, 86* (3), 156–168.
ix. zuerst erschienen in: *Zeitschrift für Grundschulforschung. Bildung im Elementar- und Primarbereich, 11* (1), 101–114.
x. Originalbeitrag.